生きる力を育む初等英語教育

― 津田塾大学からの提言 ―

〈編著〉
吉田真理子
田近　裕子

朝日出版社

序　文

　平成 25 年（2013 年）に「グローバル化に対応した英語教育改革実施計画」が文部科学省から発表され、東京オリンピック・パラリンピックを見据え、グローバル化の進む世界における日本の英語教育の在り方として小学校高学年において英語が教科化される日が近づいている。

　津田塾大学では、平成 12 年（2000 年）に、本学の学部生・大学院生が主体となって津田梅子記念交流館自主フォーラム「小学生英語のひろば」が創設されて以来、大学のキャンパスおよび近隣の地域や小学校において、外国語（英語）活動に積極的に関わってきた。本書はその 15 年間の歩みを記すものである。

　昨年暮れに、近隣の小学校で外国語（英語）活動のボランティアを無事終えた学生たちが、ささやかなパーティーを企画した。そこで、筆者は小平キャンパスの近くにある地元でも人気のフランス菓子のお店を訪れた。そのとき、その店主のご子息が本書第 5 章にも登場する小学校出身であることを知らされた。今は大学生となっている彼は近々、海外に留学する予定とのことだった。そもそも彼が英語好きになったきっかけは、小学校の授業のなかで本学が提供していた英語プログラムに参加し、学生ボランティアたちが親切に英語を教えてくれたことだそうである。「子どもたちのために、小学校での取り組みをぜひとも末永く続けてください」ということばをその店主から贈られた。小学校高学年における英語の教科化への動きの中で、子どもたちの生きる力を育み、人間的成長へとつながる英語の授業についての研究を今後さらに進めていく所存である。

　本書の構成について簡単に説明する。第 1 章では、小学生に英語を教える意義が第二言語習得の視点からと、日本の外国語教育の歴史に照らして述べられている。第 2 章では、小学校の外国語教育におけるコミュニケーション能力育成に関わりの深い教授法が紹介されている。第 3 章は、グローバル教育についての考察である。第 4 章では、小学校英語の指導的立場におかれる者に求められるものについて述べられている。第 5 章は本学の小平キャンパス、千駄ヶ谷キャンパス、近隣の地域や小学校でおこなわれてきた英語プログラムの実践報告である。巻末にある折り込みの図表「津田塾大学の取り組み」を参照しながら読んでいただき 15 年間にわたる軌跡の全体像を把握していただければと思う。第 6 章は、学生時代に本学キャンパス内外での活動に積極的に関わり、現在中学校や高等学校の教員になっている卒業生や修了生による活動への振り返りである。活動への参加体験が、その後の中学高等学校における英語の指導にどのように活かされているかについても語られている。第 7 章では、英語が世界の共通言語としての役割を担っていくとき、今後の日本の小学校英語はどのように在るべきかについて、本学の活動の歴史を踏まえたうえで提言が行われている。

『生きる力を育む初等英語教育―津田塾大学からの提言―』

　平成26年度（2014年度）井上準・如記念研究基金の助成を受けて本書が世に出るまでには、多くの方々の支援を賜ってきた。本書に登場する小学校および関係者の方々、草稿を丁寧に読んでくださり多くの貴重なアドバイスをくださった佐藤久美子先生（文化学園大学講師、元私立聖徳学園小学校英語科専任講師）、川上典子先生（鹿児島純心女子大学教授）、そして執筆者との連絡や編集の作業を手際よく進めてくださった徳永沙穂氏に心から感謝の意を表したい。また、本書の執筆者として名を連ねてはいないが、「小学生英語のひろば」の立ち上げと発展に貢献してきてくれた多くの卒業生たち、そして在校生たち、ありがとう。最後になったが、仕事の遅い編者に最後まで辛抱強くおつき合いくださった朝日出版社の清水浩一氏に心よりお礼を申し上げたい。

　2015年3月

執筆者を代表して
吉田　真理子

『生きる力を育む初等英語教育―津田塾大学からの提言―』

目　次

序文 i

第1章　外国語学習とは

1.1　第二言語習得の視点から 1
　1.1.1　なぜ小学生に英語を教えるのか 1
　　1.1.1.1　子どもの力を引き出す第二言語（外国語）習得
　　1.1.1.2　子どもたちのために今大人にできること
　1.1.2　コミュニケーション能力（communicative competence）とは 7
　　1.1.2.1　言語機能（language function）とは
　　1.1.2.2　コミュニケーションのための4つの能力
　　1.1.2.3　人とのやりとりを促すコミュニケーション活動
　1.1.3　母語の獲得と第二言語（外国語）の習得 10
　　1.1.3.1　母語獲得のための有利な要件
　　1.1.3.2　子どもの第二言語（外国語）習得の要件
　　1.1.3.3　言語習得を左右する諸要因
1.2　初等英語導入と実践の背景 20
　1.2.1　外国語教育政策と英語指導法 20
　　1.2.1.1　黎明期から太平洋戦争終了まで
　　1.2.1.2　戦後の英語教育
　　1.2.1.3　政策と現場のギャップ
　1.2.2　小学校外国語活動必修化に至るまで 27
　　1.2.2.1　小学校における英語 —— 国際理解教育の一環として
　　1.2.2.2　小学校外国語活動導入の経緯
　　1.2.2.3　初等英語導入で期待されること
　1.2.3　コミュニケーションとは何か 31
　1.2.4　多様化する英語 —— 英語は誰のもの？ 34
　　1.2.4.1　母語話者標準主義から英語使用者中心主義へ
　　1.2.4.2　英語の汎用性と利便性
　1.2.5　小学校における英語の「教科化」に向けて 37

第2章　小学校外国語教育の教授法

2.1 Whole Language Teaching（ホール・ランゲージ・ティーチング）………… 39
    2.1.1　Whole Language Approachとは ……………………………………… 39
    2.1.2　背景にある思想 …………………………………………………………… 39
        2.1.2.1　ジョン・デューイ
        2.1.2.2　ジャン・ピアジェ
        2.1.2.3　レフ・セミョノヴィチ・ヴィゴツキー
    2.1.3　日本におけるホール・ランゲージ的指導　――子どもを対象として …… 45
2.2 Multiple Intelligences Theory（多重知能理論）…………………………… 49
    2.2.1　Multiple Intelligences Theory（多重知能理論）について ………… 49
    2.2.2　MI理論を活かした外国語教育 ………………………………………… 50
    2.2.3　MI理論を応用した単元作成 …………………………………………… 50
        2.2.3.1　テーマの選定
        2.2.3.2　活動の選択と子どもの参加方法
        2.2.3.3　MI理論を応用した単元例の紹介
    2.2.4　MI理論の活用とその効果 ……………………………………………… 58
        2.2.4.1　教師の指導法
        2.2.4.2　学習者の動機づけ
2.3 Content-based Instruction（内容重視の指導法）…………………………… 60
    2.3.1　CBIとは …………………………………………………………………… 60
    2.3.2　イマージョン教育 ………………………………………………………… 63
    2.3.3　日本の初等英語教育におけるCBI実践例 …………………………… 66
    2.3.4　CLIL (Content and Language Integrated Learning) ……………… 67
2.4 Task-based Language Teaching（タスク中心教授法）…………………… 69
    2.4.1　タスクとは ………………………………………………………………… 69
    2.4.2　タスクと言語形式 ………………………………………………………… 70
    2.4.3　プロジェクト学習 ………………………………………………………… 71
    2.4.4　評価 ………………………………………………………………………… 73

第3章　国際理解教育と言語教育

3.1 国際理解教育の推移 ……………………………………………………………… 77
    3.1.1　ユネスコ型国際理解教育 ……………………………………………… 77
    3.1.2　臨教審型国際理解教育 ………………………………………………… 78
    3.1.3　グローバル教育としての統合　――地球市民として ………………… 79

  3.1.4 心の国際化 ………………………………………………………………… 81
  3.1.5 国際理解教育の実践と英語教育 ………………………………………… 83

第4章　教師に求められるもの

4.1 担任（HRT）に必要なこと ………………………………………………… 87
4.2 外国語指導助手（ALT）に必要なこと …………………………………… 89
4.3 日本人英語指導者（JTE）に必要なこと ………………………………… 90
4.4 3者の大切さ ………………………………………………………………… 91
4.5 今後に向けて ………………………………………………………………… 92

第5章　実践例

5.1 On campus（学内プログラム） …………………………………………… 93
  5.1.1 学生自主フォーラム「小学生英語のひろば」の始まり …………… 93
    5.1.1.1 「子ども英語クラブ」がめざしたもの
    5.1.1.2 具体的な方策
    5.1.1.3 プログラムの設定
    5.1.1.4 カリキュラム
    5.1.1.5 プログラムの評価
    5.1.1.6 得られた示唆
    5.1.1.7 まとめ
  5.1.2 春のプログラム …………………………………………………… 104
    5.1.2.1 午前の部
    5.1.2.2 午後の部
  5.1.3 夏のプログラム ── 「津田塾生とつくる英語劇」 ……………… 115
    5.1.3.1 題材
    5.1.3.2 ドラマ化 ── 脚色と構成
    5.1.3.3 舞台づくり
    5.1.3.4 プログラムの準備から劇発表まで
    5.1.3.5 コラボレーションによる参加者たちの成長
    5.1.3.6 今後に向けて
    5.1.3.7 おわりに

         5.1.4　Let's 国際交流「ゲストの国はどんなところ？」 132
         5.1.5　ひらめき☆ときめきサイエンス 〜ようこそ大学の研究室へ〜 136
                  5.1.5.1　平成 23 年度「はらぺこあおむし *The Very Hungry Caterpillar*」
                  5.1.5.2　平成 24 年度「Let's make a story 〜絵本作家になってみよう〜」
                  5.1.5.3　平成 25 年度「If the World Were a Village of 100 People
                           〜理想の世界を描いてみよう〜」
5.2　Off campus（学外プログラム） 155
      5.2.1　小平市立小平第四小学校 155
                5.2.1.1　背景
                5.2.1.2　世界のお米について学ぼう
                5.2.1.3　水プログラム
                5.2.1.4　「四小の給食の良さを地域の人（外国人）に紹介しよう」
                5.2.1.5　生き物たち
      5.2.2　小平市立小平第十五小学校―担任とJTEの学習および協働教育― 174
                5.2.2.1　平成 13 年（2001 年）度から平成 22 年（2010 年）度までの歩み
                         〜小平市立小平第十五小学校との英語活動における連携〜
                5.2.2.2　平成 23 年（2011 年）度からの活動概要
                5.2.2.3　英語活動カリキュラム概要
                5.2.2.4　十五小プロジェクト重視の英語活動カリキュラム詳細
                5.2.2.5　考察
                5.2.2.6　おわりに
      5.2.3　東京都新宿区戸塚第一小学校 ―― HRTが主導となる外国語（英語）活動を
                         目指して 199
                5.2.3.1　外国語活動の歴史
                5.2.3.2　戸塚第一小学校の環境（外国語とのふれあい）
                5.2.3.3　研究授業に至るまで
                5.2.3.4　研究授業計画とHRT
                5.2.3.5　戸塚第一小学校研究主題および研究概要
                5.2.3.6　カリキュラム・シラバス作成上の留意点
                5.2.3.7　単元紹介
                5.2.3.8　単元間の関連性および他教科との連携
                5.2.3.9　HRTによる日本語使用
                5.2.3.10　おわりに
      5.2.4　東京都新宿区立愛日小学校 ――『*Hi, friends!*』を土台に繰り返しを
                         大切にした外国語活動 218
                5.2.4.1　愛日小学校の概要

5.2.4.2　愛日小学校の外国語活動の運営
5.2.4.3　外国語活動カリキュラム
5.2.4.4　外国語活動の授業例
5.2.4.5　おわりに

第6章　中学・高校教員の視点から見た初等英語

6.1　高校教員として小学校英語を考える 231
　6.1.1　はじめに 231
　6.1.2　小学校英語との出会い 231
　6.1.3　「学生プロジェクト」の「出張授業」を体験して 232
　6.1.4　私立小学校における教科としての英語の授業を経験して 233
　6.1.5　高校教員として小学校英語を考える 233
　　　6.1.5.1　音声面でのメリット
　　　6.1.5.2　小学校英語と中学・高校の英語の連携に思うこと

6.2　「小学生英語のひろば」での学生プロジェクトの経験から 236
　6.2.1　はじめに 236
　6.2.2　「ひろば」での実践 236
　　　6.2.2.1　ハワイアン・プログラムの計画・準備
　　　6.2.2.2　ハワイアン・プログラムの実践と振り返り
　6.2.3　高校英語教員として 238
　　　6.2.3.1　「ひろば」での活動と高校教員としての実践との関わり
　　　6.2.3.2　小学校英語と中学・高校の英語の連携に思うこと

6.3　中学・高校教員の視点から考える英語教育 241
　6.3.1　はじめに 241
　6.3.2　授業を体験して（準備、本番、振り返り）............................. 241
　　　6.3.2.1　お米プロジェクト
　　　6.3.2.2　玉川上水
　6.3.3　プロジェクトと現在の自分との関わり
　　　　── 小学校英語を通して、現在の実践へつながること 242
　6.3.4　小学校英語と中高の英語の連携に思うこと 243

第7章 これからの小学校英語 —— 評価を踏まえて

- 7.1 世界の動き ··· 245
- 7.2 「小学生英語のひろば」で心がけてきたこと ····································· 246
- 7.3 評価を踏まえて ·· 247
- 7.4 小学校英語のゴール ··· 248

- 参考文献 ··· 249
- 執筆者紹介 ·· 261

津田塾大学の取り組み（小平キャンパス・千駄ヶ谷キャンパスおよび近隣地域）**図表**

第1章

外国語学習とは

1.1　第二言語習得の視点から

1.1.1　なぜ小学生に英語を教えるのか

1.1.1.1　子どもの力を引き出す第二言語（外国語）習得

　平成23年（2011年）度より小学校5、6年生に年間35校時の「外国語活動」が必修化された。さらに平成25年（2013年）12月に文部科学省が、平成32年（2020年）度には3、4年生に英語活動を、5、6年生には教科としての英語を必修として導入すると発表した。しかし、これまで20年以上の長きにわたり小学校に英語を導入することについては賛否両論が渦巻いてきた。その間に特区や研究開発校などとして、自発的に多くの小学校がそれぞれの英語指導のあり方を模索し、かなりの研究成果を上げてきた。これらの試みは進取の気性に富み創意にあふれ、優れたものだったと言えよう。であるにもかかわらず、20年以上にわたる議論を呼んだ背景には、さまざまな指摘はあったが、中でも強かったのは、小学校への英語導入が母語形成に及ぼすマイナス影響への懸念だったと言えよう。端的に言えば、小学校の段階で外国語つまり英語をカリキュラムに導入すると、母語である日本語がおかしくなるという論である（1.2.2.2参照）。日本語母語獲得と、外国語としての英語学習とでは、言語習得の要件がはなはだしく異なるので、英語から日本語への悪影響を憂慮するよりは、むしろ二言語を身につけることから生じる実際的なプラスの影響に目を向けるべきである。

(1) 複数言語が使えることの意義

　第二言語習得あるいはバイリンガリズム研究では、2つの言語が学習者の中で共存する場合、両者はプラスに作用し合うと考えられている。母語としての日本語と外国語としての英語は、それぞれ独自の記号体系として発達期の子どもの中で世界を理解するための豊かなリソースになり得る。子どもたちは日本語と英語の類似点や相違点に気づき、記号体系の多様性を、ひいては言語にまつわる価値観や文化の多様性をも受け止めることができる。2つの言語を持つこと、そしてそれに気づくことにより、ことばに対する感性が磨かれ、二言語が相互に作用する部分では認知力や思考力の伸びが見られる。この力は、しばしばJim Cumminsのiceberg theoryで説明される。図1に示すとおり、2つの言語は水面より上の部分では、表面的には異なったものに見えるかもしれないが、実は、水面下で共通部分をもち、2つの言語が共存することにより互いを強化していると考えられる。

　小学生という発達期に、自分の母語について他言語と照らして考える機会があること、ま

【図1】 Cummins の iceberg theory

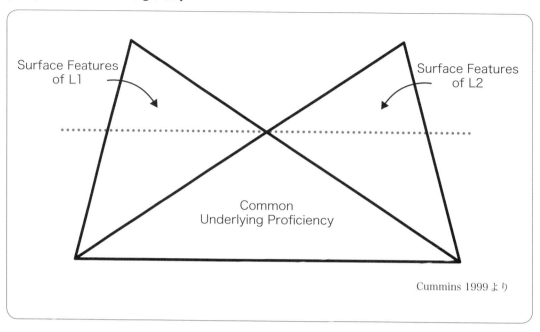

Cummins 1999 より

た、母語とは異なる記号体系である外国語の存在に気づくことは、物事に対する柔軟性を培い、独り善がりにならないためにも、大きなプラスになる。母語以外にも言語があることを知り、それを受容できることは、子どもの成長にとって有効である。

では、以上の他に、小学生の年齢ならではの外国語学習における利点を考えてみよう。主なものとしては、子どもは音声に敏感である、体験的に学ぶ学習スタイルに秀でている、情意的にこだわりが少ない、また、社会的な方向づけに対して柔軟であるなどが挙げられる。これらの点について検討してみよう。

(2) 音声に対する敏感さ

まず、小学生は大人に比べて、音声に対して敏感である。言語習得において音声の果たす役割は大きく、子どもはこの手段を言語習得のために効果的に用いることに長けている。音を正確に聞き取り、それを真似て調音し正しく発することができるのは小学生の得意とするところである。これは、とりもなおさず、子どもとしてつい最近母語の獲得を達成したばかりであるという実際の経験に基づくものと言えよう。子どもは、誰からも文法説明を受けず、書物から学ぶわけでもなく、自分の耳で身近に話される母語の音声を聞き取り、それをベースに母語の音韻および文法体系を自分の中に取り込んで母語を獲得し確立してきている。子どもは、学齢に達するまでには、母語を用いたコミュニケーションがほぼ成立するところまで、ことばを築き上げる。このように、音声のみを頼りにことばを手に入れたばかりの小学生にはまだ音を手がかりにことばを構築する力が残っており、外国語学習にもそれがまだ活用できるのではないかと考えられる。この力は、成長するにしたがって、失われていくと考

えられている言語習得能力であり、外国語の学習には極めて有効である。

(3) 体験的に学ぶ学習スタイル

　次に、小学生の学習スタイルという利点を考えてみよう。外国語学習ではことばを使ってコミュニケーションができることが重要視される。特に昨今のグローバル化の進む時代においては、口頭で、あるいは書きことばで瞬時に人とやりとりのできる人材が求められている。これは、ことばの持つ特性の一つで、人と協働して使う道具であるという面である。小学生は比較的人との接点を持ちやすい傾向にある。つまり、一人で孤独に何かをする成人とは異なり、まだ発達段階であることも影響して、多くの人びとの助けを得て生きている。子どもの日常の特性として、常に他者と関わり「〜してもいいですか？」と聞く場面は非常に多い。したがって、その学習スタイルも、他者との関わりで体験的に学ぶ傾向が強い。例えば、英語の授業でクラス全員の中から自分と同じ月に生まれた人を探しましょうと、クラス調査の提案をすれば、次々とクラスメートとコミュニケーションを図り、クラスのほとんどのメンバーと会話することを子どもはいとわない。「誕生日の聞き方は When's your birthday? ですよ」と教えると、抽象的な文型として教科書から文法的に学ぶのではなくて、この音のつながりを実際のコミュニケーションに用いて、内容のあることを聞くのに使うことができる。いつも机を並べて共に勉強や遊びをしているクラスメートの誕生月を知るという有意味な目的のために、When's your birthday? という表現を音のまとまりとして習得し、これを体験的に使うことができる。このように、子どもは体験学習に秀でており、これが外国語習得にとって大きな原動力となる。別の言い方をすれば、演繹的（言語ルールである文法を抽象的に学んでから例文で具体的に使ってみて身につけるやり方）より帰納的（具体例を使ううちにその背後にあるルールである文法や文型を見出していくやり方）に学べる。これは、子どもの認知発達が、具体から抽象を引き出す、つまり、言語使用体験を通して文法ルールを抽出するという認知段階にあることと関係があるであろう。

(4) 情意的なこだわりのなさ

　さらに言えることは、子どもの情意的特性として、小学生はあまり恥ずかしがらずに他者とのつながりを持つことが比較的容易である。小学校の教室と、中学校の教室とでは、教師の質問に対して、「ハイ、ハイ」と手の上がる数や勢いが大きく異なることは周知の事実である。もちろん、小学校でも1年生と6年生では傾向はいくらか異なるが、それでもまだまだ小学生の間は、外国語を言ったり使ったりすることに対する情意的な抵抗は少ない。また、恥ずかしがらずにことばを人と使うことをこの時期に経験しておくことが、たとえ中学校や高校で羞恥心から寡黙になったとしても、その後大人になって人とのコミュニケーションのためにことばを使う時には必ず生きてくる。社会人になって外国語を特に口頭のコミュニケーションのために使っていく場面では、コミュニケーションに英語が使えたという子どもの頃の経験がとても有効に働く。

(5) 社会的方向性への柔軟さ

　次に考えられる小学生の利点としては、社会的にまだまだ他者からの影響を受けやすく、自分の世界に閉じこもったり他者からの働きかけを拒否したりすることが比較的少ないと考えられる。昨今のグローバル化時代には、英語が使えることの重要性が認識され、おそらく親や周りの大人たちからの社会的影響として英語を奨励する形で子どもたちへの働きかけがあると考えられる。小学生は中学や高校の年代よりも、このような社会の動きに対して柔軟で、それを自分のものとして受け止める素直さがまだある。したがって、長じて何かに固執してしまう前に、英語学習の大切さを認識させるためには、小学生の年代が適していると言えよう。

　小学生には、以上のような諸々の利点があり、英語学習はぜひ、小学生の段階から行うのが望ましいと考える。この新しい動き、つまり小学生が英語を勉強するということは、実は世界的にも新しい現象である。20世紀までは交通や通信の発達が現在ほどではなかったので、外国語学習は世界的にも中学校からでも十分対応できた。しかし、グローバル化の進む21世紀においては、それでは間に合わない。世界のどの国でも、子どもが他の国の人びととのコミュニケーションに使える汎用性のある言語を初等教育段階から学ぶという状況になっている。日本もこれに歩調をあわせ始めている。

(6) 生涯学習の礎として

　次に、ではなぜ外国語学習そのものが大切なのかを考えてみよう。外国語が使えることには単にその言語で人と話せ、文字を使ってコミュニケーションが図れるという以外に何か大切なことがあるのだろうか。

　外国語学習あるいはバイリンガリズム研究では、ことばに取り組むことには学習者の自律性（autonomy）や自尊感情（self-esteem）が関与すると言われている。外国語の学習とは、一つの記号体系を自分の中に確立してそれが操作できるようにするという、いわば手間のかかる作業であり、地道な努力を必要とする取り組みである。しばしば言われるが、ことばの学習は一朝一夕にできるものではない。ことばがコミュニケーションに使えるようになるためにはしっかりとした文法が自分の中に築かれなければならないし、練習も必要である。なかなか進歩しない時も、慌てずに練習を重ね、前向きに取り組んでいく必要がある。このようなことから、外国語学習に小学生が取り組むことによって、すぐに成果は上がらなくとも、地道に取り組み続けるための自律性や自尊感情を育てることになると言えよう。

　また、ことばをコミュニケーションのために意識して使う訓練を受けることで、コミュニケーションの相手に目を向けることになる。外国語をコミュニケーションのために使う練習をする時は、常に他者がいて、その人との関わりで自己を捉えることになる。こうした意識が世界的にも、他の文化や社会状況の人びとと交流していくための基礎を築くことになる。しばしばバイリンガルを擁護して言うことであるが、言語を1つしか知らないと、人に出会った時に自分の知っている言語でしか話しかけられない。しかし、2つ以上知っている場合は、

まず、相手にはどちらのことばが通じるのかを考えるという、他者への配慮がある。つまり、人に接する時に、まず、相手を尊重することができる。このような何でもないことでも、実は大きな異文化理解や人権尊重につながる要素を持っており、外国語学習により、子どもたちが生涯にわたって人とコミュニケーションを図っていくための素地が形成されると考えられる。

　小学生の段階で、英語を学習する場合、中高生や大人と異なり、英語を用いなければならない場面は実はそれほど多くはない。中高生であれば自分が留学したり留学生がクラスにいたり、自分が海外旅行に出かけたりと、外国語を使う場面は現実的にありうる。現在の日本の小学生の場合は、このようなこともあまりなく、もし英語を用いた他者とのコミュニケーションが社会的に求められる場面があったとしても、そのような場合はたいてい大人が対処することになる。したがって、小学生の英語学習では、教室で学んでいることや扱っている教材や場面そのものが有意味で自然であるように工夫することが求められており、これが極めて重要である。さらに、その工夫によって成果が得られれば、もっと学校で英語の授業に参加したいという意欲につながるといえよう。教師が心を傾けなければならないことは、子どもたちが外国語活動に取り組み、その取り組みが、できた、もっとやりたいという気持ちにつながるための工夫である。授業での成功体験、あるいは、授業で取り組んで成果が上がるといったことが自分の成長を自分で確認するための大切な機会になる。動機づけ研究からも明らかなように、外国語の学習開始当初は、成果が上がりそれを確認できることが、その後も学習を続ける原動力になる (Dörnyei & Ushioda, 2011)。外国語学習の過程で生まれる動機、そしてそれを維持するということが、生涯さまざまなことに取り組む上で、大きな力となると考えられる。

　このように、小学生の段階で外国語学習を始めることにより、自律性、自尊感情、他者への配慮、動機づけなどいわば生涯学習のための基礎となる要素が形成されると考えられる。この点で、小学校での英語指導は子どもの力を引き出す学習へとつながっていく。初等教育がそのコミュニティにおいて生涯教育の基盤となることは社会全体にとっても望ましいことである。外国語教育にはこの生涯教育の基盤作りの一翼を担う可能性が秘められている。

1.1.1.2　子どもたちのために今大人にできること

　では、日本の小学校における英語学習に関して大人は何をすることができるのか、何をするべきなのかについて考えてみよう。主に、誰が、何をどのように、なぜ教えるのかを中心に考察していこう。

(1) 鼎（かなえ）：HRTとALTとJTEで支える英語学習　——　誰が教えるのか

　現在の多くの小学校英語活動では、『*Hi, friends!*』という教科書のようでいて教科書としては扱われないテキストを用いている。担当するのは、基本的には担任 (HRT: homeroom teacher) である。実際には、自治体によって外国語指導助手 (ALT: assistant language teacher)¹が35校時のうちのかなりの部分を担っている場合もある。また、小学校によっては専門の英語教育関係者や地域等のボランティア、つまり日本人英語指導者（JTE: Japanese teacher of English）²に授業の一部を託している場合もある。この現状、つまりそれぞれの小学校での工夫や都合により不統一が起きていることは問題でもあるが、実はHRTとALTとJTEにはそれぞれの特徴がある。現状では、HRT、ALTそしてJTEのそれぞれの良さがいろいろな形となって関わることで小学校英語活動が成り立っている。HRTは、子どもと一日を過ごすので子どもたちの様子をよく把握しており、他の教科も教えることから、子どもたちの認知や知識のレベル、興味・関心、学習背景、個人的特性などをよく理解している。これをベースに英語学習を導入できることは学習効果ということで、とても大切である。また、子どもたちの多くは、将来英語を使う人（user of English）になることを考えると、担任が教科専門ではなくても英語のuserとして子どもたちに英語を導入することは、ロール・モデルという観点からも大切である。一方、ALTは、日本や日本語や子どもたちに関しては十分な知識や経験はないかもしれないが、目標言語である英語やその文化背景についてはHRTやJTEよりはるかに知識と経験がある。したがって、子どもたちから見るとこのALTとコミュニケーションが図れることが、英語学習のための大きな動機づけになりうる。また、英語を専門的に教えるJTEは、何と言っても英語を外国語として学んだ上、教え方も専門として学んできているので、学習者がどこでつまずいたり苦労したりするのかをよく知っており、教え方に関してはプロとしての専門性が高い。したがって、教える時の効率性という点で力を発揮することができる。

　こうして考えてみると、望むらくは、HRTとALTとJTEの3者が協働で子どもたちの英語教育に関われるようにするのが一番良い。古来、3という数字はマジックナンバーで、アジアでは3つの脚で支える鼎が安定していると考えられているが、HRTとALTとJTEの3者が鼎となって支える小学校英語教育は最も望ましいものと言えよう。もちろん、教室に常に3名の教師を招くことは財政的に困難であり、実現は難しい。しかし、これからこの3者の良さをそれぞれ認識した上で、英語カリキュラムを組んだり授業をプランしたりすることができれば良い（田近、2004）。

(2) 内容重視とスキル中心の教え方 ―― 何をどのように教えるのか
　では、何をどのように教えるのか、つまり教授法について考えてみよう。本書では、2章、3章で小学校の英語学習のあるべき姿とそこへ至るアプローチについて論じていくが、基本的には単に言語形式や文法のみを直接教えるのではなく、有意味な内容を英語を使って学ぶことによって、内容も英語も手に入れることができるようカリキュラムや授業のプランを行うことが望ましい。後述の欄で述べるように、子どもの持つ多重知能（MI: Multiple Intelligences）（Gardner, 1983; Armstrong, 2009）を活用したり（2.2参照）、いわゆる内容重視の言語教育（CBI: Content-based Instruction）（Brinton, Snow & Wesche, 1993）といわれるカリキュラムを組んだり（2.3参照）、国際理解教育あるいは国際教育の考え方を中心に据えて（3.1

参照)、それらの内容を英語で行うことが大切である。子どもたちは、抽象的な文法事項や文型を暗記することには不得手である。むしろ、内容的に興味のもてる、自分らしさの発揮できる活動に夢中になっているうちに、実はそれを英語で行っていたという体験的授業形態の方が、英語が身につくと考えられる。せっかく英語を学習するので、特に内容的な面では昨今のグローバル・イシューと言われる課題や話題についての意識を持たせることや、よく知られた昔話や民話に英語で触れることも、子どもたちにとって有効であろう。

　ただし、今後小学校での英語教育が進んで、例えば5、6年生でより高度な言語スキル中心 (skill-oriented あるいは language-oriented) の授業の必要性が生まれてくる可能性もある。しかし、そのような場合にも、言語スキル指導中心の教え方を導入しつつも、5、6年生に対する内容重視の言語教育（CBI）の流れは絶やすことなく続ける必要がある。現在でも中学高校で英語嫌いが生まれて問題にされるが、このようなケースを小学校から生まないためには、学習者が言語のみに偏らず、内容のあること、有意味なことに取り組みつつ英語を身につける工夫をカリキュラムとして提供していく必要がある。

(3) エンパワーメント ── なぜ教えるのか

　最後に一つ、初等の公教育に英語を導入する意義として、忘れてはならない点を述べよう。日本においてナショナル・カリキュラムとして小学校に英語学習が導入されるということは、いわゆる言語政策的に考えて、極めて重要なことと言えよう。ことばの学習は、実はそのことばを身につけた人にとってのエンパワーメント (empowerment) となる。つまりことばを、それも、とりわけ英語のような世界的に汎用性や使用効果の高い言語を身につけるということは、強い力を持ちうるということである。この点について、英語学習導入は英語の帝国主義的側面に加担するとして否定する意見があることは事実である。しかし、むしろ、現在の日本の子どもたちの置かれた状況を考えると、公教育でどの子どもにも等しくこのエンパワーメントを提供することが、一人ひとりの子どもにとって、グローバル市民、地球村の市民として生きていくために大切なことになると言えよう。家庭環境によっては高価な投資を必要とする英語教育を享受する子どももいることを考えると、公教育により、日本の子どもの間の格差を作らない工夫を行うことは社会全体にとって大切なこととなる。今後、ボーダーレス化はさらに進み、世界で言語を複数用いる人がさらに増えると考えられる中で、大人が次の世代の子どもたちのために貢献できることの一つが初等の公教育における外国語習得であろう。

1.1.2　コミュニケーション能力 (communicative competence) とは

1.1.2.1　言語機能 (language function) とは

　では、少し専門的になるが、私たちがことばを用いるということはどのようなことなのかを考えてみよう。ことばを人とのコミュニケーションに使う場合は、初対面の人同士を「こ

ちらは、○○さんです。そして、こちらは△△さんです」と紹介したり、「窓を開けてください」と依頼したり、「座りなさい」と命令したり、「映画に行かない？」と誘ったり、あるいは、「うん、いいよ」と同意したり、「このところ忙しくて」と断ったりなど、ことばを介してお互いにさまざまな働きかけを行っている。この働きかけ、すなわち、「紹介する、依頼する、命令する、勧誘する、同意する、断る」などの行為を言語の機能（language function）と呼ぶ（Wilkins, 1976; Widdowson, 1978）。私たちの日々の言語活動では、このような、人に対する働きかけとしての言語使用が大きな比重を占めている。一方、従来の外国語学習のための、特に文法を中心としたテキストや教材においては、このようなことばの働きかけの機能よりは、「AはBである」といった、客観的叙述、あるいは述べるという言語機能が多くを占めていた。つまり、扱った教材が人に働きかけるためにことばの機能を使うのではなく、説明文やエッセーによる叙述という機能を多く扱っていたことになる。旧来の単に物事を叙述した教材が多い外国語学習では、人と人とのコミュニケーションに使う言語機能や表現が勢い少なくなるという偏りが生まれており、結果的に学習者のコミュニケーション能力の育成が矮小化されていった。ことばは人との間で働きかけあうものであるという認識を得た時に、英語教育を行う場ではどのようにしたらコミュニケーション能力を育成することができるのかが問題になってくる。

1.1.2.2　コミュニケーションのための4つの能力

以上のような認識は、20世紀後半の英語教育の議論の中で「コミュニケーション能力（communicative competence）」という概念として確立されていった。従来の外国語指導のカリキュラムは、文法中心の教え方で、それが聞くこと、話すこと、読むこと、書くことの4技能でどう生かせるかについて配慮はしたものの、その後に学習者が学んだ文法をどのようにコミュニケーションの場で活用していくのかについては十分な配慮をしていなかったと言えよう。そこで、Dell Hymesが、communicative competenceという新造語を用いて、新しい概念を提示し、外国語の文法を知っているというだけではなく、広く人の言語活動の中で、コミュニケーションに用いられる言語の要素とは何か、ことばは人と人との間でどう作用するのかを考察した（Brown, 2007）。

この考えをさらに発展させて、communicative competenceとは何かをより詳しく説明したのがCanale & Swain (1980) およびCanale (1983) による定義である。communicative competence、つまりコミュニケーション能力とは、grammatical competence（言語的能力）、discourse competence（談話的能力）、sociolinguistic competence（社会言語的能力）、strategic competence（方略的能力）の4領域から成り、従来は、主にlinguistic competenceのみを外国語教育の目標としていたことが振り返って分かったのである。ここで、英語教育の世界でも、ことばは働きかけるものであること、つまり、言語には言語行動（speech act）があることを認識し、人に働きかけることができるようにするのが英語学習であることなどが広く理解されるようになった。

もちろん、言語にはコミュニケーションに用いる機能だけでなく、他にも大切な機能がある。ことばは思考や概念形成のための大切なツールでもある。宗教も哲学も論理学も科学も言語によって成り立っている。また、文学や詩歌などの芸術的要素も言語の重要な部分である。このようなことばのもつ豊かさをとりわけ小学校の英語学習では意識して取り入れる必要があろう。そのためには、絵本や歌やチャンツを導入し、物語や劇を英語で導入することによって、子どもたちはことばの豊かさに触れることができる。今後小学校での英語の教科化が進むと、英語は単なるコミュニケーションのための記号体系でしかなくなる傾向が強くなるのではと危惧される。教える側がことばの豊かさをよく理解したうえで、コミュニケーション能力育成には何が必要かを考えて、小学校英語に取り組まなければ、すぐれた英語教育は育まれないだろう。

1.1.2.3　人とのやりとりを促すコミュニケーション活動

では、コミュニケーションに用いることばの機能の働き、つまりコミュニケーション力はどうすれば身につくのであろうか。あるいは、多くの大人がなぜ自分は10年余も英語を勉強しながらもコミュニケーション力に乏しいのかと嘆くことについて考えてみよう。先ほど、Canale & Swain (1980) のcommunicative competenceの定義で第一義のgrammatical competenceばかりを学校で勉強してきたために、なかなかことばをコミュニケーションのために使えないということを述べた。では、他のdiscourse competence, sociolinguistic competence, strategic competence といった力はどうすれば身につくのであろうか。これについては、言語習得に必要なものは理解可能なインプット（comprehensible input）であるという仮説を立てたKrashenの考え方が参考になる。Krashenは、どの学習者にも、そもそも言語習得能力があるので、理解可能な内容についてであれば、目標言語の未習の言語形式（form）でインプットされても、意味の理解ができるとした。これが、しばしば（i+1）として示されるインプット仮説（input hypothesis）である。これは母語獲得の場合を参考にした考え方である。しかし、多くの研究者が comprehensible input を用いて言語習得過程の検証をしたものの、これだけでは外国語は容易に発達しないことが分かった。そこで、研究者たちはことばの習得の重要な要因として、理解可能なアウトプット（comprehensible output）を加味したアウトプット仮説（output hypothesis）を立てた。つまり、相手に理解されるように何かをきちんと表現できた時にことばは初めて身につくというものである。しかし、さらに研究は進み、実際はそれだけではなく、ことばが身につくためには相互のやりとりが必要であるということが立証されてきた。つまり、インタラクション仮説（interaction hypothesis）である。こうして、第二言語習得研究における認識として、input hypothesisから始まり、output hypothesisを経て、interaction hypothesisへと習得過程の説明が進んだわけである。

さらに進んだ話であるが、interaction hypothesisの指摘する、人とのやりとりが習得の鍵となることは、確かに重要な点ではあるが、人は単にやりとりをするだけではことばを使

いこなしたことにはならない。単なるやりとりと言えば、しばしば教室で行われる役割練習（role play）という活動がある。これは、学習者がペアになって、学んだ言語形式を、Aの役割とBの役割を担って、対話として筋書き通りに双方でやりとりする活動である。しかし、これでことばが身につくという保証はない。そうではなく、やりとりの中で意味の交渉（negotiation of meaning）を行うことで、相手の言ったことの言語形式（form）と意味（meaning）との関わりが理解でき、自分でも意図した意味（meaning）のために適正と思われる言語形式（form）を選んで使ってみることによって言語形式と意味がより強く結びつくようになる。この意味の交渉（negotiation of meaning）こそが言語習得につながると考えられる。旧来の生徒が受身的に文法説明を受けて理解するタイプの学習方法のみでは、言語習得のゴールは達成できない。学習者にとってはことばを使いながら人と対話し意味の交渉をしないかぎりコミュニケーションに有効なことばは身につかないということである。このような意味でも、学習者は相互にコミュニケーションのやりとりをするという文脈の中で意味の交渉（negotiation of meaning）を行う必要があるということが現在は述べられている。

1.1.3　母語の獲得と第二言語（外国語）の習得

　さて、一言でことばを身につけると言っても、そのことばは母語なのか第二言語（外国語）なのか、子どもの場合なのか青年もしくは大人なのかなどの点で大きな違いが出てくる。母語の場合はたいてい子どもに限る。しかし、第二言語（外国語）となると子どもかもしれないし、あるいは青年か成人かもしれず、その場合によって要件が変わってくる。ここではまず子どもの母語獲得について考え、続いて本書の一番の関心事である子どもの第二言語（外国語）習得について論じ、そのうえで、小学生の外国語学習とは何かということについて第二言語習得研究の視点からまとめよう。

1.1.3.1　母語獲得のための有利な要件

　子どもがどのようにして母語（L1: language 1）を獲得するのかを理解することは、第二言語（外国語）(L2: language 2)の習得について考える上でとても参考になる。なぜかといえば、なかなかうまくいかない第二言語（外国語）習得に比べると、成功度が極めて高いからである。そこで、子どもの母語獲得の要件について、臨界期と言われるもの、ことばの生得性や言語習得装置と言われるもの、インプットの質と量、言語獲得に及ぼす文脈の効果、意味のネゴシエーションの役割を中心に論じていこう。

(1) 臨界期（子どものL1）

　まず、多くの人にとって一番分かりやすい、臨界期と言われる事象について考えてみたい。平たく言えば、ある時期までにことばを身につけないとその後では取り返しのつかないことになるというのが臨界期である。これは直感的に多くの人に感じ取られている事象で、こと

ばは若い時の方がより効果的に身につくと一般的には思われている。大人がことばを身につけようと勉強したりする場合と幼い子どもが母語を獲得していく様子とでは、何か、人間に内在するものがあって、それが機能する時期と、もはやそのような助けが得られない時期とがあるように思われるのである。特に3歳前後の子どもの言語獲得のスピードの速さと質の高さを見れば、一目瞭然、大人が苦労して外国語を勉強して身につけようとする場合とでは、何か本質的な違いがあることが感じられるであろう。特に音声に関しては、子どもはとても正確で敏感な感性を持っており、一方、大人となると外国語学習において大切な音、例えば [r] や [l] の聞き分けがなかなかできなかったりする。一般的には、思春期を過ぎると言語習得能力が衰え、ことばの習得は難しくなるというのが、臨界期の捉え方となっている。

　母語の場合は確かに臨界期があるのではという実証研究がある。例えば、Genie という子どもの場合は、13歳まで残念なことに母語を獲得する機会を奪われていたため、その後発見されて母語を身につける努力はしたものの、通常の大人のレベルには到達しなかったケースである。また、しばしば話題になるオオカミ少年といわれる、人間社会ではないところである年齢まで成長した人が、果たして母語を獲得できるのかという逸話である。このように最近はこのようなケースの報告はあまりないが、古くから語られしばしば映画の題材にされるこのような例では、ある時期を過ぎると母語獲得は困難であるとするものが多い。したがって、言語獲得には人の発達と関係する適切な、あるいは適正な時期があり、それを逃すと言語が獲得できないという理解になっていく。通常は母語獲得がこの臨界期以前に完成するので、母語獲得はたいていの場合、問題なく成功すると考えられる。

　多くの人びとにとって、子どもが母語を獲得することは、本人の努力というよりむしろ何か自然の力が働いて急速なスピードで効果的に身につけていることのように思えるのではないだろうか。実際その生得的な力があるのではという仮説として、次に述べる言語習得装置（LAD: Language Acquisition Device）があるとされている。

(2) ことばの生得性と言語習得装置（子どものL1）

　母語獲得の過程の特性の一つとして重要なことだが、子どもがことばを身につける過程では、ことばの生得性が大きな力となっていることを考慮に入れる必要がある。子どもが3歳くらいになると爆発的に語彙が増え、文脈の理解もそれまでの少しずつよりも飛躍的に伸びる。この現象をとらえて、言語習得研究では、ことばには生得性があると指摘する。つまり、周りから得られるインプットを一つ一つ自分の中にていねいに積み上げるだけではなく、何か内在的にことばを構築する作用が働くとする考え方である。そもそも人間のDNAの中に何か言語の中核となる（しばしばユニバーサル・グラマー（Universal grammar）と呼ばれる）要素があり、それが、数年間周りからインプットを与えられることにより、刺激を受けて発現するという考え方である。その時、子どもの中には周りからのインプットを整理しながら言語体系を形成していく作用、言語習得装置が働くと考えられている。この作用によって、世界中の異なった言語を話すどの民族でもたいてい子どもは学齢に達するまでに母語の

基本である音声の制約と文法ないしは文型の基本を手に入れ、小学校へ上がる時には、語彙や語法における未熟さはあるものの、クラスメートや先生との会話に不自由しないだけの言語基盤を手に入れていると考えられている。このことを言語の生得性として見なすわけである。もちろん、個別の言語や方言といった言語間の差異も子どもは獲得していくわけであるが、それを除く音声と文法に関する言語の基底部分がどの言語話者においてもほぼ同じ年齢で身につけられることは大いに注目すべきである。

(3) インプットの質と量（子どものL1）

子どもが母語を獲得する場合と、子どもにせよ大人にせよ第二言語（外国語）を学ぶ場合とで顕著に異なるのがインプットの質と量である。ここでインプットというのは、周りの大人の話すことばや情報機器から得られる言語使用や、詩歌や書物から得られるものなどあらゆる言語データを意味する。子どもにとってこれらの言語データは、理解できるものとできないものとがある。言語習得に必要なこのインプットについては、その質と量が言語習得の糧になる。

インプットの質としては、子どもの母語獲得の場合は、周りの大人が分かりやすく、幼児語を採用しながらもなんとか子どもとのコミュニケーションを達成しようとする。つまり、学ぶ側から見て分かりやすい表現や言い換えがふんだんに使われる。通常は、子どもの質問に対しては、内容が難しい場合でも、何らかのインプットの工夫を用いて子どもの理解を促す工夫がなされる。こうした試みがインプットの質を高めていると言えよう。さらに、母語獲得においては、インプットする側は子どもが分かるまで何度でも繰り返すことをいとわないのも一つの特徴である。こうした、インプットの質と量において高度で潤沢な言語環境で達成されるのが母語獲得である。

(4) 有意味な文脈の効用（子どものL1）

子どもが母語を獲得する場合には、もう一つ決定的に有利な面がある。それは、言語獲得が言語使用とその場面という文脈（コンテクスト）の中で両者がセットになって行われることである。子どもが、「手を洗ってきなさい」という言語表現に出会うのは、文脈（コンテクスト）としては、実際に汚い手をしているのにお八つを食べようとしている自分がいるという、「手を洗ってきなさい」という言語表現を投げかけられる必然性のある場合である。つまり汚い手でお八つを食べるのは良くないという有意味な文脈の支えがあっての言語使用である。したがって、子どもの母語獲得では、ある言語表現を使わなければならないという文脈の必然性に支えられた言語獲得がなされるメリットがある。

(5) 意味のネゴシエーションの役割（子どものL1）

子どもが母語を獲得する過程では、上記で述べた、コミュニケーションのために最も有効とされる意味のネゴシエーションが、本質的な意味で行われるのも一つのメリットである。子

どもの母語獲得では、キャンディーは食べたいものの袋が開けられなければ、子どもは「開けて」と大人に依頼し、この言語機能を用いた働きかけがそのまま実現する場合もあれば、あるいはそれが実現せず「自分でやりなさい」と言われてしまうこともある。自分で開けることに成功する場合もあれば、やはりできなくて、改めて「開けて」と依頼し、押し問答の末に「しょうがないね」と言われながら開けてもらうという、文脈（コンテクスト）の中での言語表現がある。そこでは、何回も言語表現を言い換えるなどの工夫をしてことばを用いるという真の意味でのネゴシエーションが言語獲得に繋がると考えられる。

1.1.3.2 子どもの第二言語（外国語）習得の要件

では、次に子どもの第二言語（外国語）習得について考えてみよう。この際上記で述べた子どもの母語獲得を出発点として考えたい。まず、母語の場合は獲得という用語を用い、第二言語（外国語）となると習得という語を用いることについて説明する必要があろう。これは、上記でも触れてきたように、言語習得の要件として母語獲得には特別な要件が揃っていることからくる。とりわけ、言語の生得性については、母語獲得の場合には明らかにあると言えるものの、仮にその力が子どもにあったとしても、第二言語（外国語）の学習でその作用が働くことが期待できるのかというと、これについては明らかにされていない。一般的には、子どもがまだ持っている言語獲得に有利に働く要因として、音に関する感性は生かせるかもしれないが、これには研究者の間でまだ結論が出ていない。したがって、母語獲得の際のような内的力の作用を必ずしも含まないかもしれないことを踏まえて、第二言語（外国語）の場合は、習得という語が用いられている。

本書では、小学校の発達段階で英語学習をすることについて論ずるのが本来の目的であることから、子どもの第二言語（外国語）習得の問題について、次に考えることが最も重要なことになる。この点についても、母語獲得と対比させながら、臨界期と言われるもの、ことばの生得性や言語習得装置と言われるもの、インプットの質と量、言語獲得に及ぼす文脈の効果、意味のネゴシエーションの役割について順次論じていこう。

(1) 臨界期（子どものL2）

母語獲得については、臨界期と言われる現象があるのではないかと上述したが、では、第二言語（外国語）習得ではこの事象はどのように捉えられているのだろうか。最近、教育熱心なあまり幼児期から英語を学ばせようと、英語母語話者のいる英語教室に子どもを連れていく親もいるようである。果たしてこれは有効だろうか。また、大人によっては、自分はもう外国語習得に適した年齢を過ぎているので、これ以上は上達しないとあきらめる人もいる。また、家族で海外に暮らし始め、子どもがいる場合に、小学生よりは幼稚園児が、中学生よりは小学生が、また、高校生よりは中学生が、いち早く現地のことばを身につけ現地校にとけ込んだが、年齢の高い子どもの方が現地語に関しては苦労するなどの話がしばしば聞かれる。作家で、ポーランドから13歳でカナダに移民し英語での文筆活動で著名なEva Hoffman

が、その時 9 歳だった妹は、英語の音声を完璧に身につけ、母語話者と同じレベルになったが、自分は書く事は母語話者並み以上にできるようになったものの今でも音声になまりがある、2 人の英語習得に大きな違いが出たと述懐している（個人的やりとり、2013 年 11 月）。このような逸話や事例を考えると、どうも第二言語にも臨界期がありそうに思えてくる。

　では、第二言語（外国語）における臨界期は本当にあるのだろうか。実は、大人になってから第二言語（外国語）を学んで母語話者と同じレベルまで上達したケースが複数報告されている（Bongaerts, Planken, & Schils, 1995）。フランスの大学で英語の教鞭をとる教員たちに行った調査では、小学校卒業後、中学校から英語を外国語として学び始めた学習者でも、英語母語話者による評価で英語の母語話者と変わりない評価を受けた人が複数いた。このように、いわゆる青年期になってから外国語を学んだにもかかわらず、発音が完璧に近くなるケースもある。これについては、実は身近に多くの例があるのではないだろうか。大人になって仕事などである国の言語を使い、その成果として母語話者に比肩するレベルまで到達するケースは意外に多いのである。もし、これが事実だとすると、第二言語（外国語）における臨界期はその存在が危うくなる。なんとなく、臨界期、つまりある年齢に達すると言語習得は困難になると思いがちであるが、人によって、あるいは状況によっては第二言語（外国語）では臨界期ということは考えなくてもよいのかもしれない。

　では、なんとなくあるように思えるのは何故だろうか。実は、この点を徹底的に研究したのが Scovel（1988）で、実に多くのデータを検証して、結論的には、聞く・話す・読む・書くという 4 技能のうち発話、つまり話すことではやはりあるであろうが、他のスキルについてはないという結論に達している。すなわち、適正な学習がなされれば、聞く力も、読む力も、書く力も、そして文法も、母語話者に比肩するレベルに達することは可能であるという。そのうえで Scovel（1988）では、発話のなまりは年齢と関係がありそうであるが、それだけが外国語習得ではないとしている。一時、Kissinger Effect（キッシンジャー・イフェクト）と言われた現象があった。ユダヤ系アメリカ人で移民の Henry Kissinger が、ドイツ語訛は強いが、アメリカ合衆国の国務長官という国家の大切な職務を成し遂げた人ということで、第二言語（外国語）で仕事をする場合は、発音などよりも仕事の内容が大切だとする逸話がある。最近はこれを Schwarzenegger Effect（シュワルツネッガー・イフェクト）とも言うようである。Arnold Schwarzenegger はやはりドイツ系のアメリカ人でカリフォルニア州知事を務めた人である。いずれも、発音よりも、ことばを使って内容的なことができることの方が大切であるとするメッセージである。

　というわけで、母語の場合と異なり、第二言語（外国語）の学習においては、発音については適正期はあるようだが、基本的には臨界期は考える必要がないと言えよう。したがって、いつでも第二言語（外国語）を学び、ある程度のレベルに到達する方法はあると考えられる。

(2) ことばの生得性と言語習得装置（子どもの L2）

　母語獲得の場合に大きな力となると考えられる、ことばの生得性や言語習得装置は、子ど

もの第二言語習得においては果たしてどのように作用するのだろうか。一般的に子どもが新しい言語を大人より早く身につけるという現象は、おそらくこの生得性、つまり内在的にある力によってことばを獲得する力がまだまだ活用できるということに関係すると考えられる。この場合、第二言語（外国語）習得においては、この生得性や言語習得装置がどの程度、どのような面で再稼働してくれるのかについては議論の余地がある。小学校の英語学習においては、子どもということから、生得的な言語習得能力がかなり期待できると思われる。もちろん、英語を学ぶ小学生は既に日本語という言語を一つ手に入れているので、そのせいで言語習得装置が母語獲得の際のようには作用しないのではないかとも考えられる (White, 1989)。この点に関する実証的データはなく、いまだに検証されていない。もし、生得性や言語習得装置が働くとしたら、音声の精緻な把握と正確な調音と、そして、与えられた言語データから文法を抽出する力ではないだろうか。子どもが音声に対して敏感で優れた学習者であることは多くの人の認めるところである。ある小学校で4年生の児童が校長先生と英語の話をしていて、校長先生がトラックの絵を示して、「トラック」と言うと、児童が、違う、[trʌk] と訂正してきたというエピソードがある。子どもは大人の想像する以上に正確な音の聞き分けができるようである。また、もちろん母語獲得の時のようにはいかないが、自分なりの文法分析も自然にできていると考えられる。ある小学校でのエピソードであるが、特に何も複数形の説明は受けないまま "Head, Shoulders, Knees and Toes" という歌を練習していた4年生の児童が、「どうして、noseは一つしかないのに [z] がついているのですか？」と質問したという。これは、こちらが教えなくとも学習者が「体の部位で、2つでペアの名詞には複数の [z] がつく」ということを自ら分析して抽出していることの現れと言える。こうした文法抽出力は人間に備わった言語力と言える。このような力はおそらく、大人よりも子どもの方がより強力に持っているであろう。

(3) インプットの質と量（子どものL2）

　ことばを身につける過程では、どのようなインプットがどれくらいなされたかということがとても大切になる。ことばが人の中でどのように育つのかを考えると、要はインプットされた言語材料と、学習者が自分の中に持っている何らかの生得的な要素と、そして言語習得装置と言われるものが共に働いて言語が形成されると考えられる。インプットが適切でなければ当然アウトプットはあやしいものになる。子どもの第二言語（外国語）習得においては、いわゆる教材や授業が大切なインプットを提供することになる。

　第二言語（外国語）習得では、母語獲得の場合に比べるとこのインプットの質と量が決定的に不利な状況がある。母語であれば子どもに対して周りの大人が分かりやすく説明もしイントネーションや音韻のバリエーションも豊富で、学ぶ側からするととても質の高いインプットを得ている。しかし、学校教育では何十人ものクラスメートとで共有するインプットなので、特定の児童に合わせるといった質の確保は難しい。また、母語獲得の場合は、起きている時間中その言語だけに浸ってことばが得られるという量的にも恵まれた状況にあるが、第

二言語（外国語）を学ぶ日本の小学生は、現在は週に1時間のみ、文科省の掲げる2020年度の目標が実現しても、週に3時間の学習となる。つまり、インプットの質と量の両面において、第二言語（外国語）学習者は極めて限られたインプットを基にしてことばを築きあげていかなければならないという問題を抱えている。

　小学生に英語を教える場合、いかに質の高いインプットを潤沢に用意できるかが大切になる。小学生にとって質の高いインプットとは何か、子どもたちはどれくらいの英語の量を必要としているのかなど、子どもたちの言語発達を最も左右する重大な習得要件であるインプットをどう提供するかについては、後述のさまざまな取り組みの中で応えていこう。初等英語教育の要となるのが、指導者の提供したり工夫したりするインプットであり、そこにどう応えるかに教師としての力量が求められることになる。

(4) 有意味な文脈の効用（子どものL2）

　教室ではしばしば言語形式（form）を教える事にばかり注意が向くためにその言語形式が使われる文脈の妥当性を忘れて授業がなされてしまうことがある。How's the weather? という表現を用いる場合、もし雨が降っていれば It's rainy. と言うのが自然で有意味だが、英語学習では、雨が降っているのに It's sunny; It's windy; It's cloudy. と練習しなければならない。第二言語（外国語）を学ぶ際にはどうしても文脈の有意味性が常には確保しにくい中で学んでいくことになる。これには、やむを得ない面もあるが、教師としてはできるだけ言語形式（form）と文脈の関係が有意味であるように配慮する必要がある。小学校の英語活動では、例えば道案内として、Turn right. や Turn left at the first stop light. などの言語形式（form）を教える場面があるが、これを単に紙か黒板の上に、街の平面図を提示し、その中の道路をあちらこちらに移動するような指示の仕方の練習をする場合は、単なる機械的な言語形式（form）の練習になりかねないことに留意する必要がある。ちょっとした information gap（情報のギャップ）を設けるなどの工夫で、文脈に意味をもたらすことも可能である。例えば、クラスの一人の子どもが目隠しをして、その子に別の子どもが英語で道案内の指示をし、実際に目隠しをした子どもが教室の中を歩くという場面を設定したり、あるいは、実際に学校内の教室や建物を案内する活動を工夫するなどして、言語形式（form）が無意味にならないよう教師は工夫を凝らす必要がある。子どもたちが本当に使う必要があると思って英語を使うことができるような有意味な文脈作りの工夫が、教師には求められる。

(5) 意味のネゴシエーションの役割（子どものL2）

　第二言語（外国語）習得においては、言語形式（form）を用いて本当の意味のネゴシエーションを行う状況を設定するのにはかなりの工夫が必要となる。通常は、外国語の授業となれば、言語形式（form）を覚えさせ、繰り返し練習をした上で、使ってみるといった流れの場合が多い。仮に、目の前に箱などないにもかかわらず "Open the package, please." などの表現を覚え、相手は架空の箱を開けて中から何か架空のものを取り出して "Here you are."

と言うなどのやりとりの中でことばを学んでいかなければならない。このやりとりの中で、開けたくないという返事に対して、どのようにして、さらに開けるよう懇願するか、どうしたら開けてもらえるかなどといった意味のネゴシエーションはなかなか練習できない。教室内のコミュニケーションを目的とした言語習得において有意味なインタラクションや意味のネゴシエーションの場面を設けるためには、教師によるさまざまな工夫が必要となる。

1.1.3.3 言語習得を左右する諸要因

　以上、第二言語（外国語）を習得する子どもについては、母語獲得の場合と比較すると、インプットの質と量、有意味な文脈、意味のネゴシエーションなどにおいて不利な点が多いことが指摘された。このような点は、小学校英語導入にあたり、教える側が工夫して補う必要のある領域と考えられる。では、その他に、第二言語習得の視点から見てどのような点に留意して導入する必要があるのだろうか考えてみよう。第二言語習得研究では、言語的要因、認知的要因、情意的要因、社会的要因といった切り口で習得に関わる要件を考える。ここでは、これらの要因に関して、子どもの第二言語（外国語）習得はどのように捉えられるのかを有利な点（プラス）と不利な点（マイナス）の視点で考えてみよう。

(1) 言語的要因

　まず、言語的要因に関しては、子どもの第二言語（外国語）習得では、プラスもマイナスもあると考えられる。小学生は母語に関してはその基盤ができあがっていることから、既に一つの言語を獲得した経験があり、これが次の言語に取り組むに際してプラスに働くとも考えられる。言語は音と文法の体系でできており、4技能があることなど、今取り組んでいる言語というものが一体どういうものなのかということでは、母語獲得が既にその一例を示しているので、安心して習得に取り組めるという考え方である。

　一方、大人のように、確立した母語を持った学習者の場合、しばしば言われるのが母語の干渉、つまり第二言語の運用に母語の影響が間違った表現として現れることが多いとされている。この点、小学生の段階で学ぶ外国語は母語の干渉が大人の場合に比べて、より少ないと言えよう。

(2) 認知的要因

　では、認知的発達は子どもの言語習得にどう関わるのか。小学生が第二言語（外国語）を学ぶ場合、母語獲得の場合に比べれば、かなり認知力は高くなっている。物語や劇の内容も理解でき、その意味では、小学生の外国語学習は、効率的と考えられる。しかし、大人の場合と比べれば、物事の理解力については圧倒的に大人の方が有利である。したがって、子どもに外国語を教える時は、教える事のできる内容が極めて限られ、語彙の導入も限定的となる。子どもの第二言語（外国語）習得では、語彙は比較的具体的のものが多く、抽象的で高度な語彙の導入は、しばらく認知発達を待たなければならない。

子どもの認知発達レベルが、具体性を重視する段階であることから、具体から抽象へという方向性をもつ体験学習を英語の授業に取り入れることもできる。体を動かしたり、物語や劇など（whole languageと言われる考え方の）大きなくくりの言語体験を通して、ことばを身につけていけるのは小学生の強みと言えよう（2.1参照）。これが、抽象力の高くなってきている中学生や高校生の場合だと、どうしても理屈を明らかにしなければ先に進めないという、認知力のなせる業とも言うべき問題が発生してくる。一般的に、子どもはことばを早く覚えるけれど、忘れるのも早く、一方大人はことばを学ぶのは遅いかもしれないが、ひとたび覚えるとなかなか忘れないという学び方をしている。これも認知力の発達と深く関わっていると考えられる。

　また、大人は第二言語（外国語）においても文字、つまり識字には抵抗は少ないであろうが、子どもにとって第二言語（外国語）で読み書きの作業を行うことは、かなりの認知的負担がかかることになる。小学生への文字の導入には十分注意する必要がある。音声中心の授業をしてきてクラス全体がある程度足並みが揃っていたところへ、文字をほんの少し導入しただけでも、個人差が大きく生じてしまうことが、しばしばある。書きことばと認知は深く関わっているので、このような事態を招いてしまう。以上のように、認知的要因として子どもの第二言語（外国語）学習に関わるものとしてはプラスもマイナスも考えられる。

(3) 情意的要因

　子どもは大人に比べると、人とのやりとりを臆せず行い、恥ずかしいと思うより発表したい、言いたいという気持ちが強い場合が多い。間違いを恐れず、ことばをコミュニケーションのために使う学習者としては最適な情意的傾向を持っていると言えよう。これに対して大人は、自分の言語使用について正しくなければならないというチェック、つまりモニターがしばしば強すぎる。それが原因でことばがなかなか発達しない場合がある。

　小学校における第二言語（外国語）習得導入の最も強力な理由の一つが、何と言っても情意面であろう。小学生は、個人差はあるかもしれないが、コミュニケーションのためにことばを使うことをいとわず、むしろ自分から人にことばを使って働きかける場合が多い。あるイマージョン学校で、各教室を訪問した時に、1年生の児童が自分から訪問者に歩み寄って英語で自己紹介をしてくれたことがあり、その自然さがとても印象的だった。このこだわりなくコミュニケーションを自分からとろうという力が働くからこそ、小学校の児童に英語を導入することは有意義なことと言えるであろう。

(4) 社会的要因

　ことばは人が世界を認識し、感性や思考を働かせるための大切な役割を果たすが、社会における人とのつながりのため、つまり、コミュニケーションのためのものでもある。小学生の英語活動では、インターアクション（interaction）、ネゴシエーション（negotiation）といった、相手と英語を通してコミュニケーションすることが自然である。これは、小学校な

らではの利点である。小学校では「将来の夢」などのテーマをクラス全員で話し合うことも可能だが、このようなテーマを中高生のクラスで話し合うのはちょっと照れくさかったりして、なかなかコミュニティが作りにくい。中学・高等学校ではできない人との関わり、つまりことばのもつ社会性を小学生には持たせやすいと言えるだろう。

　また、小学生の特性として、自ら社会的状況を理解して、自分にとって第二言語（外国語）学習はどのような意味を持つかは把握できなくても、周りの大人たちの思いや社会の方向性を感じて、自然に影響を受ける傾向がある。英語の必要性が社会的にあれば、これを察知して自分もことばができるようになりたいというように、外から与えられた動機を自分のものにすることができる。

　以上で第二言語（外国語）習得研究の観点から、子どもが外国語を学ぶということについて考察した。よく検証してみると、臨界期のようにありそうでいて実はないらしいといったこともあるように、今後もさらに正確な研究と検証が必要となるであろう。第二言語（外国語）習得研究はそもそも20世紀の半ば頃に生まれてきた研究領域であることから、まだまだ今後の発展がなされ、さらに研究を重ねて、子どもの外国語学習とは一体どのようなものなのかを明らかにしていくことができるだろう。

　日本では小学校での英語学習がまだ始まったばかりであるが、なんとか英語学習が子どもの力を引き出す一つの機会となるよう大人が工夫していく必要がある。そのためには子どもにとって有意味な文脈における言語習得がなされるような授業プランが必要である。つまり、今後どんなに言語スキル指導中心のカリキュラムが作られようと、常に内容重視の英語活動を工夫して、子どもが興味をもって有意義な英語学習ができるような配慮を欠くことがないよう注意していかなければならない。そして、子どもにとって英語を手に入れることは、将来、世界の他の国の人びとで英語を共通語として使い、地球市民として生きていくための必須のことであるとして、ことばを育てていく必要がある。英語学習が子どもにとってエンパワーメントになる工夫を、英語教育に関わる大人たちは常に心がけていかなければならない。

注
1　ALTについては、主に英語を母語とする、ないしはそれに準ずる人物のこと。地域や自治体により、さまざまな雇用形態や呼称がある。HRTが教員免許を持つのと異なり、あくまでもアシスタントの立場。本書ではALTについては各現場に合わせた日本語訳を用いる。
2　JTEは地域や自治体により雇用形態や呼称がさまざまである。本書では、JTEについては、それぞれの実践場所で用いられていた呼称を用いる。

（田近裕子）

1.2　初等英語導入と実践の背景

1.2.1　外国語教育政策と英語指導法

1.2.1.1　黎明期から太平洋戦争終了まで

　英語教育に限らず、外国語教育の歴史を振り返ると、その時代の政策の一環に組み込まれ、政治・経済・社会の求めに応じて変化し続けてきた傾向がある。小さな島国が列強に支配されることなく生き残るために、必要となれば相手国の言語を学んでその国を知り、相反するときはその言語を学ぶことを禁じてきた。英語教育の歴史も明治維新前後からの日本の歴史と同様に推移してきた。

　英語の前に日本人が学んだ外国語は中国語であり、江戸時代からはオランダ語も加わったが、使用のために学ぶより文献を読み理解することが中心だったと言えよう。理解するために「訳読」するというのが広く用いられた方法で、多くの社会において「文法訳読」が最も古い学習法であり指導法であった。

　19世紀後半に日本が開国し、英語圏、特にアメリカとイギリスとの交易が始まったころから英語教育も始まった。これが約150年前であり、日本の英語教育もこの期間の歴史ということになる。最初は英語が分かる日本人がほとんどおらず、外国人教師がそれを担った（伊村, 2003）。教師は日本語を使用することができないため、授業は必然的にすべて英語で行われていた。そしてその教え子たちが教師になったとき、授業で日本語が使用されるようになった。日本語が使用されると、「文法訳読法」が主な方法となり、文献を理解し知識を得るという伝統的教授法が長きにわたり取られていた。伊村（2003）によると、戦前の旧制高等学校の学生のボヤキとして「外国語の授業は退屈で仕方がない」というものがあったらしい。

1.2.1.2　戦後の英語教育

　19世紀末には、明治初期に行われていた、「目標言語教授は目標言語で行う」という「直接教授法（Direct Method）」が世界的に隆盛し、日本でも文法訳読法と並んで使用されていた。その中から生まれたのがOral Methodである。Oral Methodは日本の英語教育に縁が深いPalmerが提唱し、「聞く→話す→読む→書く」という幼児の言語習得にならって指導していく方法である（白畑他, 2009）。特に、各授業題材の最初に行われるOral Introductionは重要なプロセスとして捉えており、聞く活動の最初のステップとなっている。現在でも中学校や高等学校で広く使用されている。

　以上の直接教授法は戦中・戦後と使用されていたが、政策としては大変換を迎えた。第二次世界大戦が終わり、日本は昭和22年（1947年）から昭和32年（1957年）までアメリカ占領政府による統治下におかれ、戦時中禁止されていた英語教育が復活した。この時期にアメリカから広まったのがAudio-Lingual Method (Oral Approach)である。日本でも広く用

いられたが、Audio-Lingual Methodは文法構造をパターン化して繰り返し音声練習していくもので、構造は理解できるが、「使用」には結びつかないという批判があった。アメリカ軍による統治期間は民主的な教育が実施され、英語は「外国語」の一つとして「選択」されるものだが、新制中学校3年間のうちどこかで外国語を履修すればよい、という程度のものだった。よって、農村部や漁村部では外国語教育そのものが疑問視されていた時期もあったが、昭和33年（1958年）、統治終了後に施行された学習指導要領が法的強制力を伴うものになると状況が変わった。高校入試の外国語の試験科目が英語のみの導入となると、公立中学校において必修で3年間履修することになり、他の言語が選択されるケースはほとんど見られず、事実上、外国語は英語となった（寺沢, 2014）。それから約30年の間に2度の改訂があったが、それに共通していた外国語学習の目的は、その言語の知識と文化の「理解」だった。目標言語の4技能を伸ばすことも目的として掲げられていたが、現場では受験指導を重ね、「読む・書く」が中心となっており、Oral Introductionやパターン・プラクティスなど、Oral MethodやAudio-lingual Methodを試みる教員も多くいたが、教室内の「非現実的な」練習にとどまり、多くの中学校・高等学校での指導では文法訳読が用いられていた。

　日本は高度成長期に入ると国として自信をつけ始め、戦前にも起こったように、英語教育不要論が起こった。「受験地獄」ということばが広く用いられるようになると、生徒の負担を軽減するために受験科目から英語を外すべきだと主張する政治家が現れたりしたが、そんな議論が無意味に思えるほど、公立学校では一応「選択科目」だった英語は「国民教育」と言ってもよいほど当然のごとく続けられた（寺沢, 2014）。昭和53年（1978年）改訂の学習指導要領にて中学校の必修授業時間数が週4時間から3時間に減る程度の変化はあったものの、教室での実践にはあまり大きな変化はなかった。しかし、バブル経済期に入ると、多くの企業が世界に進出しグローバル化していた。英語を「理解」するための教育しか受けてこなかった社員を抱える企業が所属する経済団体は、抜本的な外国語教育改革、特に英語教育改革を迫ってきた。このような状況で、平成元年（1989年）改訂の学習指導要領では初めて「コミュニケーション」のために英語を「使用する」ための4技能を「バランスよく」伸ばすことを目標に掲げた。この段階ではそれ以前の言語知識と背景文化の「理解」も目標として併記されていた。平成20年（2008年）改訂までの約30年間、中学校では「聞く」、「話す」を優先して伸ばすことが示され、高等学校では「オーラル・コミュニケーション（OC）」という科目が新設された。昭和33年（1958年）の学習指導要領の法的強制力が伴う施行以来の大転換であった。

　この改訂時に文部科学省や学習指導要領作成者が期待したのは、1970年代から80年代に隆盛したNatural Approach (NA)やCommunicative Language Teaching (CLT)の概念を現場に導入し、英語を「使う」機会を4技能の演習を通して持たせることであったと思われる。CLTが生まれた背景は、それまでのOral MethodやAudio-lingual Methodにおける、言語材料がコントロールされた教授法に対する批判からであった。教室内でしか使用できない言語材料の練習だけで、教室外で使用することを期待することに無理があるというものである

(Richard & Rodgers, 2001)。また、ヨーロッパには現実的な問題があった。1960年代から始まったヨーロッパでの人口の流動により、欧州評議会（the Council of Europe）はヨーロッパ市場での主な言語、例えば、英語、ドイツ語、フランス語を、労働のために流入してきた成人に教育しなければならなくなった。そこで、昭和46年（1971年）、仕事や生活で起こりうる場面を設定するような形で学習単位を作成し（例えば、買い物、病院、職場での会議など）、その単位で必要な言語の機能面を重視した教育を行うという方法で言語教育を始めた（Richard & Rodgers, 2001）。それがCLTの始まりとされる。CLTの特徴として、伊村（2003）は次の4点を挙げている。

1) 正確性より流暢性を重視 ── 円滑なコミュニケーションができるような練習
2) 言語形式（form）より機能(function)を重視 ── 特定の場面から抽出した言語表現のその場面を想定した練習
3) 言語形式より意味（meaning）を重視 ── 言語材料の単純な繰り返しやパターン・プラクティス（形式練習）に対する批判
4) 教師中心の指導から学習者中心の学習へ ── 学習者の情意面の考慮

CLTには、実践的運用力を強化するために、ロールプレイ、問題解決活動、インフォメーション・ギャップなどの活動をペアやグループワークで行うという指導法が含まれている。しかし、CLTには問題もある。白畑ほか（2009）は、コミュニケーション能力の定義がはっきりしていないため、学習の目的もしばしばあいまいになり、さらに、学習成果を評価する方法もまちまちである、と指摘している。また、文法指導が重視されていないため、バランスのよいコミュニケーション能力を発達させることが難しい（白畑ほか，2009）。

　Natural Approach (NA)の始まりもそれまでの「伝統的」な教授法に対する批判からだった。NAの生みの親の一人であるTracy Terrellは自分のスペイン語の教授経験から「母語話者から発せられていない言語材料をコミュニケーションの使用場面で使用させようとした」(Richards & Rodgers, 2001, p.178)教授法に疑問を持ち、第二言語習得研究者のStephen Krashenとともに第二言語習得モデルに基づいた教授法を生み出した。NAは幼児が母語を自然に身につけていく過程と同じように、外国語教育においても理解可能なインプットを十分受ければ自然な言語習得が起きることを期待する。このモデルは次の5つの仮説で構成され、Krashen and Terrell (1983)は、この仮説から実践への示唆をしている。

1) 習得・学習仮説 ── 自然な「習得」と教室での「学習」は異なるものである。「習得」は自然な意味のやりとりを通じて自然な言語発達が起こる無意識な過程であり、「学習」は言語規則などを意識的に学ぶ過程で、言語形式についての顕在的知識やその知識を説明できる能力を伸ばすことである。カリキュラム作成時にこの「習得」過程を考慮した活動を導入すべきであり、「学習」は大切ではあるが、常に補助的役割しか果

たさないものと考えるべきである。

2) 自然順序仮説 ── 文法構造は予想可能な順序で習得され、どの人にも共通してみられる類似性がある。例えば、進行形は早く習得するが、三単現や複数形の"s"は遅い、などが考えられる。よって、教師は学習者の間違いを訂正しすぎることがなければ、指導はNAの自然な順序で進んでいくはずである。

3) モニター仮説 ── 発話や書きことばは習得体系の中でのみ起こるもので、学習とはそれが起こったあと「モニター」し、自己訂正することである。よって発話者には、十分な時間が必要とされ、訂正の段階では言語形式を意識させ、その規則を知らせることが要求される。よって、時間が必要で、言語形式に重点が置かれ、かつ言語知識の規則を学習することになり、たいていの場合、ライティングやスピーチの準備、家庭学習に相当するものである。教室でコミュニカティブな活動を行う場合には、意識的に規則を守って話させなくてもよい。

4) インプット仮説 ── 現在の能力レベルより少しレベルの高いインプットを理解することによって、言語を習得する（学習するのではない）。教室は学習者が習得に必要な理解できるインプットを得る場、と考える。

5) 情意フィルター仮説 ── 上記の仮説を実行する際に、情意フィルターがその変数を作り出す。つまり、情意フィルターが低い方が上記の仮説がより機能する。よって、この手法では、学習者の不安をできるだけ低くする。例えば、第一に、初期段階で発話を強制しない、第二に、発話が起こり始めたら、各学習者に何を話すか決定させ、それが文になっていなくても教師はすべて受け入れる姿勢を持つ、第三に、誤りを直接訂正しない、第四に、正しく言わなければならないと思わせないようにする、最後に、教室内の雰囲気をよくするために、インプットの内容は興味あるものでなければならない、というものである（藤森和子訳、1986; Richards & Rodgers, 2001）。

NAでは以上に基づき、インプットを多く行うような実践例があるが、活動そのものは、CLTと重なるところが多い。一方、この理論に対して、数々の問題点が指摘されている。最も大きな問題点は、以上の理論や仮説を実証することも反証することも不可能であるということである（白畑ほか，2009）。しかし、インプットを多く与えるために、目標言語で授業を行い、いわゆる教師の発話（teacher talk）を駆使することは、教師が「言語使用者」であり「発話者」としての一面を見せられるという意味では、これまでの音声重視の教授法と共通のところである。

1.2.1.3 政策と現場のギャップ

1989年の学習指導要領改訂の中学校「外国語」ならびに高等学校「外国語」の「第一款目標」において初めて「コミュニケーション」について言及されたが、この段階ではまだ英語を「理解」して国際理解につなげることを目標にしていて、コミュニケーションのために英

語を「使う」ことは「理解のために補完的」に行うにとどめている。それ以降の20年間で2回改訂があったが、英語を「理解する」ためから、英語を「使う」ための英語教育へ少しずつ変換している（表1・表2）。

【表1】学習指導要領中学校「外国語」目標の変換

改訂・実施年	中学校「外国語」第一款　目標
平成元年（1989年）改訂 平成6年（1994年）実施	外国語を理解し、外国語で表現する基礎的な能力を養い、外国語で積極的にコミュニケーションを図ろうとする態度を育てるとともに、言語や文化に対する関心を深め、国際理解の基礎を培う。
平成10年（1999年）改訂 平成14年（2003年）実施	外国語を通じて、言語や文化に対する理解を深め、積極的にコミュニケーションを図ろうとする態度の育成を図り、聞くことや話すことなどの実践的なコミュニケーション能力の基礎を養う。
平成20年（2009年）改訂 平成24年（2012年）実施	外国語を通じて、言語や文化に対する理解を深め、積極的にコミュニケーションを図ろうとする態度の育成を図り、聞くこと、話すこと、読むこと、書くことなどのコミュニケーション能力の基礎を養う。

【表2】学習指導要領高等学校「外国語」第一款目標の変換

改訂・実施年	高等学校「外国語」第一款　目標
平成元年（1989年）改訂 平成6年（1994年）実施	外国語を理解し、外国語で表現する能力を養い、外国語で積極的にコミュニケーションを図ろうとする態度を育てるとともに、言語や文化に対する関心を高め、国際理解を深める。
平成10年（1999年）改訂 平成15年（2004年）実施	外国語を通じて、言語や文化に対する理解を深め、積極的にコミュニケーションを図ろうとする態度の育成を図り、情報や相手の意向などを理解したり自分の考えなどを表現したりする実践的なコミュニケーション能力を養う。
平成20年（2009年）改訂 平成25年（2013年）実施	外国語を通じて、言語や文化に対する理解を深め、積極的にコミュニケーションを図ろうとする態度の育成を図り、情報や考えなどを的確に理解したり適切に伝えたりするコミュニケーション能力を養う。

実は、この変換の経緯こそが、コミュニケーション能力の育成を英語教育でどう行うかを試行錯誤してきた経緯なのである。平成元年（1989年）の学習指導要領改訂は戦後最大の大転換であり、それまで改訂から3、4年後に実施となっていたのが、このときは、表1、2にあるように、6年後に実施となり、その間現場では移行措置として少しずつコミュニケーションのための活動や練習を導入していった。しかし、現場では混乱が続き、多くの中学校では「コミュニケーション＝楽しいこと」となり、経済的に許されれば塾等で英語力を伸ばして中学校では「楽しいこと」をする場所と捉えていた生徒もいた（Toyoshima, 2007）。また、高校では、オーラルコミュニケーション（OC）は「OC-A」、「OC-B」、「OC-C」の3科目か

らなり、Aが会話、Bがリスニング、Cがディベートという内容が示されていた。しかし、Cのディベートに対して多くの批判が出て、平成10年（1999年）の改訂ではOC-Cは必修ではなくなった。日本語でもディベートを訓練する機会がない生徒たちがなぜ英語でできるようになるかというものである（武井, 2001）。筆者は平成6年（1994年）から6年間私立高校で教鞭をとっていた。そこは中位くらいの進学校と言われる高校だったが、このような混乱に巻き込まれることは免れたものの、平成元年（1989年）改訂以前の指導法を変えることはなく、「OC」は形骸化し、事実上文法の時間になっていた。当時、このようなケースは珍しくなかった。平成元年（1989年）から平成6年（1994年）までの移行時期に茨山・大下（1992）は、この新しい発想での学習指導要領を実施するにあたって、特に、高校での英語教育の問題を次のように指摘している。

1）日本の英語教育は受信型であり、それも読むことに偏っていると言われるが、その批判はとりわけこの時期にあてはまると思う。（省略）英語の時間の大半が読みを中心とする学習のみに当てられ、その他の技能領域、特に音声的技能、表現的技能の学習は著しくないがしろにされてきた。
2）教師の目標が高すぎる。したがって、取り扱われる教材が一般に難しすぎる。（省略）高校生がこういう教材を学習している様子をみると、難解な英文を日本語に直すことが精一杯で、文章の全体としての内容はおろか、個々の英文の意味さえ正確に理解できていないのではないかと危ぶまれることが多い。その結果、読みの目標すら達成されずじまいに終わる。（省略）訳読しかやらないから難しい教材を選ぶことになり、難しい教材を選ぶから結局訳読しかやれないことになる。「こんな教材はやさしすぎて教えることがない」と耳にすることがある。この言葉はこのへんの事情を端的に表している。
3）読みの学習といっても、その実態は語彙や文法の知識などを習得させることを目的とした教師主導の「訳読」であって、本当の意味でのコミュニカティブな読み、すなわち文章の内容を読み取らせるような読みの活動にはなっていないことが多い。（省略）
4）何よりも問題であるのは、高校の英語教育における一種の詰め込み主義である。（省略）英語の学習がほとんど語彙や文法の知識を蓄え込むことだけに終わっていて、学んだ英語を使用してみることのほうが著しくおろそかになっていないか。（省略）語彙や文法の知識を詰め込んでおけば、将来必要な場面に臨めばそれを使うことができるだろうと期待するのであれば、それは誤りである。
5）高校の英語教育がこういう状況にあるのは、大学入試のせいであるといわれる。高校の英語教育が大学入試の在り方に影響されるのは当然のことであるので、高校英語を質的に改革するためには、大学入試が改善されなければならないことはいうまでもない。（省略）しかし、大学入試に実質的に拘束されるとは思われないようなコースにおいても状況が変わらないことを考えると、問題の根源ははたして入試だけにあるの

かどうか疑わしい。(省略) (pp. 22-23)。

上記の指摘はまさに多くの現場教員の問題であり、平成元年（1989年）改訂の学習指導要領が施行されてもその問題は存在していた。

　それから20年近くたってどれくらい変わったのだろうか。筆者は70名の大学生に中学・高校での英語の授業について話を聞いたが、さほど変わっていないように思えた (Toyoshima, 2007)。現場の教員はそう簡単に変わるものではない。寺沢 (2014) が指摘しているように、日本の英語教育は言語政策によるトップダウンが効かない性質を持っているように思われる。よく言えば、現場が必要だと思われる英語教育を現場が決めていると言える。しかし、別の表現をすれば、その決定が、長年の英語教授法や言語習得の研究結果から良かれと思われる指導法や理論を参照されることなく、それを参考に作成された学習指導要領そのものが形骸化する可能性もあるということである。使用が義務づけられている検定教科書は学習指導要領の内容に沿って作成されており、その変換とともに教科書の内容も変わってきている。しかし、学習指導要領の「内容」で示されている言語の「機能」、つまり言語の使用に沿った機能に重きを置くというより、言語の知識を重視した文法シラバスであることは依然として変わってはおらず、教科書の構成も平成元年（1989年）以前のものと基本的な部分では変わっていない。以前と変わらない教師が依然として変わっていないように見える教科書を使用すれば、授業が改善されることはないことは想像できる。平成25年（2013年）より実施の高等学校「外国語」で「授業はすべて英語で行うこと」ということが明記され、マスコミ等で騒がれたのは、上記の「OC」の形骸化や茨山・大下 (1992) が指摘した高校英語の問題が物語っているように、いまだに授業でまったく英語を使用しない教師が存在し生徒にも英語を使用させない授業を展開していることがわかっていたからである。また、入試のせいにしてコミュニケーション活動や言語の「使用」のための活動を割愛する風潮があるが、上記の茨山・大下の指摘を考慮すれば、それはただの言い訳にすぎない。とはいえ、コミュニケーション活動を行うにしても、クラスサイズが40人学級や35人学級では、文部科学省が求めるような実践をすることは不可能であるのは行政側の問題である。また、保護者も昔ながらの英語教育しか知らない場合、その変化に対応できず、昔ながらの受験指導に期待する。結局、高校での英語教育の変化が乏しいことが中学英語にも影響を及ぼす可能性がある。いかに言語政策でコミュニケーション能力を英語教育から育成しようとしても、教科書の「理解」からその言語材料を「使う」ための授業展開ができない教師がいつまでも存在し、昔の英語教育しか知らない保護者にこの理念が理解されなければ、学習指導要領が改訂されても現場が変わるのは難しいようである。

1.2.2 小学校外国語活動必修化に至るまで

1.2.2.1 小学校における英語 ── 国際理解教育の一環として

　上記の「コミュニケーションのための英語教育」が始まってからの20年は、ドイツでベルリンの壁が崩壊したのち、ソ連の崩壊、冷戦終結と、世界の秩序が劇的に変化し、「世界の中の日本」や「国際社会における日本人」というアイデンティティを教育界からつくりあげようとしていた20年とも捉えられる。日本では平成4年（1992年）にバブル経済がはじけ、「失われた10年」が始まり不況にあえいだ。21世紀になると中国、インド、ブラジル、ロシアといった新興国が経済の中心に名乗りをあげ、日本の経済状況はその国ぐにとの共存が必須となった。人口流動は世界規模で起こり、昔多くの日本人が移民した南米の国ぐにから日系人が日本に出稼ぎや長期滞在にやってくるなど、日本でも例外ではなくなった。そのような人たちが多く働く企業がある市町村では、外国籍の子どもや外国につながる子どもが公立学校で増え、各自治体ではその子どもたちの教育を考えなければならなくなった。また、アニメやアイドルなど日本のポップカルチャーが世界を席巻するようになると、文化的にも日本は注目されるようになり、世界各国との文化交流や日本の伝統とともに新しく創造される文化を楽しみにやってくる外国人観光客が増えた。よって日本は孤立した島国ではなく、否応なく世界とつながっていることを認識するようになった。

　そのような状況の中で、平成8年（1996年）、文部科学省は中央教育審議会において、「21世紀を展望した我が国の教育の在り方（第一次答申）」を発表した。この答申の特徴は、教育における個性の尊重、学校・家庭・地域の連携、そのためのゆとり作り、国際化・情報化・科学技術発展・環境変化に対応できる子どもの育成、である。教育を学校任せにせず、家庭や地域で子どもを育てる姿勢を持ち、子どもたちを学校から解放するために週5日制の導入が提案された。また、国際理解・情報収集方法と活用・環境問題を教科の枠を超えて横断的かつ総合的に学習することが提案された。これが平成14年（2002年）から始まった「総合的な学習の時間」へつながるのである。小学校における外国語教育の扱いは、あくまで国際理解教育の一環としてこの「総合的な学習の時間」や特別活動などの時間において、学校や地域の実態等に応じて外国語に触れる程度であった（3.1.5参照）。この審議会答申発表前後から研究開発学校において外国語教育の実践が行われ、小学校における外国語教育が音声言語習得や外国語に対する態度を育成し、中学校からの外国語教育の効果を高めると期待された。しかし、主に、児童の負担増や他の教科の時間数との関係、国語能力育成とのバランスなどが問題視され、このような形で導入されることになった（「答申より」）。

1.2.2.2 小学校外国語活動導入の経緯

　平成10年（1999年）の学習指導要領改訂と平成14年（2002年）の小学校総合的学習の時間実施の間の平成13年（2001年）に最初の手引書である『小学校英語活動実践の手引』が刊行された。どの言語でも構わなかった「国際理解」は文部科学省からはっきり「英語活

動」ということが明記された。中学校の「外国語」の章にも、「他の外国語は英語の内容に従う」とあったが、必修教科として英語を履修させることを原則とすることになった。その結果、小学校でも最も親しまれている言語として英語が「外国語会話」に選択されたと思われる。この手引きにはテーマに沿った英語表現が多く紹介され、この段階では言語習得を意識したものであった。さらに、文部科学省は次の指導要領改訂に向けて、平成15年（2003年）に「英語が使える日本人育成のための行動計画」を発表し、「英語教育改善のアクション」として、中学・高校レベルでは指導法・評価法・教材の改善が提案され、高校・中高一貫の中等学校では「スーパー・イングリッシュ・ランゲージ・ハイスクール（SELHi）」を指定し、先進的な英語教育を推進しその成果の普及を図ることにした。その中で、このアクションにおいて「小学校における英会話活動の支援」が提案された。そのため、英会話活動が実施されている小学校では実施回数の3分の1程度は外国人教員、英語に堪能な者または中学校等の英語教員による指導を行うことが提案された。

　小学校に英語を必修化させるために、平成10年（1999年）改訂中学校学習指導要領の「指導計画の作成と内容の取扱い」の中で「外国語科においては、英語を履修させることを原則とする。」と明記されている。つまり、それまで外国語の中で「選択」として英語教育を実施していたが、ついに「外国語＝英語」として、まずはこの改訂段階で中学校において英語を必修化し、次の改訂で小学校において英語を必修化するというねらいがあったものと考えられる（寺沢, 2014）。寺沢（2014）のいう「国民教育」として根付いた英語教育はなんの議論も起こることなく中学校で必修化され、ついに小学校に及んだことになる。中学校で事実上必修化されたときのように、まずは部分的に導入を「認め」、社会的にそれが「当然」かつ「自然」になったところで、学習指導要領改訂によって法的強制力をもって実施するというやり方は日本の言語政策が得意としているところである。しかし、小学校での英語教育導入には賛成論・反対論が渦巻いたのは、中学校で英語教育が導入された戦後まもなくや1970年代の不要論争と同じく、ただ流されるように導入されることに疑問を呈したように思われ、それはそれで一考に値する。反対論者の主な主張は、①英語が専門ではない教師が教えることが問題で、環境が整うまで待つべきである（大津・鳥飼, 2002）、②英語以外にも重要な教科はたくさんあり、英語を話せても中身がないのはもっとも恥ずかしいことだから、しっかり日本語の力をつけるほうが先だ（藤原, 2005）。それに対する反論として、①理想的な英語教育環境が整うのはいつになるのか分からないまま、日本や世界が激しく変化している中で小学生に外国語に触れる機会を与えないほうが問題、そもそも理想的な英語教育環境とは何か（唐須, 2002）、②中学校で事実上必修化された1960年代にはこの議論は消滅しているし、平成10年改訂で中学校において英語が外国語となったときにもこの議論は起こらなかったのはなぜか。中学校で国語力の低下は起こらないのか。小学校のみでこのロジックを利用して反対を訴えてもこのロジック自体が矛盾している（寺沢, 2014）。反対論①に関しては、上記の歴史が語っているように、過去20年どころか、英語教育が始まって以来150年間その「理想的な英語教育環境」を探索し続けた結果が現在にまで至っているのであり、そのよ

うなものに日本どころか世界中が出合っていない。だからこそ、第二言語習得研究、応用言語学、言語教育等の分野で長い間多くの研究者や現場の教員がそれを研究し続けているのである。また、反対論②については、第二言語習得研究を考慮しても「総合的な学習の時間」で週1時間、もしくは年間10時間程度の英語活動で日本語に影響を及ぼすとは考えにくい。この問題は国語教育の問題であり、「英語教育改善のアクション」に示されているように、国語教育の改善が英語教育の改善にも必要なのである。その他にもさまざまな反対意見が出たが、すべて中学校で事実上必修化されていることから、小学校ではなぜだめなのか、というロジックにおいて矛盾してしまい、説得力に欠けた。それより、小学校の学齢期に英語教育を導入する意義を考え、いかにスムーズに中学・高校レベルにつなげるかを考えたほうが社会的にも学習者個人的にも効果があると考えられる。その意義や期待されることについては本章1.1.1を参照されたい。

このような形で小学校での外国語、つまり英語が少しずつ広まっていった。しかし当然ながら、その導入状況は地域や学校間で差があり、例えば同じ市でもこちらの学区では活発に行っているが、隣の学区ではほとんど実施していないなど、近隣でも格差が起こり、すでに「国民教育化」されている英語教育はその公平性を保護者の側からも求められるようになった。2006年の「教育課程部会 外国語専門部会（第14回）議事録」に「小学校における英語教育の現状と課題について」が掲載されており、そこにもその格差の問題が指摘されている。また、英語がすでに英語母語話者だけに使用されているものではない状況（本章2.4参照）、アジアやヨーロッパ各国で小学校に英語教育がすでに導入されていること、英語力の底上げの必要性などから、小学校に英語を必修として導入することが急務であると述べられている。そしてついに平成20年（2008年）の学習指導要領改訂で小学校5・6年に「小学校外国語活動」という科目が必修となり平成23年（2011年）より実施されている。この科目においては「総合的な学習の時間」とは異なり「外国語＝（イコール）英語」ということになっている。小学校学習指導要領第4章「外国語活動」の「第1目標」は次のとおりである。

　　　外国語を通じて、言語や文化について体験的に理解を深め、積極的にコミュニケーションを図ろうとする態度の育成を図り、外国語の音声や基本的な表現に慣れ親しませながら、コミュニケーション能力の素地を養う。

外国語活動では英語力を伸ばすことを目標とせず、「コミュニケーション能力の素地を養う」こととする。「コミュニケーション能力の素地」とは「小学校段階で外国語活動を通して養われる、言語や文化に対する体験的な理解、積極的にコミュニケーションを図ろうとする態度、外国語の音声や基本的な表現への慣れ親しみをさしたものである」と学習指導要領解説で説明されている。「理解」という言葉は評価に対する提案の中で「気づき」という表現に変わり、母語である日本語や日本文化との違いに気づき、自分と異なる言葉や文化を持っている人たちや自分の仲間と積極的にコミュニケーションを図ろうとして慣れ親しんでいくこ

とを目指す。よって、この目標に沿って評価することになり、以上の3点を観点別に評価することになる。英語の知識と技能を伸ばすのは中学校以上の学習指導要領の外国語の目標である「コミュニケーション能力の基礎を養う」ために技能演習においてということになる。

しかし、言語習得のためや教科の一つとして他教科のような段階評価を出すのではなく、「外国語に慣れ親しむ」ための「活動」としての必修化だったが、平成23年（2011年）の改訂で小学校でも外国語は「英語とする」と明記された。それに基づいた『英語ノート』、『*Hi, friends!*』といった教材が発行され、文部科学省は平成21年（2009年）に「小学校外国語活動研修ハンドブック」を発行して教員研修を行ってきた。しかし、この科目を担当するのは基本的には担任であり、英語を専門としている教員はまだ少ない。また、英語が堪能もしくは英語教育研究をしている日本人アシスタントが入って担任とALT（外国語指導助手）の間を取り持つことができる学校はまだよいが、そうでない学校は英語教育を研究していない担任かALT（外国語指導助手）に任されることになり、必修化されてもますます多様化して地域格差、学校格差が起こっている。何より、小学校教員の負担が増え疲弊している状況もある。次の学習指導要領改訂に向けて検証する必要がある。

1.2.2.3　初等英語導入で期待されること

1.1.3で述べられている第二言語習得への母語獲得の応用は、外国語「学習」においても言えることである。子どもが母語を獲得する過程で経験した学びの方法や手順は第二言語習得においても母語の体験を応用されると考えられている（Grenfell & Harris, 1999）。つまり、母語獲得はまず親のことばを聞くことから学び始め、親や他の大人、兄弟姉妹、友人とのやりとりを通じて話すようになり、学齢期になり文字を学び始め読み書きを学ぶ。このような母語を獲得過程にある児童期に外国語学習が導入されれば、母語獲得過程に近い指導法、つまり、音声インプットから始め、それに発話が続くような指導法を導入できるため、母語獲得に似た過程を外国語習得でも経験できる。外国語学習の初期段階で経験したことがそのまま学習スタイルになり、大人になっても変わることはない（Kolb, Boyatzis, & Mainemelis, 2001）。そうなると、中学生以上になってからも、音声インプットやアウトプット、教師や仲間とのやりとりをしながら英語を「使って」の学びが学習方法の基本となり、それを維持する学習ストラテジーを使用する傾向が出てくると思われる（Toyoshima, 2007）。Toyoshima（2007）の調査によれば、中学生以上になると、文字が導入され言語知識を問う試験で評価され入試という関門があるため、試験に対応するための学習をしなければならなくなるが、小学生のときに上記のような体験をした学習者は試験のための学習だけに執着しないと思われる。逆に、中学校から始めた学習者は試験に対応するためだけの学習ストラテジー使用に偏る傾向があり、ストラテジーの種類も多くなくその後の英語力に大きな影響を及ぼす可能性がある。また、中学入学以前に英語学習を始めた学習者は英語を「言語の一つ」と捉え、中学入学以後もそれを維持し続けている傾向があるが、中学に入学してから始めた学習者は、英語を中学校や受験の「科目の一つ」と捉える傾向があり、大学での専門分野やそれ以後の

英語との接し方によって変化が起こることがある (Toyoshima, 2007)。小学校での必修化でそれ以前の学習状況と異なってくるだろうが、教科の一つとしてではなく、言語の一つとして学び始めることができれば、中学入学以前に英語学習を始めた学習者は中学生になってから始めた学習者とは異なった学習者になることは間違いない。

1.2.3 コミュニケーションとは何か

　上記の英語教育史、教授法との関係、学習指導要領改訂と現場とのギャップが表しているように、多くの教育現場においては、英語は「理解する」ためだけに学習するものであり、使用するための練習を経験したことがない、つまり、「コミュニケーション」のための英語学習を経験したことがないというケースが散見された。だから、英語母語話者のような発音で「ペラペラ」話せる人はすごい人という風潮がある（本名、2006）。それは、日本の中学・高校での英語教育において、「コミュニケーション」という人との「交流」のための言語として「使う」ことは前提になかった時代が長かったからである。鈴木（1999）は、英語は言語の性質として「交流」のためにふさわしい言語でそのためにあるようなものだが、日本人はそのような状況でことばを使うことに慣れておらず、英語で「交流」をする環境に入ることは「ぶっつけ本番」のようなものだと言っている。日本の英語教育では、平成元年（1989年）以前までその「交流」するための英語教育を言語政策として行ったことがなかったので、多くの日本人にとって、英語を「交流」のために使用する経験がなかった。現場の英語教員でさえ、海外に行ったことがない、英語を使うことはまれ、というケースも少なからずあった。いざ使う場面に遭遇したら「ぶっつけ本番」になってしまうのは当然のことである。

　筆者がイギリスで、論文のための調査でインタビューした日本人学生にとって現地でのコミュニケーションがいかに「ぶっつけ本番」であったかの苦労を如実に語ってくれた。時期は2003年から2005年で、「コミュニケーション」のための英語教育を経験してきた学生たちである。留学でイギリスに来たということはいわゆる英語力は平均大学生よりは上であり、現地の大学で講義を聞いて理解することに問題は感じなかったが、セミナーでの議論や、友人とのおしゃべりでさえ、自分が発話できないことにいらだちを感じたり辛く感じたりしていた。中には自分の英語力に自信をなくした学生もいた。この状況をみても、日本において「コミュニケーション」のための英語教育の難しさが分かるだろう。

　その日本人留学生へのインタビューの中で、なんとかその状況を切り抜けた学生がいた。その学生Aは当時大学3年生、交換留学で来ていた男子学生で、附属高校時代から大学で留学することを目指し個人で英会話学校に通うなどして準備していたが、主な英語学習は高校・大学での授業のみだった。高校は検定教科書ではなく小説や評論といった文献を訳読していく授業が多く、付属の大学の希望学部に進学するには高校の成績がトップレベルでなければならないため、相当勉強したと言っていた。しかしその経験が彼の人間的な豊かさを養い知識欲がさらに出て、進学が決定したのちは、A曰く、「暇だったので」宗教学などさまざ

【図1】意味の交流モデル

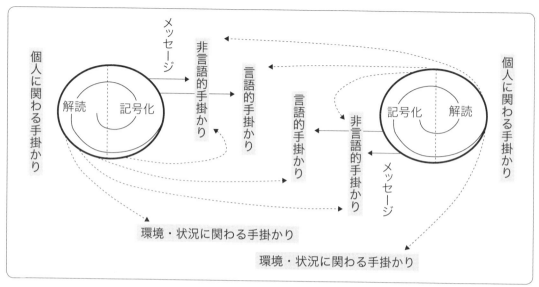

Barnlund (1970)、八代他 (1998) による抜粋 (p. 52)

なジャンルを新書レベルで読み漁っていた。筆者がAと話をしたのは1年間の交換留学期間がそろそろ終わる5月下旬で、彼もそれまでの2学期間はセミナーで意見を言えず苦労したと言っていた。最後の学期に履修した現代史の授業で彼の中で転換があった。ある課題についてセミナー参加者がいろいろ議論していたが、結論にたどりつかない。Aはその答えが分かっていたにもかかわらずその議論に入れないいらだちを感じつつ、現地の、つまり、英語母語話者であるイギリス人のほうが「上」のような感じだから答えを言えずにいた。しかし、Aが感じた「空虚な」議論に我慢ならず、ついに意見を発したところ、他の学生が「あ、そうか」と納得し議論が終わったという。その経験から彼が学んだことは、これまで学んできたことを含めもっと自信をもって英語で表現すべきであった、ということだ。英語での議論になると、つい英語母語話者のほうが「上」だという思いが出てしまって遠慮していたのは間違っていた、英語の正しさが問題ではなく何を表現するかが重要だったのである。その行動を英語母語話者は必ず認めてくれるのであり、英語の問題ではなかった、ということである。

　コミュニケーションとは言語によるものだけではないということは周知であろう。コミュニケーションが「意思伝達」と訳されるように、意思や意図を伝え伝わるということがコミュニケーションである。コミュニケーション学研究では、さまざまなモデルが考えられ、Barnlund (1970) のモデルでは意味交流モデルが提案された（図1）。

　コミュニケーションとは人が存在すれば起こるもので、意図する・しないにかかわらず、さまざまな手掛かりを通じて送り手から受け手に送られていて、その意味解釈は受け手に任される。言語も一つの手掛かりに過ぎず、言語の意味が送り手の意図した通りに受け手に伝わるかどうかは分からない。上記学生Aの場合、それまで努力してきたAの知識に裏づけさ

れた自信がほかの学生に伝わり、それまでの議論を終えてしまうほどの力があったのではないかと思われる。彼が発した言葉そのものよりそちらのほうが大きかったのではないかとさえ感じた。よって、コミュニケーションとはそこに参加する人間が持っているすべてのものの交流状態であり、人間が存在することがコミュニケーションであると言っても過言ではない。末田・福田（2003）は「コミュニケーションに意図は必要としない（We cannot NOT communicate）」とさえ言っている。それでは言語はどのような役割を果たすかといえば、メッセージを記号化したシンボルであり、記号化されたシンボルとその意味を恣意的に結びつける役割をしている。そのために、上記学生Aの言う、「ちゃんと言え」ため、まずは意味が確実に伝わった。しかしそれだけでなく、その正解らしきそのことばと非言語的要素（表情や語気など）が彼の自信を決定的なものとし、他を黙らせてしまったということであろう。コミュニケーションにおいて意味の交流が行われている状況で言語がその意味を占める割合は、さまざまな研究により幅はあるが、だいたい10％前後と言われていて、残りは非言語的要素によるものであるという。非言語要素の中には図2にある環境・状況の手掛かりや個人の手掛かりも含まれていると考えられ、人それぞれの育った環境・文化によって形成されていくものである。コミュニケーション能力の育成は人間の育成そのものとなり、英語の知識や技能を伸ばせばコミュニケーション能力が身につく、というものではないということになる。

　コミュニケーション学の視点からコミュニケーション能力を考える場合、対人コミュニケーション能力を伸ばすのに必要な要素が5つある（Wiemann, 1977）。それは、①自分が相手を支持しているということ (affiliation-support)、②リラックスした状態でいること (social relaxation)、③感情移入できること (empathy)、④融通性を持って相手のコミュニケーションに対応すること (behavioral flexibility)、⑤インタラクション（やりとり）を調整することができること (interaction management) である。以上で明らかなように、英語力があるからコミュニケーション能力が高いとは決して言えず、特に、コミュニケーション学の視点から見ればコミュニケーション能力は人間が人格を形成する過程でまず母語で養われるものであり、家庭、学校、社会においてさまざまな人と出会い、さまざまな経験をして育成されていくものだと言える。よって、短期間で効率的にそれも英語教育だけで養うことはできない。また、1.1.2.2で述べられている言語学的視点から見たコミュニケーション能力においても、①grammatical competence（言語的能力）、②sociolinguistic competence（社会言語的能力）、③discourse competence（談話的能力）、④ strategic competence（方略的能力）の4つの能力のうち、②、③、④は、目標言語を学ぶ過程でその言語を人とのやりとりを通じて使用する機会を持ち体験しなければ養うことができない能力であり、言語知識を注入されるだけの学習では決して獲得できない能力である。以上から言えるのは、英語という外国語でコミュニケーション能力を伸ばそうとするならば、人格形成初期から完成期にかけて日本語や英語でさまざまな知識を学習し「理解」しながら、さまざまな場面でさまざまな人と英語を「使う」経験をすることが必要であるということである。よって、コミュニケーション能

力の育成は英語教育だけの問題ではなく、教育全体の問題であり、人が成長していく過程で教科の垣根を越えて育成していくべきである。

1.2.4 多様化する英語 —— 英語は誰のもの？

1.2.4.1 母語話者標準主義から英語使用者中心主義へ

　コミュニケーション能力を伸ばすのに影響を及ぼしていると思われることに、英語という言語の捉え方がある。上記の学生Aが英語母語話者に遠慮してなかなか自分の意見が言えずにいたのは、上記で示したように、日本人の多くが英語母語話者のように話せないといけない、話せないと恥ずかしいという感情からではないかと思われる。留学中に苦労した学生の多くが、自分と同じ外国人同士で英語を話すときは気楽に話せたのに、英語母語話者の前になると「間違えたら恥ずかしい」から言葉が出なかった、と言っていた。言語を学ぶ際に何を規範、つまり、お手本とするかは、第二言語習得論からすれば英語母語話者であり、学習者がそのレベルからどれくらい離れているのかを研究するのがこの理論であると言っている研究者がいる（Gass & Selinker, 1994）。上述した日本人留学生の多くが英語母語話者の前で間違えるのが恥ずかしくてことばを発することができなかったと言っていたのは、自分がそのレベルに達していないことが恥ずかしいと思っていたからだと思われる。だから、上記学生Aのように、年齢も学力もAのほうが明らかに上なのに英語母語話者のほうが彼より「上」と思い意見を言うことを遠慮していたのではないだろうか。しかし、コミュニケーション能力を伸ばすことを中学・高校の目標に掲げている現在の学習指導要領に依れば、英語母語話者レベルに達することが最終ゴールなのだろうか。この「英語母語話者信仰」つまり「英語母語話者になりたい」願望がコミュニケーションに参加する機会を奪い、能力を伸ばす妨げになっていると思われる。本名（2006）はネイティブ信仰、同化願望、それに伴う、「ネイティブ標準英語」を追求する「完全主義」が存在し、完全になるために自分の英語も含めた英語母語話者以外の英語を否定する傾向があると言っている。また津田（2003）も「英語がペラペラでないとダメ」という信念が自己否定につながっていると批判している。

　英語という言語は英語母語話者だけのものだろうか。Kachru (1988) は、英語は大きく分けて3種類あり使用者も異なると論じ、それを3つの円で図式化した（図2）。数字はその英語を使用する人口であり、もちろん現在とは異なるが、最も大きい円は外国語として使用される英語の「成長し続ける円 (Expanding Circle)」であり、その名の通り、円の大きさは拡大し続ける。逆に中心に位置する「内核の円 (Inner Circle)」とそれを囲む「外核の円 (Outer Circle)」の大きさはこれ以上大きくなることはないと考えられる。Jenkins (2003) は世界には多くの英語（Englishes）が存在し、伝統的な序列が存在していた（図3）。特に英語圏では標準、特にアメリカとイギリスの英語話者が上位であり、カナダ、オーストラリア、ニュージーランドの英語でさえ標準にならないこともある (Kachru & Nelson, 2006)。母語として使用していてもインドやシンガポールの英語は「非標準」である。しかし、実際には英語以

【図2】英語をめぐる3つの円

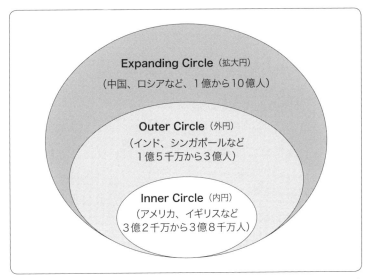

(Kachru, 1988; Crystal, 1997による引用、日本語訳は國弘, 1999)

【図3】伝統的な英語の序列

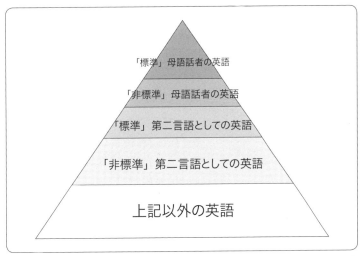

(Jenkins, 2003)

【図4】現実を考慮した序列

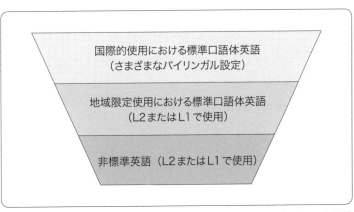

(Jenkins, 2003)

外の言語を母語とし英語を「知っていて」、国際共通語として英語を使用している人が最も多く、それを序列化するとその英語が上位になると言える（図4）。Jenkinsの「標準」、つまり規範は何なのかも図4の台形の上部が大きくなればなるほどあいまいになってくる。

1.2.4.2 英語の汎用性と利便性

　かつては英語使用地域が英語母語地域とイギリスやアメリカの旧植民地が中心で、多くの日本人にとってその地域は遠く別世界であった。そのときは、「標準母語話者」が話したり書いたりしたことを聞いたり読んだりできて「理解」できればそれでよかった。しかし、戦後、英語圏のポップカルチャーが日本に紹介され英語が少し近い存在になり、日本企業のグローバル化により英語を必要とする人が増え、2000年前後のIT革命の影響で「英語帝国主義」論が起こり、英語がより近い存在になった。そして現在は大企業だけでなく中小企業も生き残りをかけて世界に飛び出す時代であり、英語は特別な人のみが使用するものではなくなり、誰もが英語を「使う」時代がやってきた。しかし、これは「英語帝国主義」により侵略された結果ではなく、国際コミュニケーションの道具として英語を使用することが「便利だったから」だと思われる。というのも、他の言語より非常に単純な文法構造であることと、語彙がほかの言語の言葉も取り入れられる柔軟性があるため、自分の母語と同じ語が英語化されていることがあり理解しやすかったということがある（Crystal, 1997）。人間が地球規模で動くようになり、異なる言語が出会う機会が多くなったため、この比較的やさしい便利な英語は「グローバル化」し、国際コミュニケーションの道具となった。こうなると、Kachruの「Inner Circle」に所属する英語、またJenkinsの「標準母語話者」の英語は、もはや、英語母語話者のみが所有できる「黄金の標準（golden standard）」英語ではなく、英語以外の言語を所有している人々が使用する英語が「標準」になると思われる（2005年6月に行われたDavid Graddolによる Institute of Education, University of Londonでのセミナーより）。しかし、Graddolはさまざまな言語が出会う機会が増えた現在だからこそ、英語という「便利な」言語が必要であり、英語で自己を表現し相手を理解することでお互いの存在を認め合うことができるのではないかと訴えている。Graddolはこのセミナーで次のようにそれを表現している。

　　"The more English, the more languages. The more languages, the more English."
　　（より多くの英語が求められるところには、より多くの言語が存在する。
　　　より多くの言語が存在するところには、より多くの英語が求められる）

英語はもはや英語母語話者の特権ではなく、遠い国の遠い言語でもない。英語を使用することで私たちの存在、つまりアイデンティティを世界中に表現できるし、世界中の人たちのアイデンティティを理解できる。そのような相互理解によってすべての人間が対等に存在できるということになる。英語は「私たちの言語」である、と捉え、さまざまな人間との出会い

の中で相手を理解し自分自身を理解してもらうために英語を使うことが、コミュニケーション能力を伸ばすのに必要なのである。

1.2.5 小学校における英語の「教科化」に向けて

　平成25年（2013年）9月に、平成32年（2020年）東京オリンピック・パラリンピック招致が決定し、平成25年（2013年）10月には文部科学大臣による「小学校における英語の教科化（5、6年）と外国語活動開始を3年生に前倒し」発言がなされ、平成25年12月に、「グローバル化に対応した英語教育改革実施計画」(http://www.mext.go.jp/b_menu/houdou/25/12/1342458.htm) が文部科学省から発表された。グローバル化に対応した新たな英語教育のあり方として、小学校では、①平成23年（2011年）より小学校5、6年に必修で実施してきた「小学校外国語活動」を中学年の3、4年生で導入、週1回、コミュニケーション能力の素地を育てる、学級担任による授業、②小学校5、6年で「教科化」、週3時間程度（「モジュール授業」つまり15分程度の帯活動も含む）、初歩的な英語の運用能力を養う、英語指導力を備えた学級担任に加えて専科教員の積極的活用、となる。中学校でも英語で授業を行うことを基本とする、とし、「小・中・高を通じて一貫した学習到達目標を設定することにより、英語によるコミュニケーション能力を確実に養う」と「日本人としてのアイデンティティに関する教育の充実（伝統文化・歴史の重視等）」を目指すという。そのために平成24年（2012年）度より「強力に推進」する「新たな英語教育の在り方実現のための体制整備」で、「小学校における指導体制強化」として実施するのは、小学校英語教育推進リーダーの加配措置・養成研修、専科教員の指導力向上、小学校学級担任の英語指導力向上、研修用映像教材等の開発・提供、教員養成課程・採用の改善充実、としている。そのための課題として示しているのは、「小学校高学年における英語教育の教科化に伴う指導内容の高度化・指導時間増に対応する必要がある中、現状では不足する高度な英語指導力を備えた専科教員としても指導が可能な人材の確保が急務」であるということと、「小学校中学年からの英語教育（活動型）の開始に伴い、中学年の学級担任も外国語活動の指導を行う必要が生じるため、研修をはじめとした指導体制の大幅な強化が不可欠」とある。そのために、JET（Japan Exchange Teaching）プログラムや民間事業者等からのALTなど外部人材の活用、新たな指導用教材・研修用教材の開発、教員養成課程・採用の改善が必要であると指摘している。

　このような改革を遂行するためには、教室環境改善（1学級縮小や教材・ICT機器の充実）・教員研修等のための予算の確保、小学校教員の認識向上（研修ではなかなか変わらない教師のビリーフを考慮し徹底的な議論を行う）、中学・高校・大学、それに伴う入試制度すべてを抜本的に改革・改訂、専科教員の資格の明確化、それに伴う教員免許法改正と教員養成課程改訂、児童への説明・保護者による理解などが必要である。しかし、上記の英語教育史、政策と現場との関係で述べたように、日本の英語教育は政治主導で行われていると思われつつ、地方自治体、または、現場の学校や教員の判断で実践されている。それは、教育上の地方自

治を認める名目で教員研修を地方自治体に任せているため、十分な予算を国家予算で各都道府県・市町村に配分することはなかった。この状態では文科省が掲げる改革を実現するような研修はできない。これまで中高大の連携もままならず入試制度も抜本的に変えることができず、教員養成も免許法改正に伴う改訂はあったが本当に「高度な英語指導力を備えた」教員養成ができなかった。その結果、国が定める理想に現場がついていけない状況があり、効果が表れなかったのではないだろうか。小学校英語導入反対の主張にあった「理想的な環境整備」がここで述べた条件だとしたら、その実現を待っていると2020年に間に合わないだろう。その実現を訴えながら、これまでの外国語活動の実践を検証し、中学年での「外国語活動」をさらに発展させることが求められている。本節で主張してきたように、高学年で教科化されても教科の一つというだけでなく、言語の一つとして英語を捉えるために、「コミュニケーション」するために使用するための英語を小学校段階でいかに導入するか、また中学・高校でもこの目標を達成させるためにいかに小学校英語から中学・高校英語へ連携できるかを議論し研究を重ねていく必要がある。

（豊嶋朗子）

第2章
小学校外国語教育の教授法

2.1 Whole Language Teaching（ホール・ランゲージ・ティーチング）

2.1.1 Whole Language Approachとは

"Whole Language"（ホール・ランゲージ）という用語は、1980年代アメリカにおいて、母語の読み書きの指導にあたる教育者たちの間から生まれた。読み書きの指導として、文法や語彙、語の認識など言語の構成要素に注目して教える方法があり、文字を識別して音に置き換えるフォニックスがこの代表的な指導法である。一方、それに対して、言語は「全体のかたちを保ったまま丸ごと (whole) 教えなければ、もはや言語ではない」と異を唱えたのがホール・ランゲージ派である。もともと幼い子どもが読み書きを学びやすいように開発されたこの言語指導の理論は、後にそこから発展して中等教育やESL（第二言語としての英語）指導にも用いられるようになっていった。そして、1990年代のアメリカでは、小学校の児童の動機づけを高める画期的な方法として広く普及したとRichards & Rodgers (2001) は述べている。また、ホール・ランゲージは、意味のある文脈のなかで学ぶことを強調するコミュニカティブ言語教授法（CLT: Communicative Language Teaching）と理念的にも方法論的にもつながっている。そして、その底流にあるのは、人間中心主義的、構成主義的な考え方である。次項では、ホール・ランゲージ・アプローチの背景にある主な教育者、研究者、思想家について見ていく。

2.1.2 背景にある思想

2.1.2.1 ジョン・デューイ
(1) シカゴ実験学校（シカゴ大学附属小学校）

19世紀末から20世紀初頭にかけての急激な都市化、工業化にともない、共同社会の存続が危ぶまれる状況にあって、デューイは、それまでの学校のあり方に疑問を抱き、学校を、家庭や近隣社会を縮小したかたちの小規模な社会として再編するという構想のもと、大学の教育学的研究の一端を担うシカゴ大学附属小学校（通称シカゴ実験学校）を1896年に設立する。この学校で実施された子どもたちの活動は、デューイがその後展開していく教育理論の礎となっていると思われるので、保護者や学校関係者たちに向けてデューイが行った講演の記録「大学附属小学校の3年間」から、この小学校の運営、教育方針を以下に少し見ていく。

デューイは、まず、ドリルや復唱、機械的記憶や一斉授業などによって読み・書き・算数を習得するという学習形態に替わって、子どもが興味をもつ他の諸教科と明確に関連づけ、身体的活動をとおして子どもが読み・書き・算数の能力を習得する必要性に自ら気づいていく方法を考えた。実験学校のカリキュラムには、子どもたちが木工・調理・裁縫・織物などに関わる作業を取り入れている。例えば、子どもは、木工のなかで数量の学習や幾何学的原理を身につける。調理と結びついた化学、裁縫や織物との関連で地理についても学ぶ。また、理科の学習の一環として、最初の２〜３年は子どもの観察力を開発し、動植物の習性に対し共感的な関心をもつように導き、そこから動植物を利用する事柄へ、さらに地球についての学習へと移っていくのである。

　そして、これらの作業は、子どもたちによるグループ・プロジェクトとして展開されることも特徴的である。デューイは、実験学校開校当初から、年齢や学力の異なる子どもたちをできるかぎり混在させて一緒に学ばせるようにしていた。それは、年長の子どもが年少の子どもの面倒をみるという責任を担うことの道徳的学びだけでなく、それ以上に、このような相互扶助の関係における知的学びという利点に注目していたからであった。年長の子どもたちには、年少の子どもたちが取り組む課題にも参加させるなど、デューイは、学校全体が一つの家族であるような雰囲気づくりを心がけ、学級ごとや学年ごとに孤立しているという感じを起こさせないよう努めていた。

（2）個人と社会

　生物はたえず更新していくことで自己を維持していかれるとデューイは述べている。また、生きるということは環境への働きかけをとおして自己更新していくプロセスであり、命をつないでいくということは、生物の必要に応じて環境に働きかけ、環境をたえず再適合させていくプロセスでもあると言う。

　ある社会が存続していくためには教え、学ぶ関係が必須である。common（共通の）、community（共同体）、communication（伝達）という３つの語は関連が深い。人は、共通に有するもののおかげで、共同体のなかで生活できるが、共同体や社会を形成するために共通にもっていなければならないのが目的、信念、志、知識への共通理解である。もし各個人が共通の目的を認識しており、それに関心を抱き、その目的に向けて特定の活動を調整するならば、それは共同体を形成することになる。しかしこれはコミュニケーションを必要とする。人は他者が考えたり感じたりしたことを共有するが、その過程において、その人自身の態度が修正されていく。一方、コミュニケーションの送り手もまた影響を受けずにはいない。試しにある経験を人に十分にそして正確に伝えることをやってみよう。とりわけその経験がこみいっている場合、語る本人が自分の経験に向き合う姿勢が変化することに気づくだろう。経験を伝えるためにはそれを系統だててきちんと述べなければならない。系統だてるためには、その経験の外側に出て、客観視し、受け手がその経験の意味を理解できるようなものにするために、その経験が受け手の生き方や生活とどこに接点があるかを考慮することが必要

になってくる。そして、人は自分の経験を他者に理知的に語って聞かせるためには、他者の経験を自分のものとして理解しなければならない。そこには想像力が要求されるのである。

　社会は生物学的生命と同じようにコミュニケーションの過程を通じて存続する。このコミュニケーションは、年長者から年少者へ、行為や思考、感じ方の習慣を伝えることによって生じる。この理想や希望、期待、規範、見解の伝達なしには、社会的生命は存続していくことができないだろう。よって、社会という生命体はその存続のために教え学ぶ関係を要求するわけであるが、共に生活するという過程そのものが人を育てていく。そして、その過程のなかで経験に広がりができ経験が教化される。想像力が刺激され豊かになる。語ることや考えることを明確に鮮明にする責任感を生む。子どもに教える必要性があることこそが、経験を、最も伝えやすく使いやすいものとなるような秩序と形式を有するものに加工し整える活性剤となるのである。

(3) ことばの習得における社会的環境の重要性

　知識を獲得する際、言語は重要な働きをするが、だからといってある考えを人に伝えるにあたり、他者の耳に音を伝えさえすればよいというものではない。例えば、"hat" ということばを例にとってみよう。子どもは、他の人たちがやるようにそれを自分がかぶってみたり、他の人に渡してかぶってみてもらったり、外出するときに自分の頭の上にかぶせてもらったりすることで "hat" という概念を獲得するのである。

　"h-a-t" という音は、複数の人間が関わる行為のなかで発せられるのでなければ意味のない音にとどまってしまうだろう。もうひとつ例を挙げれば、母親が乳児を戸外に連れ出すとき、その子の頭にそのモノをかぶせながら "hat" と言う。「おでかけ」はその子の楽しみになる。この親子は物理的に一緒に戸外に出るだけでなく、「おでかけ」がお互いにとっての関心事になり、共有する楽しみとる。このように "hat" という音は、活動の他の諸要素と連結することによって、この親子とって同じ意味をもつようになる。言語は、相互に理解可能な音声から成り立っている。そしてその意味は共有された経験との結びつきによって決定される。お互いを理解し合うということは、音声も含めた事物が、ともに共通の目的に向かって遂行するにあたり（仕事にしろ、娯楽にしろ、気晴らしにしろ）両者にとって同様の価値を有することを意味する。要するに、考えを伝えたり獲得したりするための言語使用は、物事が共有された経験や共同作業のなかで用いられることによって意味をなす。また、個人は、他の人々の活動に関わり、連帯的で協働的な作業に参加することに大概興味をもつものである。さもなければ、共同体（コミュニティ）は成り立たないだろう、ともデューイは述べている。

(4) 経験とは

　私たちがなにかに働きかける。その結果が（例えば苦悩をこうむるというように）私たちに跳ね返ってくる、というこの双方向性が経験の本質である。言い換えると、経験とは、個人とその個人の環境を構成するものとの間に生じる取引、相互作用のことである。また、教

育的に価値のある経験であるか否かを見極める判断基準はその連続性にある。つまり、盲目的な衝動を繰り返しても、それは積み重ねとはならず、すなわち成長をもたらさない。また、内省的思考(reflection)なしには、意味のある経験とはならない。「内省的思考」とは、私たちが起こす行動と、生じる結果との間にある特定の関係性を見出す意図的な努力であり、内省があってこそ両者に連続性が生まれる。デューイは、ここで、ものごとを関連づけて考えることの重要性に注目しているのである。内省的行動と対極にあるのが、お決まりの型にはまった行動であり気まぐれな行動である。後者は、いま自分がとる行動から生み出される結果に責任をとることを拒む姿勢であり、前者の内省的行動は、その責任を引き受ける行為である。この内省的思考が働いてこそ、目的をもって行動することができる。そして、一つの出来事と別の出来事との関連を見出すことで推論する力が働き、賢い選択ができるようになり、その後の経験の質が変わってくるのであるとデューイは説いている。繰り返しになるが、「相互作用」と「連続性」は、経験のいわば縦糸と横糸であり、人がある状況下で学んだ知識や技術、方法論は、その後に起こる状況を理解し、うまく対処する手掛かりとなる。好奇心を喚起し、独創力や進取の気性を高める経験の連続性をデューイは評価しているが、このプロセスは生涯にわたる学びのなかで続いていく。

　一つ一つの経験が原動力となってさらなる経験へとつながっていくが、教育者の仕事は、未成熟な年少者の経験がどこに向かっているかを見極めることにある。学習者個人の内面で起こっていることへの共感力をもち、どのような環境が年少者の成長へとつながる経験の一助となるかを認識することは教育者の責務であるとデューイは考える。そして、価値ある経験の積み重ねとなるように、物理的、社会的環境をどう利用して取り込むかを教師は心得ていなければならないと主張する。

　コミュニティ・グループとしての学校のなかで、教師はグループのなかの最も成熟した一員として、相互関係とお互いのコミュニケーションに対して責任を負う存在である。そして、本質的に社会的プロセスである教育的経験において、教師はグループの輪の外に立つ独裁者ではなく、グループのリーダー的存在であり、共同（協同）体の発展は、教師と学習者との互恵的学び (reciprocal give-and-take) によってもたらされるのである。

2.1.2.2　ジャン・ピアジェ
(1) 発達の相互作用説

　子どもの発達は、個体と環境の相互作用をとおして実現する、という主張がピアジェの発達理論の一つの大きな特徴である。つまり、子どもが環境に能動的には働きかけることにより、環境からの反作用を得、この反作用へさらに働きかけを続けていく過程をとおして子どもは発達していく。この視点に立つと、子どもの発達に重要な要因が二つ見えてくる。一つは、子ども自身が環境に働きかける能動的活動、もう一つはその活動に応える環境である。ピアジェによれば、子どもはたえず成長しようとしている有能で積極的な存在である。子どもは未知なるものを探索して、いま自分がもっている知識をさらに広げたり深めたりしよう

とする欲求を生得的に備えている。その好奇心や子どもの自発的な活動に対して適切に反応する環境があってこそ子どもは発達を遂げていくことができる。そのため、環境のあり方が大切であるが、そのなかでも物的環境以上に子どもの親や身近な人、教師などの人的環境が重要な意味をもつ。

　発達の相互作用説において、教師の役割は、知識や正答をすぐに教えることにあるのではなく、子どもの立場になって一緒に考え、子ども自身が自律的に行動したり判断したりする手掛かりとなるような助言を与えて、能動的な活動を援助することにある。このようにして、子どもはたとえ誤りを犯しても、環境との関わりをとおして自ら気づき修正していく模索の活動のなかで知識を構成していくのである（滝沢, 2007）。

(2) 子どもの認知構造の発達―変化の4段階

　子どもの認知構造は、同化 (assimilation) と調節 (accommodation) の繰り返しのなかで展開し発展していく。同化とは「外界のものや事象を自分の行動シェマやイメージや概念に合うように取り入れること」であり、調節とは「外界のものや事象に応じて自分の行動シェマやイメージや概念を変える」（無藤・高橋ほか編, 1990, p.85）ことである。

　　①感覚運動的段階　――　誕生〜2歳
　　②前操作的段階　　――　2〜7歳
　　③具体的操作段階　――　7〜12歳
　　④形式的操作段階　――　12歳〜

　乳児は感覚と運動とを総動員して身の回りのものや人に関わりながら、感覚運動的知能を働かせている。そしてその活動を繰り返すうち、これらの活動の枠組み（シェマ）が、子どもの頭脳のなかに登録される。そして必要に応じて、それらのシェマが働き、周囲の状況に応じてうまく活動を行えるようになるのである。その後、対象に対する直接的な働きかけを繰り返すうち、1歳半から2歳ぐらいになるにつれて、外界についての知識を直接的な行動ではなく、心の中のイメージとして思い描くようになる。ごっこ遊びや見立て遊びを楽しむようになるこの時期に、抽象的思考の基盤が作られていく。イメージによる内的世界を表現したり、他者との間でその意味を共有したりするためには、ことばが必要になるが、ピアジェは、幼児が集団の中でも社会的コミュニケーションを意図しない発話をすることに着目して、これを「自己中心的言語」と呼んだ。自己中心的言語は社会性の未熟さの表象であると、1930年代のピアジェは考えており、社会的には無意味なこの発話は学童期までには消失するとしていた。一方、この現象を言語と思考の関連から発達的に捉えようとしたのが次項で紹介するヴィゴツキーである。

　子どもが上述したような自己中心的な思考を脱却し、他人の視点にも目が向けられるようになる「脱中心化」に有効なのが集団あそびであると滝沢 (2007) は述べている。集団の約

束事やルールを守りながら、ときに起こる競争、対立を相互の協力により解決していく経験をとおして自己中心性から脱し協調性が培われるのである。

2.1.2.3 レフ・セミョノヴィチ・ヴィゴツキー
(1) 最近接発達領域

　子どもの発達の昨日に、ではなく、明日に目を向ける教育を提唱したヴィゴツキーの、今日最も有名な考え方が「最近接発達領域」(ZPD: Zone of Proximal Development) であろう。これは、ヴィゴツキーが子どもの精神発達と学習との関係をどのように捉えるかということで考案したものであるが、1930年代においては極めて新しい心理学概念であった。子どもが一人で解答する問題によって決定される目下の発達水準と、他人との協同のなかで問題を解く場合に到達する水準（明日の発達水準）との間の差異が、子どもの「最近接発達領域」を決定する。子どもは協同学習のなかでは、つねに自分一人でするときよりも多くのことをすることができる。周囲の子どもたちの考え方ややり方を見て学び、模倣することで、できないこともできるようになる。しかし、だからといって、模倣によって無限に何でも達成できるわけではなく、子ども一人ひとりの発達状態、知的能力により決定される一定の範囲がある。その可能性を決定するのが、子どもの「最近接発達領域」であり、その領域の範囲にある課題については、協同のなかで達成が可能になる。ここで教師の先導的役割が重要になってくる。

(2) 高次精神機能の発達 ── 精神間機能と精神内機能

　"Every function in the child's cultural development appears twice: first, on the social level, and later, on the individual level; first, *between* people (*interpsychological*), and then *inside* the child (*intrapsychological*)."

Mind in Society, p.57

　「あらゆる高次の精神機能は、子どもの発達において二回現れる。最初は、集団的活動・社会的活動として、すなわち精神間機能として、二回目には個人的活動として、子どもの思考内容の方法として、すなわち精神内機能として現れる。」

（柴田，2006, p.30）

　この高次精神機能については、子どもにおけることばの発達が好例であろう。ことばは、初めは子どもと周りの人々とのコミュニケーション手段として発生する。この話しことばが、6、7歳ごろに〈内言〉に転化するようになって、ことばは子ども自身の思考の基本的な方法となり、子どもの内部的精神機能となる。ことばと結びついて論理的思考、道徳的判断や意志の発達も、周りの人々との相互関係から発生する（柴田，2006, p.31）。そしてまた、学齢期は、高次の精神的機能の発達に最良の時期であることもヴィゴツキーは述べている。

(3) 子どものことばの発達 —— 外言から内言の発達へ

ことばは、最初は自分の欲求や情動を、子ども一人ひとりが自分特有の表現で伝えようとするもので「自律的ことば」と呼ばれている。このことばはある程度コミュニケーションの手段としての役割を果たすことができるが、真の社会的・言語的コミュニケーションの手段としての「話しことば」が発達するのは、語彙が急速に増えていく2歳ごろからで、事物の基本的性質（形、色、長さ、用途など）を認知していく。4歳ごろになると「ひとりごと」（モノローグ）を言うようになる。簡単な意思を伝えるコミュニケーションの手段としてだけでなく、より複雑な考えを形成する手段として発達することばで、一人で考えるときにも使われるようになってくる、ピアジェのいう「自己中心的言語」である。ピアジェは、自己中心的ことばが、子どもの自己を中心とした立ち位置からの見方や心性の表れであり、6〜7歳ごろに「脱中心化」が始まり、「社会化」されたことばに置き換えられていくと考えた。一方、ヴィゴツキーは言語をその機能によって、他者とコミュニケーションをとるための「外言」と、自分自身との対話（思考）に用いられる「内言」とに大別した。人が獲得した言語はまずコミュニケーションを意図する外言の機能が優勢で、それが内在化されて内言としての機能をも担うようになるというのがヴィゴツキーの見解であり、ピアジェのいう「自己中心的言語」が機能的・発生的に内言と類似していることから、言語機能が外言から内言へ移行し発展していく過渡的段階に表れる形態が自己中心的言語であるとヴィゴツキーは主張した。後年、ピアジェはヴィゴツキーのこの仮説に同意している。（柴田，2006）

2.1.3 日本におけるホール・ランゲージ的指導 —— 子どもを対象として

第二言語教育にホール・ランゲージ・アプローチを応用する試みをしたFreeman & Freeman (1992) は、バイリンガルの生徒がいるクラスにおけるホール・ランゲージ指導法の7か条を次のように挙げている。

1. Lessons should proceed from whole to part.
   授業は全体学習から部分学習へという方向性であるべき
2. Lessons should be learner centered because learning is the active construction of knowledge by students.
   授業は学習者中心でなければならない。なぜならば、学習とは生徒が主体的に知識を構築していくものだからである
3. Lessons should have meaning and purpose for students now.
   授業は「いま」生徒にとって意味があり、「いま」の目的に沿ったものであるべき
4. Lessons should engage groups of students in social interaction.
   授業は、生徒たちが社会的な交わりをするようにいざなうものであるべき
5. Lessons should develop both oral and written language.

授業では「音声言語」と「文字言語」を育てる（アレン玉井，2013, による訳出）
6. Learning should take place in the first language to build concepts and facilitate the acquisition of English.
第二言語としての英語の概念を理解し英語を習得するよう導いていくには、母語を使っての学習を入れるべき
7. Lessons that show faith in the learner expand students' potential.
学習者のもつ力を信じている授業は、生徒が潜在的にもっている力をひきだし伸ばす

　7か条それぞれについて簡単に説明を加えてみよう。まず1.についてであるが、生徒はまず学習の全体像が見えるところから入っていく必要がある。教員は、テーマを決めて、それに沿ったり関連したりするカリキュラムを組むことで、この全体から部分へと授業を進めていきやすい。第二言語として英語を学ぶ生徒は、新しい言語を学ぶにあたってゴールがみえる必要があるので、母語を使っての予習、復習が特に助けになる。2.について、レッスンは生徒が知っていることから出発し、生徒の興味関心に即したアクティビティを行っていく。学習は単なる情報の伝達ではないので、教師は、生徒が知識を自分のなかで構築していかれるようなコンテクスト（状況）をつくることが大切である。3.について、生徒は「いま」自分が必要とすることにつながることを学ぶ。そして学習していることを、学校生活や学校外での生活に応用してみる。4.については、社会的環境のなかでお互いの考えを分かち合うことで個人としての考えも発展させていくことができる。また、グループ活動をすることで、協同という生きていくうえでの重要なスキルを学ぶことになる。5.については、第二言語としての英語学習の際、話す力の向上をリテラシーよりも優先させる傾向があるが、最初から読み書きにも携わらせることが学力を伸ばすには必須である。ちなみに、アレン玉井（2013）は、"oral language"を「音声言語」、"written language"を「文字言語」と訳出している。6.に関して、母語を話して登校してくる生徒の場合は、その母語を伸ばすことが英語の習得にもつながる。また、母語のことばと文化を大切にすることがその生徒の自尊心を高めることにもなる。そして、最後7.の例として、Freeman & Freeman (1992) では、インドからアメリカ合衆国に移住して5か月で、英語で読み書きできない12歳の生徒Sのケースを挙げている。ことばが分からずグループ・プロジェクトに参加しないだけでなく、妨害するこの生徒は、前任者から学習障がいがあるのではないかと疑われてもいたが、新しく担任となった教師は、彼がグループワークに参加するようになることを年度末に向けてのゴールとし、あきらめずにSと向き合った。そのうち、そのクラスの他の生徒たちが、ライティング・ワークショップというグループワークのなかで彼に英語で書くことの指導をする教師役を申し出て、生徒同士の学び合いとクラスが励ます雰囲気が生まれ、Sはめざましい成長を遂げたという。教師にとって大切なことは、生徒の多様性こそがクラスを豊かな学びの場にするという考え方と生徒がもつ潜在的な力を信じる姿勢である。
　アレン玉井（2013）は、上述のFreeman & Freeman (1992) がまとめたこの指導法の7

か条を踏まえ、自然な英語の摂取量が少ない日本で英語を学習する子どもたちを対象としたトップダウン的なリーディング活動の留意点として以下の4つの原則を挙げている。

原則1：部分ではなく全体を提示することで、授業のなかで意味のある文脈をつくり出すことができるように心がける。

原則2：子どもたちの興味、関心を把握し、英語を教えるというよりも、彼らの関心事が授業のテーマになり、それを英語で体験的に学習していくような授業づくりを心がける。

原則3：子どもどうしが自然に関わりあうことができるように、共同と協働が中心になる授業づくりを心がける。

原則4：音声言語が未発達な状態であるため、音声言語を育てることが重要である。しかし、同時に文字言語の導入を遅らせないように心がける。音声指導と文字指導を対立関係として捉えるのではなく、統合して指導するように心がける。

以上4つの原則に即して考えた場合、歌は「擬似的なリーディング活動」となり本格的なリーディングへの大きな橋渡しとなる。また、チャンツは、英語教育においては、メロディーをもたないが、ことば遊び的な要素をもち、英語のリズムを学ぶのに適した言語教材を意味しているが、ストーリー性をもつものが多いため、文脈のなかで英語を学ぶことを可能にする教材であるとアレン玉井（2013）は評価している。そして、同じく、「意味のある文脈」のなかで言語を教えるという観点から、物語は最も優れた教材であり、子どもたちにことばが育つ豊かな土壌を与え、彼らのことばの成長を支えると著者は考えている。さらに、物語のストーリーテリングという活動について、その効果を7つ挙げている：

① 集中力を養い、傾聴することを学ぶ
② 想像力を養う
③ 音声言語の理解を高める
④ 語彙力を高め、明解な言葉の使い方を学ぶ
⑤ 話の流れ、先を読む力、理解力を高める
⑥ 記憶力を高める
⑦ 同じ経験をすることでコミュニティー感覚を得る

著者は、上述した7点のなかでも特に⑦はストーリーテリングに特有の効果であるとし、子どもが仲間や教師と共に行う「ジョイント・ストーリーテリング（Joint Storytelling）」の試みを紹介している。またそれに関連する活動として、選んだ物語からどのような要素（社会科、芸術、音楽、体育、理科、数学）を取り出すことができるかを考え、具体的な教室活動案を作成している。

以上の一連の活動のなかで重要なことは、口頭で十分に言えるようになるまで文字教材を見せないことである。「トップダウン的な指導の要はorality（口頭でのコミュニケーション能力―筆者訳）を十分に育て、その力を使ってリテラシー能力を開発することである」と、日本における外国語としての英語の初期学習者である子どもたちへのリテラシー教育にホール・ランゲージを応用する際のポイントをアレン玉井は述べ、今後日本の初等、中等英語教育のなかでこの指導法がさらに広く活用されていくヒントを提供している。

（吉田真理子）

2.2 Multiple Intelligences Theory（多重知能理論）

2.2.1 Multiple Intelligences Theory（多重知能理論）について

　Multiple Intelligences Theory（多重知能理論、以下「MI理論」）とは、人間の知能をIQという一つの知能で表す「知能テスト」の普及に対し、「すべての子どもが、性別、人種・民族、社会階層に関わらず、潜在的能力を最大限に伸ばすことをめざす」90年代の教育改革の動向に呼応し、ハーバード大学の心理学者ハワード・ガードナー（Howard Gardner）が提唱したものである（Gardner, 1999; 松村, 2001）。ガードナーは、人間には複数の知能が潜在的に備わっているとし、言語的および論理・数学的知能を重視しているIQや知能テストの画一的な見方では、知能のほんの一部しか測れないということを示唆した。

　ガードナーは1999年時点で8つの知能を挙げている。

1. Linguistic Intelligence　　　　　　　　言語的知能
2. Logical-Mathematical Intelligence　　論理・数学的知能
3. Musical Intelligence　　　　　　　　　音楽的知能
4. Visual-Spatial Intelligence　　　　　　視覚・空間的知能
5. Bodily-Kinesthetic Intelligence　　　　身体運動的知能
6. Interpersonal Intelligence　　　　　　対人的知能
7. Intra-personal Intelligence　　　　　　内省的知能
8. Naturalist Intelligence　　　　　　　　博物的知能

　これらの8つの知能はすべての人に潜在的に備わっており、これらの知能は日常生活の行動すべてに複合的に機能しているといえよう。野球を例に挙げると、ボールを打つ・投げる（身体運動的知能）、自分の守備範囲を確認する（視覚・空間的知能）、チームメートと作戦をねる（対人的知能）、瞬時に走塁のタイミングを判断したり、自分のプレーを振り返り反省する（内省的知能）などさまざまな知能が働いていることが分かる。またこの8つの知能のバランスはそれぞれ独自であり、各知能に優劣はなく、異なるバランスを個人差と捉える。具体的に家族や友人、著名人を8つの知能に照らしてみると、すべての知能がバランスよく備わっている人は少なく、1つの知能だけが突出していて他のすべての知能が低いレベルで機能している人など、個人によって強い知能、弱い知能、そのバランスにはばらつきがある。ガードナー（Gardner, 1999; 松村, 2001）によれば、認知の発達段階を経て子どもは成長しており、子どもたちの差異を考慮した、さまざまな知能を刺激する多様な活動および指導法があれば、十分それぞれの知能を伸ばし育成することが可能であるという。

2.2.2 MI理論を活かした外国語教育

　ガードナーのMI理論を外国語指導に応用した指導法を普及させたのがトーマス・アームストロング（Thomas Armstrong）である。アームストロング（Armstrong, 2009）は8つの知能をピザに見立てた「マルチ能力のピザ（MI Pizza）」を開発し、MI理論を子どもたちにも理解できるよう、各能力（知能）を象徴する記号を添え、それぞれの領域を英語で「～Smart」（日本語訳「○○が得意」）と表している。（Armstrong, 2000; 吉田, 2002）

【図1】MI Pizza

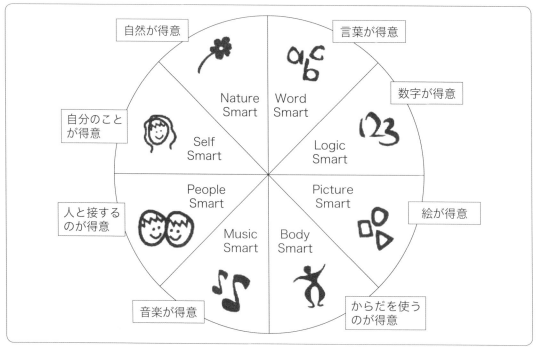

Armstrong (2009)

2.2.3 MI理論を応用した単元作成

2.2.3.1 テーマの選定

　アームストロング（2009）は、MI理論はすべての子どもが自分の最も得意な能力（知能）を発揮できる機会を必ずもてるような毎日の授業プラン、または週ごとの計画、さらに年間のテーマやプログラムを作るのに役立つと述べている。教師が子どもの8つの知能を活性化させることを意識することで、テーマの題材の選定が変わってくるであろう。大勢の子どもが存在する教室で、二人として同じように学んでいる子どもはいないはずである。

　年間指導案を作成する際に、さまざまな能力を異なった割合で持っている子どもたちの興味・関心をそそり、学びを豊かにするようなテーマ選びが重要となる。一人ひとりの子どもはそれぞれ独自の学習方式を持っており、よく練られた年間指導案はそれぞれの子どもの本

来もっている能力（知能）を刺激するはずである。MI理論を中心に据えることで、年間テーマの選択に幅が出て、多様な活動を計画しやすくなるといえよう。津田塾大学オープンスクール（千駄ヶ谷キャンパス）では下記のような体育、音楽、図工、家庭科、理科、算数など他教科とも関連させたテーマを選択している。

低学年：農場の動物、動物園、海の生物、乗物、色と形、果物とおやつ、季節、おもちゃとゲームなど

中学年：天気、季節、昆虫、気分・感情、ランチメニュー、健康によい食べ物、劇、遊び（日本と世界）、音楽、学校の持ち物、私にできること、スポーツ、世界のあいさつ、ロボットなど

高学年：海賊、恐竜、環境、動物の生息地、植物、世界の国、世界の食べ物、世界の料理、世界の建築物・食べ物クイズ、世界の時刻、味覚・食感、料理、カタカナと英語、私の町、有名な人たち、映画、アルファベット、写真、宇宙、いろいろな仕事（将来の夢）など

2.2.3.2 活動の選択と子どもの参加方法

　MI理論を活かした単元計画作成の流れでは、テーマの題材を決めたあと、8つの能力（知能）を活用するには、どのような活動を取り入れればよいかを考える。おおむね外国語活動といえば単語を繰り返し言わせるWord Smart「言語的知能」を中心にしたドリルや、歌・チャンツを多用したMusic Smart「音楽的知能」に偏る傾向があるように思われるが、外国語活動の中にLogic Smart「論理的・数学的知能」、People Smart「対人的知能」、Self Smart「内省的知能」を使う活動を取り入れてみると、発話せず消極的と思われていた子どもがパターンを理解することが得意で、自分で選択したり考えたりすることを好む子どもであるなど、子どもの新たな一面を発見することがある。

　では「対人的知能」「内省的知能」など8つの知能はどのような活動で活性化され、具体的に子どもはどのように活動に参加すればよいのだろうか。

　外山（2010）はアームストロングのMI Pizzaを日本の公立小学校外国語（英語）活動に応用した「多重知能の円グラフ、8つの知能の特徴～授業での活動の種類」を提案し、授業での具体的な子どもの参加方法を提示している（図2）。円グラフの中心には多重知能（MI）の名称、その外側にはそれぞれの知能の特徴、さらに一番外側には各知能を活用する活動を記している。また外山は、すべての子どもに平等な学習機会を保障するために長期的授業計画を立て、異なった知能を活用する多様なアクティビティ（活動）を盛り込むことが必要であるとし、MI理論を活用した指導法を、津田塾大学オープンスクール主催「小学校英語指導法セミナー」、全国の小学校教員研修会などで提案し続けている。Nature Smart「博物的知能」であれば、色・サイズなどの類似点を見つけたり、生物のライフサイクルを見つけるなど、子どもたち自身に考えさせる活動を取り入れられることがこの円グラフで理解できる。一つ

【図2】多重知能の円グラフ

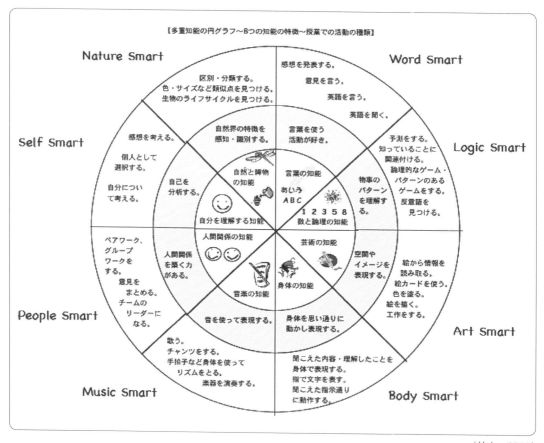

(外山, 2010)

の単元で、できるだけ8つの知能をカバーする活動を取り入れるよう、円グラフを確認しながら、指導案を作成することができる。

2.2.3.3 MI理論を応用した単元例の紹介

次に単元名:「植物 ── PLANTS」(対象:小学5年生、45分授業) の活動例を紹介する。単元の目標、構成は次の通りである。

単元の目標：植物について関心をもち、食べられる植物の部分（根、葉など）の言い方を知る。
身近な野菜などが植物のどの部分かを確認しながらさまざまな活動を楽しむ。

【表1】単元計画

レッスン	目標	言語材料	活動
1	・植物の部分の言い方を知る。 ・絵本を楽しむ。	・単語：flower, stem, leaf, seed, roots ・表現：……, please	・今日の音＊　　　　　　　　5分 ・紙芝居：Plant Story　　　10分 ・活動1：Plants Chant　　　7分 ・活動2：Cards Up Game　　8分 ・活動3：Puzzle　　　　　10分 ・振り返り　　　　　　　　5分
2	・植物の部分の言い方に慣れる。 ・植物（野菜）の言い方を知り、植物のどの部分にあたるかを考える。	・Lesson 1 の復習 ・単語：carrot, *daikon*, lettuce, cabbage, tomato, cucumber, sunflower seed, cauliflower, broccoli ・表現：It's a ……	・今日の音　　　　　　　　5分 ・活動1：Plants Chant　　　5分 ・活動2：Bongo　　　　　10分 ・活動3：What's Missing?　10分 ・活動4：Category Game　10分 ・振り返り　　　　　　　　5分
3	・植物の言い方に慣れる。 ・友達と協力してヒントを考え、活動を楽しむ。	・Lesson 1・2 の復習	・今日の音　　　　　　　　5分 ・活動1：Plants Chant　　　5分 ・活動2：Category Game 2　15分 ・活動3：Three Hints Game　15分 ・振り返り　　　　　　　　5分

＊1～3年まではアルファベット大文字・小文字の認識
4～6年生まではアルファベットの音への親しみの活動

活動内容は次の通りである。

【表2】活動内容

MI	活動名	活動内容
Word / Picture (Art) / Self / Nature Smart	紙芝居：Plant Story	種をまきどんな野菜が育つのかを描いた紙芝居を見る。絵を見ながら話の展開を推測する。
Word /Logic/ Music Smart	チャンツ：Plants Chant	チャンツから野菜の名前を推測する。慣れてきたら一緒にチャンツする。
Logic/ Picture (Art) / People / Self Smart	Plants Puzzle（グループ／ペア活動）	ヒマワリ (root, stem, flower, leaf, seed) の植物の部位の絵を切り分け、それをパズルの要領で完成させる。
Word / Picture (Art) / Body / People / Self Smart	Cards Up Game	教師の指示を聞きフラッシュカード（野菜／植物の部位）を上げ下げする。
Word / Logic / Picture (Art) / Body / People / Self / Nature Smart	Categorize Game	フラッシュカード（植物の部位）を黒板に掲示し、フラッシュカード（野菜）が植物のどの部位であるかを考えさせる活動をする。 例）*daikon* = root

Word / Logic / Picture (Art) / People / Self / Nature Smart	3 Hints Game (グループ活動)	図鑑などで野菜・果物が植物のどの部位であるかを調べ、グループでヒントを考え質問し合う。色、長さなどの特徴、植物の部位などのヒントを出して該当する野菜・果物を当てる。 例）S1: It's green. It's long. It's a fruit. What is it? 　　S2: It's a cucumber.
Word / People / Self Smart	振り返り	本時について振り返り、何ができるようになったか、分かったこと、楽しかったこと、また難しかったことを考え、発表したり記録したりする。

　1単元は3〜4レッスンで構成され、8つの知能を用い、全身で楽しめる活動となっている。例えば「Categorize Game」では、フラッシュカード（植物の部位）/（野菜）の絵・文字を見て（Word Smart「言語的知能」、Picture Smart「視覚・空間的知能」）、野菜がどの植物の部位であるかをまず自分で考え（Logic Smart「論理・数学的知能」、Nature Smart「博物的知能」、Self Smart「内省的知能」）、グループの友だちと相談し（People Smart「対人的知能」）、分類する（Nature Smart「博物的知能」）活動である。机上ではなく、教室の前に出て植物の部位に分類し、フラッシュカードを貼り直していく活動で、Body Smart「身体運動的知能」も使うことになる。このように、単元のテーマ「植物—PLANTS」に合わせて、さまざまな知能を使った活動を準備し、授業を構成していくことで、どの子どもたちにも活躍の場面がある授業となっていると思われる。

　またすべての子どもが参加できる機会を与えられるように、意図的にペア・グループワークの協同学習を取り入れている。Johnson, Johnson, & Holubec (1993) は協同学習を、「小集団 (small group) を活用した教育方法であり、そこでは生徒たちが一緒に取り組むことによって自分の学習とお互いの学習を最大限に高めようとするものである」と定義している。また林(2011)は、協同学習は、学習者同士がお互いの知能を活かし問題解決を行うことに効果があるとしている。Kagan & Kagan(2004)が挙げている下記の4つの要素に気配りをしながら、全員の学習者が参加できるように協同学習を進めることが必要であるという（林, 2011）。

○肯定的相互依存　——　競争的ではなくわかる者はわからない者が答えられるように助ける。
○個人の責任　——　一人ひとりが個人の責任をとり、全員の前で運用・発表する。
○平等・公平な参加　——　参加者全員が平等に参加できる機会をもてるようにする。
○同時性　——　グループ全員が積極的に参加する。

　MI理論に基づく協同学習を通し、子どもは得意な知能を活かし、苦手な知能は友だちに補ってもらうことでさらに理解を深め、潜在的にもっている知能を高めることができるといえる。

2013年度には協同学習をより意識した単元:「What's in Your Backpack?」を作成し、チャンツをテーマの導入に用い、創造的な活動に広げる試みを行った。まずチャンツ、The Backpack Chants（出典：*Children's Jazz Chants Old and New*）を聞かせ、backpackの中身が何であったかをたずねる（Word Smart「言語的知能」、Music Smart「音楽的知能」、Self Smart「内省的知能」）。さらに子どもたちはチャンツを何度か聞き、出てくる順にカード（backpackの中身を絵カードにしたもの）を並べる(Word Smart「言語的知能」、Logic Smart「論理・数学的知能」、Picture Smart「視覚・空間的知能」、Body Smart「身体運動的知能」、People Smart「対人的知能」、Self Smart「内省的知能」)。チャンツを何度も聞くことによって、同じフレーズを繰り返し聞く練習ができるため、英語独特の音とリズムが自然に身につき、単語・フレーズの定着に高い効果があったといえる。子どもたちは、身体をゆさぶりながら、チャンツを楽しんでいた。意味が分かる喜びを体現しているようにさえ見えた。次に災害用に備えたbackpackの中身に注目させ、HRT（担任）やALT（Assistant Language Teacher: 外国語指導助手）の持ち物を推測しながら聞く活動（Word Smart「言語的知能」、Logic Smart「論理・数学的知能」、Picture Smart「視覚・空間的知能」、People Smart「対人的知能」、Self Smart「内省的知能」）や、インタビューゲーム、単語・表現を練習するカードゲーム（Word Smart「言語的知能」、Logic Smart「論理・数学的知能」、Picture Smart「視覚・空間的知能」、Body Smart「身体運動的知能」、People Smart「対人的知能」、Self Smart「内省的知能」）と進めていった。聞く活動から発話する活動へ少しずつ負荷をかけていくが、協同学習の中で、子どもたちは不安を感じることもなく、友だち同士助け合い協力し合いながらそれぞれの活動を楽しむ様子が観察できた。

最後に、学習した言語材料を子ども自身の体験と結びつける活動として、二つの活動を準備した。

1. 自分が避難用backpackに入れたい大切なものとその理由をグループの友だちに説明・発表する。
2. 1) カタールの首都ドーハの子どもたちから被災地(仙台)に届いた1700個のbackpackの写真 (http://www.ssvc.ne.jp/east_japandetail?cat=41&t=6&n=2011)
   2) 日本から海を渡りアフガニスタンに届けられたランドセル（人工皮）を背負い登校する現地の子どもたちの写真 (http://www.omoide-randoseru.com/child.html)

    1)、2)の写真を見て、backpackを送るとしたら、何を入れて送ってあげたいかをグループで話しあい、各自またはグループのbackpackの中身を完成し、発表する。

対象は小学校4・5年生、4〜5レッスンの単元構成とする。単元の目標は次の通りである。

『生きる力を育む初等英語教育―津田塾大学からの提言―』

単元の目標：チャンツや活動を楽しみながら、バックパックの中身を尋ねたり答えたりしようとする。海外の子どもたちの災害への備えを知り、my backpackの中身を考える活動を通し、自分にとって大切なものに気づく。日本以外の国について興味をもつ。

【表3】単元計画

レッスン	目標	言語材料	活動	
1	・文房具や日用品の言い方を知り、日本語の言い方との違いに気づく。	・単語：backpack, textbooks, notebooks, candy bars, pencils, pens, scissors, paper clips, thumbtacks, keys on the ring ・表現：What's in your backpack? I have ～	・今日の音* ・活動1：チャンツ 　The Backpack Chant ・活動2：Order Game ・活動3：Odd Man Out ・活動4：Charades ・振り返り	5分 10分 8分 10分 7分 5分
2	・文房具や日用品の言い方や、backpackの中身について尋ねたり答えたりする表現に慣れる。	・Lesson 1 の復習 ・単語：Lesson 1 と同様 ・表現：What's in your backpack? I have ～	・今日の音 ・活動1：チャンツ 　The Backpack Chant ・活動2：Order Game ・活動3：Charades ・活動4：What's in Your Backpack version 1 ・振り返り	5分 8分 8分 7分 12分 5分
3	・backpackの中身について尋ねたり答えようとする。	・Lesson 1・2 の復習 ・単語：Lesson 1 と同様 ・単語：cup, flashlight, a bottle of water ・表現：L2と同様	・今日の音 ・活動1：チャンツ 　The Backpack Chant ・活動2：What's in Your Backpack version 1 ・活動3：Contact Game ・振り返り	5分 5分 15分 15分 5分
4	・外国の子どもたちの災害への備えを知る。避難用品として自分のため/外国の子どもたちのために準備したいもの、またはその理由も考える。発表を通し、お互いの思いを伝え合おうとする。	・単語：自分たちで考えたもの ・表現：L2と同様 チャンツに合わせて発表させてもよい。	・今日の音 ・活動1：チャンツ 　The Backpack Chant ・活動2：My Backpack作り ・活動3：練習 ・活動4：発表 ・振り返り	5分 3分 12分 10分 10分 5分

*1～3年まではアルファベット大文字・小文字の認識
　4～6年生まではアルファベットの音への親しみの活動

活動内容は次の通りである。

【表4】活動内容

MI	活動名	活動内容
Word / Logic / Body / Picture (Art) / Self Smart	チャンツ：The Backpack Chants	チャンツからbackpackの中身を推測する。candy barsが入っていることで、文化の違いに気づかせる。
Word / Logic / Music Smart	Order Game	チャンツを聞きながらbackpackの中身のカード(pencils, notebooks, scissors, etc.)を順番に並べる。
Word / Logic / Picture (Art)/ People/ Self Smart	Odd Man Out	カテゴリーが違う単語を聞き分けるリスニング活動
Word / Picture / Body / People / Self Smart	What's in Your Backpack? Version 1	HRTのbackpackの中身を推測する活動 一覧表から絵を5つ選び、HRTとの対話を通して正解のものを言い当てる。 Students: Keys? HRT: No. I don't have any keys in my backpack.
Word / Logic / Picture (Art) / Body / People / Self / Nature Smart	Contact Game	backpackの中身の単語(a bottle of water, candy bars, pencils, notebooks, textbooks, etc.)および"What's in your backpack? I have〜"の表現を練習する活動
Word / Logic / People / Self / Smart	What's in Your Backpack? Version 2	インフォメーション・ギャップ。 ペアになり質問をし合い、ALTのbackpackの中身を当てる活動。
Word / Logic / People / Self / Picture (Art) / Smart	My backpackを作ろう	外国の子どもたちの避難用backpackの中身を紹介。自分の避難用backpackにこれだけは入れたい大切な一品を選び、他のものと合わせて自分のbackpackを発表する。
Word / Logic / People / Self / Picture (Art) / Smart/ Nature Smart	My backpackを送ろう	カタールの首都ドーハの子どもたちから被災地(仙台)に届いた1700個のbackpackの話、さらに日本からアフガニスタンに送っている人工皮でできた中古ランドセルの話を伝える。(これまでに9万個送られている) それぞれの国の位置、国旗、おもな生産物など生徒に調べさせる。 ランドセルに何を入れて送ってあげたらよいか、グループで話し合い、発表させる。
Word / People / Self Smart	振り返り	本時について振り返り、何ができるようになったか、分かったこと、楽しかったこと、また難しかったことを考え、発表したり記録したりする。

この単元でもすべての多重知能がカバーされる活動が盛り込まれた。カタール、アフガニスタンという子どもには身近でない国のことを調べ、文化交流について知ることもこの単元の一つのねらいとなった。

2.2.4　MI理論の活用とその効果

2.2.4.1　教師の指導法

　これまでの日本の教育現場では、子どもたちの理解の過程や多様な学び方などに対する配慮はあまりされず、授業ですべての子どもに同じ成果を期待することを当然と考えてきたことは否めないであろう。外国語活動を例に考えてみる。Music Smart「音楽的知能」が強い子どもたちは楽しそうに歌いチャンツをする。People Smart「対人的知能」に秀でた子どもは、友だちをリードし活動が円滑に進むよう協力的である。一方、Self Smart「内省的知能」が強い子どもたちは、自信がもてるまで発話はしないが、教師や友だちが話す英語をしっかり聞き分析している。しかし、教師は積極的にコミュニケーションを図ろうとする意欲が見えないという評価をしがちである。子どものMIに注目せず、同じ指導法でその子どもの苦手な学習法を強いた結果、外国語活動に消極的になっていく子どもが出てくる。このような経験をした教師は少なくないことだろう。

　MI理論を知ることにより、教師は異なる文化的背景や価値観の中で育ってきた子どもたちの得意な知能は異なり、学び方も多様であることを理解するようになる。子どもたちの興味・関心、好きな教科、個性などを十分観察し、それぞれの知能に響く活動や、子どもの知的好奇心を引き出す授業展開を考えるには十分な知識と経験が要求される。しかし、MIを尊重し、子どもの個性を意識するだけで、教師の指導観は変わってくると思われる。「画一的なやり方では学ぶことができない生徒がいた場合、生徒の別の知能を活用する。そうすると生徒は学ぶことができ、学んだことを自分自身に意味のあるやり方で表現することができる。」(Gardner, 1999; 松村, 2001) というガードナーの言葉は、今後の教師の指導上の新たな指針になるであろう。また、MI理論によって教師自身が自分の8つの知能の強さや弱さを知り、得意とする領域に偏った活動をしていなかったかを振り返り、8つの異なる知能に響く教え方を試すことで、教授法を改善することができる(Armstrong, 2009)。このようにMI理論の導入は教師に自らの教え方を見つめ直す機会を与えてくれるといえる。まずは、子どもたちと教師自身のMI傾向を比較することから始めることがよいであろう。

2.2.4.2　学習者の動機づけ

　さらに、MI理論を活用する効果として、子どもの活性化している知能を用いて「動機づけ」や「興味」を高め、「やれそうだ」という能力観をもたせることが挙げられる（本田, 2006）。思考力・分析力が高まる高学年の子どもたちの知的好奇心を満たすためには、教科横断型の学習内容が有効であると思われる（2.3.1参照）。林 (2011) によればMI理論を利用した学習

では、内容重視の指導法に重点をおき、教科横断型英語教育法を実践することで、教科の語彙が広がり、教科の背景的知識から意味を把握するため、分析力や推測力を高めることができるという。「おもしろそう」「知りたい」という学習への興味や動機づけを育てるためには、他教科と関連づけたプロジェクト学習（2.4.3参照）を展開し、そのテーマ・トピックに合わせ、MI理論を応用する。言語的、数学的、音楽的、芸術的、身体的活動などで授業を構成することは、異なる知能をもつ子どもたちにより適合したものになるであろう。また不得意科目であっても英語を媒介にすることで、別の知能が刺激され学習効果が上がる場合もあると想像される。例えば「恐竜」の単元で算数が不得意な子どもが、恐竜の身長・体重を比較する活動を通して大きな数を扱うことに抵抗なく取り組めるようになることが考えられる。言語学習という視点に立てば、教科と関連づけた活動の場合、内容領域において必要となる言語材料はオーセンティックな（英語学習用に意図的に作られたものではない）ものになり、子どもが与えられるインプットの量もかなりのものになるはずである。内容を理解したいから「聞きたい」、聞く意味のあるリスニング活動が展開されるであろう。さらに子どもたちの得意な教科、MIを活かした活動であれば、既習の知識や情報を伝えたい思いが高まり、英語学習と意識しないうちに発話へと進むことも想像できる。これまでの小学校で扱われてきた定型表現の会話を超えた、有意味な場面でのコミュニケーションを提示することができるのではなかろうか。

　このようにMI理論を応用することで、子どもたちが主体的に活動し知能をバランスよく発達させる教育を実践できる場を、小学校外国語活動が提供できると考える。ガードナー（Gardner, 2003）は、MIを尊重し、子ども一人ひとりの個性を見出してそれを伸ばす教育が行われれば、子どもたちは自己に自信をもち、コミュニティの積極的なメンバーになる可能性が高い、と述べている。小学校外国語活動でさまざまな知能を活性化させ、協同学習をする中で、子どもたちは共に学び・考え、違いを認め、助け合い、思いを伝え合う機会を与えられる。そのような中で自分の強さや弱さに気づき、自尊感情や人の多様性を認める広い心も育てられると考える。互いの能力を個性として認め尊重しあう心が育ち、友だちと関わりあうコミュニケーションの場がさらに豊かなものになることを期待したい。

（北島裕子）

2.3 Content-based Instruction（内容重視の指導法）

2.3.1 CBIとは

CBI（Content-based Instruction、内容重視の指導法）は1980年代からアメリカで英語を母語としないESL学習者に対し英語補強のために広く使われている。CBIには教科内容と言語の習得という2つの目的がある。しかし、教科内容と言語のいずれに、より焦点を当てるかはプログラムによって異なる。

【図1】CBI、内容と言語の統合の連続体

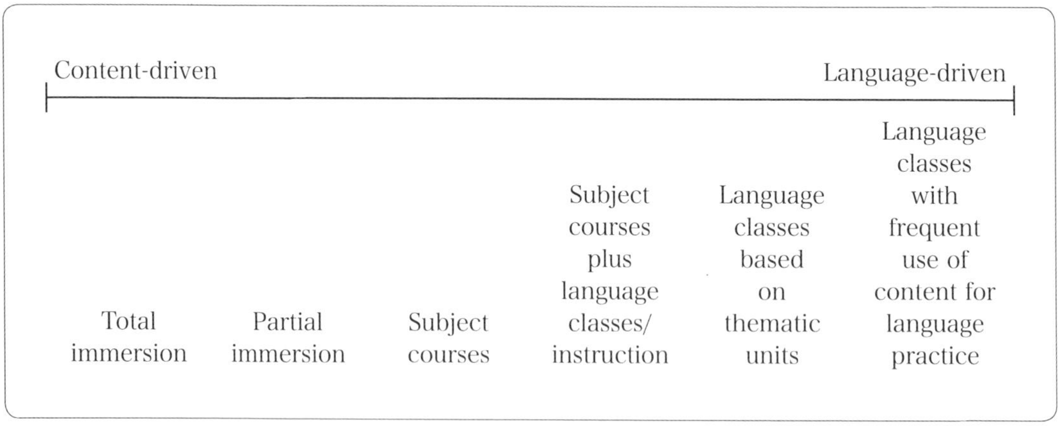

Content-driven					Language-driven
Total immersion	Partial immersion	Subject courses	Subject courses plus language classes/ instruction	Language classes based on thematic units	Language classes with frequent use of content for language practice

Met (1998) より使用

CBIには多様なアプローチがあり、より内容に焦点を当てたもの (content-driven language programmes) からより言語に焦点を当てたもの (language-driven content programmes) まで、言語と内容の統合の程度に応じ連続体をなしている。この連続体の一方の極にあるのがcontent-driven language programmesであり、内容の習得は言語能力の発達と同じくらい重要である。トータルイマージョン・プログラムがこれに相当する。一方これらの対極にあるのがlanguage-driven content programmesであり、内容の習得はコミュニカティブな言語経験の効果的な道具となり、言語の授業として学ばれる。この指導は、特定のテーマや他の内容から導かれた活動を通し、L1またはL2で得た既習の概念を発展させたり、拡大させたりすることで、言語スキルの習得を可能にする。L2での地理、歴史、物理、化学、生物、数学、美術の科目知識の学習がこれに含まれる。content-drivenとlanguage-drivenの中間には、教科内容と言語の授業をプラスした指導がある。

CBIの理論的背景として、Snow, Met, and Genesee（1989: 201-202）は以下の4点を挙げている。
1) 年少学習者では内容と言語の発達は同時に起こる
2) 言語は、意味内容があり、はっきりした目的がある社会的な学習文脈の中で最も効

的に学習される
3) 内容は、言語学習に対する動機づけ、認知的基礎となる
4) 学校のレジスター[1]や特定の教科のレジスターを学習することは特定の内容の習得や一般的な学習の発達に必須である

バイリンガリズムと認知の関係に関する閾（しきい）理論（The Thresholds Theory）では2つの閾を想定し、学習者が負の影響を避けられるようになるレベルを第1の閾、恩恵を被るために達していなければならないレベルを第2の閾としている（Skutnabb-Kangas, 1977; Cummins, 1976）。これに関連し、Stryker & Leaver（1997）は、L2学習者のレディネス[2]に関し次の2つの基本的な仮説を提唱している。
1) 学習者が転移可能な言語スキルを備えている
2) 学習者が、当該トピックに対し事前の知識を備えている

まず1) であるが、バイリンガリズムの言語と認知の関係をCummins（1981）は氷山の喩え（1.1.1.1参照）で説明している。L1とL2の2つの言語が別個に存在し、転移することなく別々に機能するという説を分離基底能力モデル（Separate Underlying Proficiency Model: SUP）と呼ぶ。これに対し、2言語は表層面は別個であるが深層面では共有面があるという説を共有基底言語能力モデル（CUP: Common Underlying Proficiency Model）と呼んでいる。CUPでは2つの言語を伴う思考は同じ中央処理システム（Central Operating System）で機能している。

閾理論から発展したのが発展的依存仮説（developmental independence hypothesis）（Cummins, 1978）であり、L2の発達はすでにL1で獲得した言語能力のレベルに依存していることを実証した。L1が発達していればL2は発達しやすく、逆にL1が発達していないとL2の発達も難しい。この結果、伝達言語能力（BICS: Basic Interpersonal Communicative Skills）と認知学習言語能力（CALP: Cognitive Academic Language Proficiency）の区別が生まれた。BICSは文脈の支えがある場面（context embedded）で働き、獲得するのには1〜2年かかる。一方CALPは文脈の支えがない場面（context reduced）で働き、獲得するには5〜7年かかる。学習者が学校のカリキュラムについていくためには、CALPが十分に発達していなければならない。

この理論をさらに発展させたものが図4である。2つの座標軸を提唱した。第1の軸は文脈依存度（context embedded, context reduced）に関係し、第2の軸は認知的負担度（cognitively demanding, cognitively undemanding）に関わる（Cummins, 1981; 1983; 1984）。この2つの軸によって4つの領域に分けられる。BICSはA領域に相当し、CALPはD領域に相当する[3]。

【図2】認知力必要度と場面支援度で分析した言語活動の４領域

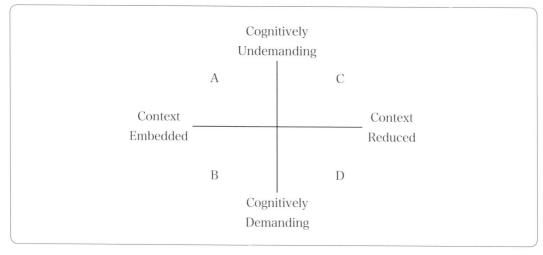

Cummins (1984) より使用

　CUPの基底能力はL1でもL2でも発達するし、両言語で同時に発達することもある。したがっていずれかの言語で習得した能力は他言語へ転移すると考えられている。転移は、「接触する機会が十分にあり、またその言語 (Lx) を学習する動機づけが十分である場合」(Cummins, 1991) に限って生じるが、転移は単に言語面だけでなく、言語を通して獲得された概念、スキル、言語認識、さらには学力一般に及び (Cummins, 2000a)、次の５つの領域で実証研究により確認されている(Cummins, 2007)。

1) 概念的知識の転移
2) メタ認知・メタ言語ストラテジーの転移
3) コミュニケーションスタイルの転移
4) 特定の言語要素の転移
5) 音韻意識の転移

　さらに、Vygotsky (1962) も、「外国語の習得に成功するかどうかは、ある程度母語の成熟度にかかっている。子どもはすでに持っている意味体系を新しい言語に移行することができる。その逆も確かで、外国語の力は母語の高度の習得を助ける」と述べている。以上のことから、学習言語に関しては、L1が発達していればEFL (English as a foreign language, 外国語としての英語) 環境でも転移すると示唆できよう。
　2) はスキーマ (schema) 理論に関する。スキーマは数多くの構造的知識である。ディスコース（談話）[4] を理解するには、作者や話者が用いた語彙や文法構造の知識以上のものが必要となる。テクストを理解するためには、読者や聞き手は、テクストの内容と自分たちの知識を関連づけなければならない (Widdowson, 1978)。さらに、ディスコースには意味のレベルとスキーマのレベルの２つのレベルがあり、前者は学習者の言語的知識に関わり、後者

は読者や聞き手のもつ内容に関する背景知識に関わる。学習者は言語知識と内容知識を用いて、オリジナルの意味を再構築する。特定のディスコースを理解するには、読者と聞き手のスキーマと作者または話者のスキーマをマッチさせなければならない (Widdowson, 1984)。内容の理解には言語知識と背景知識のどちらも大事である。しかし言語知識が十分でないL2学習者にとって、言語知識が欠如しても背景知識によって補償されるが、逆に適切な背景知識がないと言語知識を適切に稼働できなくなることが研究では分かっている (Nunan 1993; 1999)。

CBIは教科科目の内容を選択する。したがって、提示する内容に意味がある限り、馴染みのあるトピックで背景知識がある場合には、FL (foreign language, 外国語) 環境でしかも言語能力が限られている日本の小学生に対し、CBIを取り入れるのに十分根拠があると言える。

CBIの実施に当たっては、英語習得上のゴールと教科内容の習得上のゴールの2つのゴールを設定する。ゴールが決まったら、経験を重んじた、実践的な、認知的に負荷が大きく、協同的な活動を計画する。学習者にとって低いゴールを設定してしまうと、学習意欲の減退につながることがある (バトラー後藤, 2003)。タスクは少々認知的に負荷が大きくとも、内容への興味を刺激し、深い学びが生じる。逆に、限られた言語能力に合うようタスクを単純化させると、学習者は興味を失う。タスクを単純化して文脈から独立させてしまうと、文脈に意味がなくなりかえって学習を難しくしてしまう (Baker, 2001)。

小平第四小学校（以下「四小」）の実践でも、食材を栄養素グループに分類したり、給食の良さを考えるタスクでは、学習者の学年相応の認知レベルのタスクを組んでいる。これにより、気づき、発見させることで動機づけになることが分かった。「こんなに頭をつかったのは久々でした」、「今日は1年生レベルのべんきょうじゃなかったからおもしろかった」という感想があった (5.2.1.4参照)。知識や経験を総動員してタスクに取り組む過程での驚きは学びにつながる要素である。

2.3.2 イマージョン教育

イマージョン・プログラムは、1965年カナダのケベックのセント・ランバートでフレンチイマージョンとして実施された。従来の点滴式 (drip-feed) のコア・フレンチ (Core French, 基礎フランス語)[5] に満足できない親たちの要望によるものであった。アメリカではセント・ランバートをモデルとして、1971年カリフォルニアで始まり公立校を中心に普及している。イマージョンでは、通常の教科学習がL2で行われ、学習者は教科内容を学ぶ過程でL2の能力を習得する。イマージョンは「母語や自国の文化を犠牲にしない第2、第3の言語の獲得」(Genesee, 1987) を目指す加算的なバイリンガル教育で、今までの外国語教育の中で最も成功した画期的な言語教育と言われている。

イマージョン教育には開始時期、1日のうちでイマージョンに使われる時間数により、次のような種類がある。

【表1】イマージョン教育の種類

開始時期	早期イマージョン Early immersion	幼稚園・小学校低学年
	中期（遅延型）イマージョン Middle (Delayed) immersion	9～10歳
	後期イマージョン Late immersion	中等教育
L2の使用時間数	全面的イマージョン Total immersion	最初の2～3年はL2を100%使用し、次の3～4年は80%、中学校終了時に50%まで減らす
	部分的イマージョン Partial immersion	幼年期から中学校終了時まで約50%
その他	双方向イマージョン Two-way/dual language	50%以上は、少数派言語で指導 各時間内では、1言語のみ使用
	二重イマージョン Double immersion	2つの新しい言語を用いる

イマージョンの条件として、Lyster（1999）は次の9点を挙げている。
1) 教科学習の媒介語としてL2を使用する
2) 教科のカリキュラムは(地域の)L1のカリキュラムと同じである
3) 児童生徒のL1に対し、前向きな姿勢とサポートがあり、L1を授業言語として用いることもあれば、教科としてL1を学ぶこともある
4) 加算的バイリンガルを目標とする。母語話者レベルのL1と高度のL2を目標とする
5) L2への接触は教室内に限られる
6) プログラム開始時点における学習者のL2レベルは全員ゼロレベルである
7) 教師がバイリンガルである
8) 教室内の文化は地域の主要文化である
9) 読み書き教育でL2を先行させる

この他に、中島（2010）は次の3点の特徴を追加している。
1) イマージョンを選択したものが保護者、あるいは学習者自体であり押しつけではない
2) 幼・小・中・高と一貫して同じ形態で継続して学べる体制ができている
3) カナダの社会でフランス語という有用なスキルを先取りすることが将来プラスにつながると子どもにも分かる社会的な状況である

イマージョンは数多くの実証研究がなされている。イマージョンの学習者は、言語能力面で機能的に高いレベルを示す（Genesee, 1987）。受容能力においては母語話者に近い能力に

達することもあるが、文法的正確さに欠ける。イマージョンでは、教室文化がL1でL2との言語接触が教室内に限られている。そのため丁寧表現などの社会言語的な言語使用や、教室のディスコースには出てこない表現の発達が遅れる（Harley, 1993）。

さらに内容が重視されるあまり授業中に適切な誤用の修正がなされない点も正確さを欠く原因である。現在では研究の結果、インプット中心でなく、アウトプットも重視し（Swain, 1985）、さらに意味のあるコミュニケーションを活動の中心に置きながらも、これまでよりも言語形式に関心を向けさせる「フォーカス・オン・フォーム」(focus on form) を重視した指導法へ変わっている。focus on formには、「反応型アプローチ」(reactive approach) と「先取り型/事前対策型アプローチ」) (proactive approach) があるが、Lyster（2007）は「カウンターバランス説」(counterbalanced approach) を提唱し、これら2つのアプローチは補完的なものであり、2つのバランスをとる方法が最適であると主張している。

L1に関しては、通常クラスの学習者と同等かそれ以上の成績を収めている。学習者は他の言語で思考する力を身につけることによりL1にも敏感になるためである(Lapkin and Swain, 1990)。また、L2で思考することでL1がより柔軟で、より創造的に使用できるようになる (Swain, 1984) ためと考えられている。その他に、異言語や異文化に対して肯定的な態度を示す（Lambert, 1984; Genesee, 1987）ことも明らかにされている。

【加藤学園でのイマージョン・プログラム】

日本では、沼津の加藤学園が1992年に初めて開始し、早期パーシャル（部分的）イマージョンの形態をとっている。低学年では授業時間の3分の2、高学年では2分の1を英語で教えている。文部科学省（以下「文科省」）の指導要領に準拠しており、また英語と日本語の言語距離も遠く漢字の学習に多くの時間を割く必要があることから、修正パーシャル（部分的）イマージョンを実施している(Bostwick, 2001)。

加藤学園のイマージョンはカリキュラム構成に特徴がある。算数以外の教科はさまざまな教科内容と関連させたテーマ別単元を組み入れた統合カリキュラムを用いている。低学年では生活科を基に学習活動を組み、3年からは理科と社会に変わり、4年から社会は日本語で教えている。6年では、日本の地理や歴史に関する単元は日本語で、国際理解に関する単元は英語で教えている。

小学校でのイマージョン・プログラムは、中学・高等学校では1) バイリンガル教育、2) 国際バカロレア機構への加盟、3) 国際交流の3領域を軸に行われているバイリンガル・プログラムとして引き継がれる（湯本, 2003）。イマージョンの実施に伴う困難や課題もあるが、「来たる地球時代にどう子どもを備えさせたらよいか」という問いへの答えの1つになるであろう（ボストウィック, 1999）。

2.3.3 日本の初等英語教育におけるCBI実践例

初等教育の先進的な実践校としては、岐阜県多治見市の笠原小学校がある。同校は、笠原中学校と共に平成15年度より現在(平成26年度)に至るまで文科省の研究開発学校に指定され、小学校1年から笠原型コンテント・ベイスト (CBAE: Content-based Approach in English) の手法による課題に取り組み実証研究を続けている。

同校の実践報告 (笠原小学校・中学校、2005) によれば、CBAEを取り入れる長所として以下の3点を挙げている。

1) 伝え合う内容がはっきりとしており、コミュニケーションを図る目的を持ちやすい
2) ことばを理解し使用される場面を設定し、その中で「内容」を伝えるために必要のある言葉が繰り返し使用される
3) 学習内容に興味を持てば、その中で使用される言葉も児童にとっては生きた言葉として感じられ、英語の語彙や表現を理解していくことが容易である

また、高学年では思考を深め、問題解決能力を磨くことを目的としたい課題を多く設定しており、CBAEは「児童の知的欲求を満たす事ができるような学習過程が仕組みやすくなるため、特に高学年において有効に働くことがわかった」と報告されている。

同校では、4年では、「春の図鑑を作ろう」(理科7時間)、「秋の図鑑を作ろう」(理科7時間)、「冬の図鑑を作ろう」(理科7時間)、5年では「お米で日本を感じよう」(社会7時間)、「お米で世界を感じよう」(社会10時間)、「未来へ提案!～こんな車、どうですか～」(社会9時間)、6年では「もののルーツを探れ」(社会6時間)など(笠原小学校、2014)、深く学ぶことのできるテーマが取り上げられている。

同校では、低学年(1・2年)、中学年(3・4年)、高学年(5・6年)の3つのブロックに分け、その上に中学に続くような段階表を設けている。一貫した教育体制が整っていることも成功の一因である。現在同校は、「コンテント・ベイストの手法を取り入れた外国語活動を実施し、英語によるコミュニケーション能力の向上を図る」という主題で研究を行っている。具体的には、下記の項目が含まれる。

1)「笠原型コンテント・ベイスト」の指導方法の改善
2) 外国語活動の目標を具体化した「コミュニケーション能力の素地の段階表」の改善
3) 英語科の目標を具体化し、2との関連を明確にした「コミュニケーション能力の基礎の段階表」の作成
4) 評価規準明確化と評価方法の究明
5) 小学校段階における英語の文字指導法の開発
6) 効果的な小中連携の実践(情報交換・交流・カリキュラム)
7) 小中連携における小中兼務教員の効果的な活用
8) 中学校第1学年英語科スタートカリキュラムの開発

9) 英語教育を支える環境の充実
10) 学力調査による検証を踏まえて、将来の小学校における英語教育及び中学校との連携の在り方について本校としての提言

以上のように、多様な観点から今後の教科化に対しての方向性を示す研究が行われている。短期的にも、小学校で学んだことが中学校でどう継続できるかは課題であり、示唆するところが大きい。

2.3.4 CLIL (Content and Language Integrated Learning)

近年ヨーロッパではCLIL（Content and Language Integrated Learning: 内容言語統合型学習）が急速に広まっている。欧州評議会（Council of Europe）は、1995年にヨーロッパ市民の育成を念頭に置き、母語＋2言語を原則とする政策を打ち出した。その構想の中心は複言語主義（plurilingualism）であり、「学習者が言語と文化に見られる異質性を経験することによってその人格自体を豊かにする」ことを目指している。CLILはこのような背景の中で広く普及し、日本でも注目を浴びている。

CLILは、4Csと呼ばれる4つの要素、Content（内容）、Communication（言語）、Cognition（思考）、Community / Culture（協同学習/地球市民意識）を有機的に組み合わせて実施される（Coyle et al., 2010）。CLILは、CBIやイマージョンと理論背景は共通する点が多い。相違点は2点ある。1点は、CLILでは「科目と語学の両方の習得」を目的とするのに対し、CBIは「語学教師が教える英語教育」であり、イマージョンは「母語話者が教える科目教育」である。もう1点は、CLILでは内容と言語の統合だけでなく、思考と他者の学びの統合も目指している点である（池田, 2013）。CLILを実施するにあたっては、言語学習なのか（Soft CLIL）、内容学習なのか（Hard CLIL）を選ぶことができる。このように目的の他、頻度・回数（Light CLIL-Heavy CLIL）、比率（Partial CLIL-Total CLIL）、使用言語（Bilingual CLIL-Monolingual CLIL）がそれぞれ連続体となっているため、どこに比重を置くかによって種々の組み合わせが可能な点、実用的で、より柔軟な指導法であると言える（池田, 2011a; 笹島, 2011）。

さらに、CLILは、単に言語の習得だけでなく活用力の育成も視野に入れている。OECD（経済協力開発機構）が実施しているPISAが測るものはスキルではなく、思考力、応用力、表現力の3つからなるリテラシーである。CLILは、PISA（Program for International Student Assessment）型読解力だけでなく、アメリカの21世紀型スキル（Ways of thinking: 考え方、Ways of working: 働き方、Tools for working: 働くためのツール、Skills for living in the world: 世界で生きるためのスキル）や、23年度 学習指導要領が重視している「生きる力」育成を目指した方向性と一致している。将来を見据え、学習者にエンパワーメント（empowerment）を与えると言えよう。

注

1 言語使用域。文脈による使用の変異で、ここでは教科学習言語。
2 言語の習得が効果的に行われるのに必要な条件が準備されている状態。
3 その後の研究でCummins（2001）は、言語能力の定義を修正し、会話の流暢度（CF: conversational fluency）、弁別的言語能力（DLS: discrete language skills）、教科学習言語能力（ALP: academic language proficiency）の3つに分類している。CFがBICSに該当し、DLSとALPがCALPに該当する。
4 2つ以上の文がつながって1つのまとまりを構成する時、このまとまりを言語学では談話という。
5 教科としてのフランス語は、毎日一定時間（20〜40分）開講するが、イマージョンと比べ目標言語への接触が絶対的に少ない。このような教育をウエールズなどでは、drip-feed式の教育と呼んでいる。中期イマージョン、後期イマージョンの参加者はそれまでコア・フレンチ・プログラムを履修している。

（秋山道子）

2.4 Task-based Language Teaching（タスク中心教授法）

2.4.1 タスクとは

Communicative Language Teaching (CLT) の一つにタスク中心教授法 (TBLT: Task-based Language Teaching) がある。TBLTでは学習者の個人的な経験を出発点として、一連のタスクを遂行し、振り返りをすることで、認知的発達が促進されると考えられている。また、学習者がタスクを遂行する際にインタラクション（相互交流）をする機会が非常に多く、その交流の過程において関わるさまざまな活動が言語習得に大きな影響を及ぼす (Larsen-Freeman, 2000)。学習者がコミュニケーション活動で言語項目を自発的に使用できることを示した時に、当該項目を習得したとみなされている。実際に起こりうる状況 (real operating conditions) の中で言語を使用する (Johnson, 1988) 手段を教えるという点で、タスクの実施は言語発達を促すと言えよう。

タスクにはさまざまな定義があり研究者の間でも一致を見ていない。しかし、コミュニカティブな言語活動の中でのタスクの概念は次のような特徴を持つと言われている。

Skehan（1998）は、タスクの定義として以下の5点を挙げている。
1）意味が第一義である
2）解決すべきコミュニケーション上の問題がある
3）現実世界の活動と何らかの関係がある
4）タスクの完遂が優先的である
5）タスクの評価は成果による

一方、Ellis（2003）は、タスクを次の通り定義している。
1）言語を使う目的がある
2）意味内容の伝達が第一義である
3）話し手間に、情報・考えなどの何らかの差がある
4）学習者が、自分で考えて言語を使う

タスクは、言語以外の成果がある点で練習 (exercise)、ドリル(drill)、活動 (activity) とは異なる。Nunan（1997; 2004）によれば、タスクには、現実社会タスク (real tasks) または目標タスク(target tasks)と、教育タスク(pedagogical tasks)の2種類がある。前者は教室外での言語使用に関するものであり、後者は教室内で実施されるタスクであり、Nunanはタスクを後者の意味で使用している。

TBLTの理論背景としては、インタラクション仮説が最も広く用いられている。Long（1983; 1996）はインプットが学習者にとって理解可能なものになるためには、インタラクションのなかで意味の交渉（negotiation of meaning）を行いながら調整を図ることが重要であると

考えた。その過程で行われる言語的修正の代表的な例として、1）明確化要求（clarification request）、2）確認チェック（confirmation check）、3）理解チェック（comprehension check）の3種類の意味の交渉が挙げられる。インターラクションの働きは、意味の交渉の他に、フィードバックを得ることができ、アウトプットをより多く引きだすことができると考えられている。

　タスクは言語習得に有効である以外に、認知理論、社会文化理論からも支持されている。特に、他者との協同学習のなかではVygotsky（1978）の 最近接発達領域（ZPD: Zone of Proximal Development）により、多くの学びが可能になる。他者からの支援(scaffolding)は教師が果たすこともあり、大人や仲間（peer）が果たすこともある。さらに、発達の方向は教師が見通す方向だけでなく、教師の思惑を超えて広範囲に及ぶこともある（2.1.2.3参照）。

　従来の指導法である3Ps (presentation, practice, production) のシラバスは、教師中心で学習者の要因によって左右されることがない。これに対し、TBLTでは学習者のニーズ分析をもとに選択したタスクがシラバスの構成概念の中心となる。学習者に関する情報をカリキュラムのあらゆる過程で利用する点で学習者中心の指導 (learner-centered)[1] と言える。

　さらに、TBLTでは「成す事によって学ぶ」(learning by doing) というプロセスを重視する。Kohonen (1992) によれば、経験的学習では学習を個人の成長の一部と捉えており、学習者の自律性が養われると考えられている。

1）教師から学習者への知識の伝達（transmission）ではなく、学習者自身の知識の変容（transformation)を促進する
2）学習者に対し、小さな協同的なグループへの積極的な参加を促進する
3）静的で、個人的、階層的態度より、内容への全体的態度を養う
4）成果よりプロセスを強調する
5）教師主導性でなく、自己主導性を促進する
6）外発的動機より内発的動機を促進する

経験的学習の概念のもととなるのは、学習者が学び合いのある協同的学習を通して、主体的に自分自身の知識を獲得していくアクティブ・ラーニング（active learning）[2]である。

　体験は、意識的に振り返ることで処理する必要がある。学習は直接的な体験、振り返り、抽象的な概念化と行動を統合した循環的プロセスと考えられる。タスクが繰り返し(spiral)使用されるという点も大事である。その結果、目標言語の意味の体系に対する違いへの気づき（noticing the gap）が促進され、再構築（restructuring）[3]ができてくる。これは言語習得にとって有益（healthy）である（Nunan, 2004）。

2.4.2　タスクと言語形式

　タスクには、使用する文法構造を予め特定されているか否かによってfocused task と

unfocused taskに分類される。unfocused task ではメッセージに焦点を当て、特定の構造や語彙の使用が定められていない。一方、focused taskは受容面であれ産出面であれ、特定の言語項目を処理する活動である。focused taskには必ず特定の文法項目を使用しなければならない文法タスクと、言語そのものをタスクとし、規則を見つけさせる意識化タスクの2種類がある[4]。

focused task は、従来行われてきた場面を意識した文法練習（situational grammar exercise）とは異なる。3Psでは、論理上スキルを習得してからスキルを使用する。言語形式の理解・定着が重視され、宣言的知識の発達を目標としているのに対し、TBLTでは意味内容の伝達に焦点が置かれ、手続き的知識の発達に重きが置かれる。最初宣言的知識を提示し、次にfocused taskで宣言的知識が手続き化され、最終的に手続き的知識になるという段階を経る。

TBLTはタスクをカリキュラムの中心に据え、先行するタスクに次のタスクが依存し、さらに次のタスクが積み重ねられる（task continuity/task dependency/task chaining）。単元や授業に関しては、task chainingを用い、より大きなシラバスのレベルではテーマやトピックを中心にタスクを配置する（Nunan, 2004）。一方、Task-Supported Language Teaching (TSLT) では、タスクをコースの構想の単位と考えずに、構造シラバスや機能シラバスの中で補助的に用いる。Allen (1984) は、伝統的なカリキュラムとtask-basedのカリキュラムを並行して用いることを提唱している。その場合は、タスクは新しい構造を習得したり、既存の言語を再構築する手段としてでなく、既存の言語知識を活性化させる手段となる（Ellis, 2003）。TBLTは成人または青年の中級者を対象にしている傾向があり（Skehan, 2003）、すでに言語知識を持っている学習者に向いている（Swain, 2005a）と言われており、初等教育やEFL環境における導入には適切ではないという指摘がある（Carless, 2003; 2004）。Carlessは、言語知識の乏しい小学生にはTBLTよりもTSLTの方が適していると示唆している。

2.4.3 プロジェクト学習

プロジェクト学習には、Project-based learning、Project-based instruction、Project approach、Project work、Project spectrumなどさまざまな呼び方があるが、もともとはデューイの「専心活動（作業）（occupation）」や、キルパトリックが提唱した「プロジェクト・メソッド（Project method）」に由来する。フィンランドは学校教育の中心にプロジェクト活動を位置づけている。PISAの成果で注目されているが、国家教育委員会はその成果を分析し、理由の一つとして「社会構成主義的な学習概念」を挙げている。「学習には生徒の積極性が重要で、それを保障するのは教えるのではなく学ぶという行為に委ねる」ということである。その学習は「協同」の活動によって行われている（福田, 2006）。日本でも現行の学習指導要領では、総合的な学習の時間で探求型学習が中心に位置づけられており、「生きる力」を育むことを目標にしている。

Fried-Booth (1986) が第二言語習得に応用して以来、L2やFL (foreign language) の文脈でも、プロジェクト学習が取り入れられている。プロジェクト学習には多様な形態、解釈があるが、Stoller (2006) は、効果的なプロジェクト学習が生じるには次のような条件が必要であるとしている。
 1) プロセスと成果を重視する
 2) 少なくとも一部は、学習者が作り上げる (student ownership) よう促進する
 3) 長期間に及ぶ
 4) スキルが自然に統合され得るよう促進する
 5) 言語と内容の学習を保障する
 6) グループ学習や独力での学習を義務づける
 7) 目標言語で情報を集めたり処理をする
 8) 教師と学習者に対し新しい役割と責任を求める
 9) 有形の最終的な成果物を出す
 10) プロセスと成果に対し学習者が振り返りをする

　プロジェクトの効果として、Fried-Booth (1986) は学習者が自分自身の学びに責任を持つことになり、これにより動機に違いが生じると述べている。Stoller (2006) はL2、FL環境での16のプロジェクト学習の実践報告[5]を分析し、次のような多様な側面で肯定的な効果があるとしている。
 1) 経験と言語の真正性 (authenticity)
 2) 動機づけの強化
 3) 言語スキルの促進
 4) 協同学習での能力の向上
 5) 教科内容の知識の増加
 6) 自信、自尊心、達成感などの向上
 7) 自律性 (autonomy)、独立心、自己の学びに対する責任感の向上
 8) 決断力、分析力、批判的思考力、問題解決力の向上

　日本でも、2011年度の外国語活動必修に伴い、プロジェクト学習への関心が高まっている。髙島 (2005)、東野・髙島 (2007) は、スキルの育成を意図する授業編成を「プログラム型カリキュラム」、コミュニケーションの育成を重視する授業編成を「プロジェクト型カリキュラム」と呼び、あらかじめ授業内容がすべて決められ、これに沿って学習を進めていく「プログラム型カリキュラム」から、自由度の高い、児童が主体性をもって取り組めるタスクを取り入れた「プロジェクト型カリキュラム」への転換を提唱している。
　髙島 (2005)、東野・髙島 (2007) によれば、小学校段階では、上記2.4.1のEllisのタスクの定義の、4)「学習者が、自分で考えて言語を使う」だけの言語経験がないため、次のよう

な「タスクを志向した活動（TOA: Task-oriented Activity）」を進めていく必要がある。
 1）言語を用いて問題解決する目標がある
 2）2人以上による情報の授受・交換を行う
 3）話し手と聞き手に情報（量）の差がある
 4）指定されたモデル・ダイアローグなどに従って行動する

　TOAから成るプロジェクトを系統性、連続性のある展開に集積したものがプロジェクト型カリキュラムである。題材により、「絵本型」、「発表・発信型」、「相互交流型」の3つがある。プロジェクト型では、「やらされている活動」ではなく「やりたい活動」への転換で「生きたことばを使う」ことが可能になる。

　プロジェクト学習は、「教える」より「巻き込む（involve）」ことで、学習者の主体性を重んじ責任を持たせている。小平第十五小学校（以下「十五小」）では「プロジェクト重視の英語カリキュラム」を開発し学習効果を上げている。明確な目標に支えられているため、学習者の意欲が高まるとの報告がある（5.2.2.4参照）。プロジェクトは教室の活動を外の世界とつなげることで、より効果的になる。十五小の「留学生に学校案内をしよう」や、小平第四小学校（以下「四小」）の「給食の良さを地域の人（外国人）に伝えよう」（5.2.1.4参照）は留学生というauthentic audience（本物の聞き手）(Stoller, 2006) に発表する場を設定している。教室外で英語が使用されていないFL環境では、出身国はどこであろうと、留学生とのコミュニケーションによりauthentic English（実際の場面で使われている英語）に接することで得られる達成感は大きく、今後の自信、動機づけを増すことが児童の振り返りからも分かる。

2.4.4　評価

　他の伝統的な指導法の評価では答案の正誤を基に得点をつける標準的評価が用いられるが、TBLTでの評価は異なる。TBLTでは言語の知識を測る評価ではなく、言語が使える能力 (performance assessment) を測る。Norris et al. (1998) はタスク・ベイストのテストは運用評価の一部であり、3つの特徴があると述べている。
 1）タスクに基づく
 2）タスクはできる限りオーセンティックであるべき
 3）タスクの成果の評価は、普通、資格のある評定者によって行われる

　運用評価には次のようなものがある。
　　・観察
　　・チェックリスト
　　・他の生徒による評価

- 自己評価
- ロールプレイ
- ジャーナル交換
- 日誌
- ポートフォリオ
- 個人面談

　運用評価として注目されているのは、「外国語の学習、教授、評価のためのヨーロッパ共通参照枠」(CEFR: *Common European Framework of Reference for Languages: Learning, teaching, assessment*)(2001)である。ヨーロッパでは、文化と言語の多様性を背景に複言語主義(plurilingualism)の構想のもとに、外国語の学習、教授、評価のための参照枠を設け、学習者の熟達度のレベルを明示的に表している。CEFRは学習者が言語を使用して何をするのか、何ができるのかに焦点を当て、'can do'という形で能力を記述している。Can-do-listは評価のためだけでなく、指導、学習のためのものでもある。「できなかったこと」より「できること」に焦点を当てることで、成功体験を積み重ね学ぶ機会が与えられる。言語能力は全体的尺度を縦軸にA1-A2, B1-B2, C1-C2の6段階の尺度を示し、横軸に3領域5技能(Understanding: Listening; Reading; Spoken interaction; Spoken production; Writing)の尺度を設け、計58の尺度を提示している。学習者に対し熟達度の位置づけを認識させると同時に、今後の実現可能な達成目標を意識させ、自律学習を支えるものとなる。

　文科省は、2011年6月に公表した「国際共通語をしての英語力向上のための5つの提言と具体的施策」の中で、「中・高等学校は、学習到達目標を「CAN-DOリスト」の形で設定・公表し、達成状況を把握する」ことを求めている。さらに、文科省は2013年12月に英語教育改革実施計画を発表し、2020年度から、英語活動を3・4年から始め、5・6年では週3時間の英語が教科として実施することになった。これに伴い、小・中・高を見据えた一貫した達成目標や評価のあり方が問われる。

注

1　Nunanは、'learner-centered'と'learning-centered'を互換的に使っているのに対し、Cameron (2001) は *'learning*-centered'と*'learner*-centered'を区別している。子どもたち(8～12歳)に対しては、面白いだけで、知的に負荷が少ないタスクを与えず、学習中心の視点から学びの可能性が高いものを与えるべきであると主張している。

2　中央教育審議会（以下「中教審」）(2012) は、大学の学士課程において、「知識の伝達の注入を中心とした授業」から、双方向的な学習を通して学習者が、「主体的に問題を発見し解決を見い出していく能動的学修（アクティブ・ラーニング）」への転換の必要性を提唱している。文科省は2014年、中教審による、初等中等教育における学習指導要領の改訂について諮問し、審議項目の柱の1つとして「アクティブ・ラーニング」に言及している。

3　学習者が持つ言語の体系(interlanguage, 中間言語)が発達していくにつれて起こる質的な変化を再構築(restructuring)と言う。

4 Skehan (1998)は、現在あるstructure-oriented tasksと communication-driven tasksの中間のtasksが、自然さも保ち言語形式にも注意を向けると提唱している。
5 プロジェクト学習の実証研究は少ない（Beckett, 2006）。

（秋山道子）

第3章

国際理解教育と言語教育

3.1 国際理解教育の推移

3.1.1 ユネスコ型国際理解教育

　国際理解教育にはユネスコの国際教育勧告を基調とするユネスコ型国際理解教育と臨時教育審議会（以下「臨教審」）の答申に基づく臨教審型国際理解教育の2つの方向性がある（魚住，2000）。さらに、新しい動向として、地球市民の育成を目指したグローバル教育がある。まずユネスコ型国際理解教育を概観していく。

　ユネスコでは、「国際理解と国際協力のための教育」（国際理解教育）を推進してきた。この取り組みは1945年に採択されたユネスコ憲章の前文の「戦争は人の心の中で生まれるものであるから人の心の中に砦を築かなければならない」を基盤としている。このような認識のもとに生まれた国際理解教育は、1960年代までは世界情勢の動向に対応して、名称を変えて提唱されてきた。

　　「国際理解のための教育」（1947年〜）
　　「世界市民のための教育」（1950〜52年）
　　「世界協同社会に生活するための教育」（1953〜54年）
　　「国際理解と国際協力のための教育」（1955年〜）
　　「国際理解と平和のための教育」（1960〜70年）
　　「国際協力と平和のための教育」（1960年頃〜）

　しかし、ユネスコの国際理解教育の概念は1974年第18回総会で採択された「国際理解、国際協力及び国際平和の為の教育並びに人権及び基本的自由についての教育に関する勧告」（以下「教育勧告」）で転換をみた。以前は当事国間の国際理解教育を国際教育として捉えていたが、すべての段階および形態の教育に国際的な側面と世界的視点（global perspective）をもたせることを求め、人類全体を一つとして見なければならないという新たな視点を提示した。教育勧告は1994年の第44回国際教育会議（ジュネーブ）において見直しされ、翌1995年「平和・人権・民主主義のための教育」に関する「宣言」と「行動計画」が採択された。冷戦後の民族紛争の激化を視野に入れ、人権を尊重した国際教育の再構築がなされた。

　1996年にはユネスコは21世紀教育国際委員会の報告書（ドロール報告書）「学習：秘められた宝」（Learning: the Treasure Within）（1996: 218）を出し、生涯教育の基調として次の4つの柱を提唱した。

1) 知ることを学ぶ（Learning to know）
2) 為すことを学ぶ（Learning to do）
3) （他者と）共に生きることを学ぶ（Learning to live together, Learning to live with others）
4) 人間として生きることを学ぶ（Learning to be）

　この報告書は、1972年に提唱された国家間の連帯を強調したフォール報告書、「未来の学習」(Learning to be) の生涯教育と学習社会の概念・理念を踏襲しながら、「共に生きることを学ぶ」という共生の概念を新たに取り上げている。学びの視点が個人から他者へと拡がり、共生の概念が取り上げられたことは注目に値する。さらに、「人の生涯と同じ長期にわたり社会全体へ拡がりをもった連続体としての教育」を「生涯学習」と呼び、「21世紀の鍵」として位置づけている（「学習：秘められた宝」（ユネスコ「21世紀教育国際委員会」報告書, 1997））。

　2002年の第57回国連総会では、2005年からの10年間を「持続可能な開発のための教育の10年（DESD: Decade of Education for Sustainable Development, 2005-2014）」とする決議が採択された。持続可能な開発のための教育(ESD: Education for Sustainable Development)は「将来の世代が自らのニーズを充足する能力を損なうことなく、現在のニーズを満たすような社会の構築」を目指し、ユネスコが主導機関として推進している。

　ESDはドロール報告書で示された4つの柱に加え、「自分と社会を変える」という5つ目の学習を目指している。ユネスコは、ESDをグローバル教育、国際理解教育、多文化教育、人権教育、平和教育、環境教育など持続可能な発展に関わる、新しい包括的な21世紀の「国際教育」概念として捉え直している（米田, 2008）。DESDにおいては、すべての人が、ESDの取り組みを通じて、地球益を追求する持続可能な社会の担い手になること、すなわち「地球的視野で考え、さまざまな課題を自らの問題として捉え、身近な問題の解決に取り組む (think globally, act locally)」ことが期待されている。

3.1.2 臨教審型国際理解教育

　ユネスコの勧告が採決された同じ1974年5月、中央教育審議会（以下「中教審」）は「教育・学術・文化における国際交流について」の答申を出した。この答申では「国際社会において積極的に活躍できる日本人」、「各国民との友好関係の増進を積極的に思考する国際性豊かな日本人」の育成を提言している。そのためには他国理解、国家間理解が重視され、自国認識と国民的自覚が必要とされた。経済大国となった日本が「国際社会に生きる日本人」の育成を図ることは当時の急務であり、具体的実践として、外国語、特に英語教育の見直しや、帰国子女・海外子女教育、留学生受入れ体制、日本語教育などの改革が推進された。1982年に日本ユネスコ国内委員会により発刊された新版「国際理解教育の手引き」も中教審答申に

沿い「自国意識と国民的自覚の涵養」が「他国・多民族・他文化の理解の増進」より強調された。

臨教審（第1次〜第4次）は中教審答申を一歩進めて、「広い国際的、地球的、人類的視野の中で人格形成を目指す」（第2次）ことを強調し、新しい認識を示した。1987年の第4次答申で「国際化に対応した教育の推進」、「国際社会において真に信頼される日本人を育成すること」、「世界の中の日本人の育成を図ること」を提言したが、しかしその具体的対策では、「自文化・他文化」の個性の理解、「愛国心」の教育、「国際コミュニケーション」育成の教育を強調する内容[1]とし、新しい視点には触れていない（米田, 1988）。文化理解の前提として、まず自文化や日本理解が必要だという考えは教育政策上できた枠組みで、長い間日本の国際理解教育を支配してきた（馬渕, 2002）。1974年のユネスコ勧告は他文化理解、人権尊重、国際的機関の理解と協力という3本の柱からなる世界市民、地球市民を目指すことにあったが、日本での国際理解教育はこの勧告とは方向性が異なる結果となった。

さらに、第15期中教審は1996年に、第1次答申「21世紀を展望した我が国の教育の在り方について」を提出した。答申では急速な国際化の進展を背景に、「異文化理解」「自文化理解・自己確立」「コミュニケーション能力」の3点に留意して国際理解教育の充実を推進することが提唱された。異文化理解に関しては共生の道を探る方向へと概念が変化した。従来の答申より一歩進んだといえよう。しかし一方、国際化とナショナリズムが同時に扱われていることが問題視されている。魚住（2000）は「日本人として国を愛する心を持つ」ことと「広い国際的・地球的・人類的視野の中で人格形成を目指す」ことを教育目標として掲げていることに対し、この2つの姿勢を育てることは矛盾なく統合される教育目標であろうかと疑問を投げかけている。

3.1.3　グローバル教育としての統合 ── 地球市民として

ユネスコの教育勧告「国際教育」は「異なった社会的及び政治的制度を有する諸国民及び諸国家の間の友好関係」を目指すもので、独立した主権国家の集合体として世界を捉えるものであった。しかし今や20世紀の枠組みでは捉えきれない現代世界が直面する課題が出てきており、国家の枠を通さずに、地域社会や民族等、直接国際社会とつながっていく地球市民としてものを考える必要が出てきた。国と国の関係を中心として国際社会を捉える「インターナショナリゼーション」から全地球的な規模で国際社会に再考を迫る「グローバリゼーション」へと変化したと言える。グローバル意識の軸を脱国家的な（transnational）視点から多様なアイデンティティへと移している。地球を一つのシステムとして捉え、相互依存性の中で生きているという認識が深まってきた。またかけがえのない（one and only）「宇宙船地球号」の乗組員であるという認識も生み出した。グローバル教育とは、地球的視野に立つ人間、地球市民を育てることと言える。

Kniep（1986）は「グローバル教育に何が必要なのか」に着目し、K-12のグローバル教育

のカリキュラムの枠組みとして次の4つの要素を提唱した。
1) 普遍的で多元的な人間の価値と文化 (the study of human values)
2) グローバルなシステム (the study of global systems)
3) 地球規模の問題 (the study of global problems and issues)
4) グローバルな歴史 (the study of the history of contacts and interdependence among peoples, cultures and nations)　（小関訳，2007）

　また、Hanvey（1987）はグローバル教育を実践するために、「達成可能な地球的視野（An Attainable Global Perspective）」の5つの次元を明らかにし、カリキュラム作成のための見解を示している。
1) 自分の見方への自覚 (perspective consciousness)
2) 地球の現状への気づき (state of the planet awareness)
3) 異文化への気づき (cross-cultural awareness)
4) グローバル・ダイナミックスに関する知識 (knowledge of global dynamics)
5) 人間の選択についての自覚 (human choices awareness)　（箕浦訳，1997）

　Hanvey（1987）が提唱した「自分の見方への自覚」はグローバル教育の中核をなすものとして教育論の中で浸透しているが、焦点はグローバルな世界を探求することに置かれている。これに対し、Pike and Selby（1999）は、「自分の見方への自覚」を発展させ、グローバル教育には「外へ向かう旅（journey outward）」と「内へ向かう旅（journey inward）」があり、両者は相互に補完し合うものとの観点に立っている。「外へ向かう旅」は、自分たちが生きている世界を発見するように導くものであり、「内へ向かう旅」は自分自身と自分の可能性について理解を高めるものである（p.14）。内面の次元（inner dimension）をモデルの中心に置いている点がHanveyとは異なる。しかし、二元論的な世界観ではなく、「地球村（相互依存を深める一体化した世界）」と「グローバルな自己（さまざまな要素からなる全体的な自己）」を同時に探求する点と、その2つのつながりを重視している点が特徴と言える。重層的・多層的であると同時に、常に変わりうる動的なものと捉えている。いずれの場合も、自己と世界を問い直す、自己と世界のあり方、関係性に気づいていくことが重要である。学びのプロセスは伝達（transmission）でなく、変容（transformation）であり、認識を変えることであるとの観点に立っている。
　グローバル教育を実践するに当たって、従来は、国家間の争いに焦点が当てられていたため、普通の人々と世界との結びつきへ目を向けることが少なかった。アルジャー（1987）が「世界の中のコロンブス、コロンブスの中の世界（Columbus in the World: the World in Columbus）」というプロジェクトで行った展開では、人々が地域から世界とつながる道を実践的に提示している。ここでは、従来の国際教育がとってきたアプローチとは異なる次のような方法が試みられた。

1) もっとも多くの人々を国際的なことに関わらせるというのではなく、だれもが国際的なことに関わっている。人々がそれに気づくよう手助けをする
2) 人々が国際意識や国際理解を獲得するように助力するのではなく、人々が、気づかないうちに関わりつづけているという状態から脱して、責任を持ち、責任を果たす参加者になるように努力しなければならない
3) 視野の狭さを克服するために、有名な国際人を地域に呼んでこなければならないというのではなく、すでにたくさんの国際的な人材が地域に存在している。こうした人々の専門的な力を見出して活用することこそ重要なのである（p.11）

プロジェクトの第一歩は地域と世界との関わりに関する情報を集めることにより地域の立ち位置を知ることだが、併せて行動を通して無関心の悪循環を断つことである。知識の欠如→不参加→知る必要の欠如→教育の欠如→知識の欠如という、悪循環を断つことにより、コロンバス（オハイオ州の州都）の人々は「世界の中での自分たちの地域の位置づけに関する認識を変えることができた」（p. 36）。アルジャー（1987）によれば、学校で「世界のことを学ぶその学び方が、逆に人びとに、国際的な活動から切り離されているように思わせる原因になっている」。すなわち、学校での経験が地域と世界との関わりを見えなくしている。その一つは「同心円の中心から見るように、自分たちのいるところから世界を見ている」（p. 36）点であると指摘し、グローバル教育の基底に「地球規模で考え、地域で行動する（Think globally, act locally）」を据えることの重要性を説いている。ミクロとマクロのつながり（linkage）に関する情報を発見し、つながりの重要性から将来が開けるとしている。アルジャーは、生身の人間の国際社会とのつながりと国を軸とした国際関係とは異なることを示した（武者小路, 1987）と言えよう。

3.1.4 心の国際化

国際化には2段階ある。第1段階の国際化は人々の移動によって異質な文化と接触した結果、文化的摩擦によって生じる、社会の国際化である。日本ではこの段階を1980年代に通過した。第2段階の国際化は一人ひとりの市民の感覚が開かれていく段階である（箕浦, 1997, p. 9）。国境は地理的にも政治的にもあるが、心の中にもある。サイード（1986）は、『オリエンタリズム』の中で、「自分たちの」空間と「彼らの」空間を心の中で勝手に境界線を設け、区別しているという心象地理について分析している（p.54）。それは「我々」と「彼ら」との二項対立を生み、その文化的価値が排他的になる（p. 233）。

文化とは、箕浦（1990）によれば、「それぞれの社会が、内包しているその社会特有の意味体系」（p. 58）である。自文化を体得しているということは、行動の基準が準備されていると同時に行動も拘束される。文化にはこの二面性があり、自文化に拘束されていればいるほど他文化受容への柔軟性を欠くことになる（p. 60）。リップマン（1987）は、「われわれ

はたいていの場合、見てから定義しないで、定義してから見る」（p. 111）と述べている。ある文化が既に定義している価値がステレオタイプであるが、その基準に合うものは評価するとともに、基準に合わないものは無意識的に切り捨ててしまう。しかしこれが時として文化的他者への排除になり、ナショナリズムに陥ることもある。ナショナリズムは、自集団のアイデンティディを形成するために、民族的優秀性をうたう歴史を創造するだけでなく、なんらかの比較や排除の対象を必要とする（小熊，1998, p. 304）。それはナショナリズムの限界でもある。

　国際化で忘れてならない大事な点は、アジアに目を向けることである。梶田（1996）によれば、日本社会では、欧米人とアジア人という「外国人認識の二重性」が現実として受け入れられており、測定の基準を欧米に置いたことによる偏見・差別が顕在化している。小熊（1998）は、日本人のナショナル・アイデンティティを「欧米」と「アジア」という他者に挟まれた存在として捉え、その「欧米」―「日本」―「アジア」関係は非対称で、優劣の順位が決まっていると論じている（p. 646）。「日本」と「アジア」という図式のさらに外部に「欧米」というもう一つの他者が存在していた（p.12）。日本人は欧米に対しては「差別される側」、アジアに対しては「差別する側」として存在する両義性を帯びるようになっていった（pp. 55-56）。負の国際性というものである。

　ラミスは「内なる外国」（1981）の中で、「外国（たとえばアメリカ）」に象徴されるステレオタイプな見方に言及しているが、日本が目指す近代化の進展を測定する尺度となるものをアメリカに設定し、それ以外は目指すべきものではないという価値観が反映されている。欧米化すなわち国際化と同一視している。このように日本と欧米という対立的枠組みの中で、アジアに向ける目が育ち難くなっている（ラミス，1981）。さらにメディアの情報にも偏りがあり日本人はアジア人とは別であるという意識が働く。これは、日本における「オリエンタリズム」と捉えると説明できる。姜（1996）は、「ほかならぬアジアの一員であるという自覚が見事なまでに忘却され、あるいは抑圧されている」（p.102）と指摘している。

　一方、加藤（1999）はその原因を教育課程の中に追求している。社会科では地域、日本、世界へと同心円構造で学習していく。同心円的構造で学んでいては、異なるものとの共生の発想は生まれない。自国中心の考え方が歴史的にも地理的にも果たしてきたことであると指摘している。多様性を排除する同心円的構造に対し、3つの教育課程の編成を提案している。第1はクロス・カルチュラル構造であり、それぞれの国の社会的・文化的・歴史的文脈において捉えようとする文化相対主義的な考え方であり、第2は世界を相互依存的な地球全体として捉え、問題にするグローバル構造である。さらに第3として、近景と遠景を結ぶ教育課程の創造を提案している。Think globally, and act locally. というスローガンは、これを反映している。まさにアルジャー（1986）が指摘していることと同じである。

　2012年に内閣府が行った「外交に関する世論調査」（平成24年10月調査）では、アメリカに対する親近感は84.5%（「親しみを感じる」45.4%＋「どちらかというと親しみを感じる」39.1%)、ヨーロッパ諸国に対する親近感68.0%（23.2%＋44.7%）、対大洋州諸国65.2%

(22.0% + 43.2%）に対し、対中国18.0%（3.9% + 14.1%）、対韓国39.2%（9.7% + 29.4%）、対インド47.0%（10.1% + 36.9%）、対東南アジア諸国57.9%（15.7% + 42.2%）であった。中国と韓国とは領土問題で関係がこじれていたこともあるが、アジアに対する親近感より欧米への親近感の方が高く、視線は欧米に向いていることは否めない。

日本はアジアにありながら、アジア人としての意識は希薄である。実際、日本がアジアにあることの認識は子どもたちには定着していない。Parmenter, Lam, Seto, & Tomita (2000)は日本、マカオ、香港の3地域の子どもたち710人を対象に自分が世界の中で地理的・情意的にどのような位置にいると認識しているかに関する調査を行った。その結果、日本は自分の国がアジアにあることを認識している子どもたちが、他の2地域に比べ少なかったことが分かった。日本の子どもたちがアジア人のアイデンティティを持っていない可能性もある（冨田, 2001）。原因の一つとして、指導要領の制約を受けて世界に目を向ける時期が6年の3学期までないことがある。6年3学期には、社会科で単元「日本と関係の深い国々」を扱うが、同心円構造での学習である。これでは世界の中で日本を考える、クロス・カルチュラルさらにグローバルな視点が育たない。

1996年の中教審答申は、「今後は、アジア諸国やオセアニア諸国などさまざまな国々にも一層目を向けていく必要があり、このことは、国際理解教育を進めるに当たっても、十分に踏まえなければならない視点であると思われる」と明記している。教育の力で明確な方向づけをしていくことが望まれる。

アイデンティティは複合的かつ動的なものである。「あらゆる問題が、日本人としてではなく、人間として世界にどう関わるのかという問いにならざるを得ない時代に生きている。」（箕浦, 1997, p. 187）日本人としてだけではなく、世界の一部であるという感覚を持つ子どもを育てる必要性がある。

「心の中の国境」（ラミス, 1981）を取り除くには、単なる異文化理解でなく、他者への想像力、文化間リテラシーの育成の必要性が問われる。これから目指すのは「日本人としての」ナショナル・アイデンティティ以外に、「世界の一員」としてのグローバル・アイデンティティを持って世界を考える脱国家的（transnational）な市民像であると言えよう。

3.1.5 国際理解教育の実践と英語教育

国際理解と英語教育に関しては、二通りの考えがある。一つは英語教育を補助するための国際理解教育で、スキルの習得に重きが置かれる。もう一つはグローバル教育としての英語教育である。グローバル教育は、地球が抱える課題を題材とし、地球市民を育てることにある（中村, 2010）。地球市民を育てるための英語教育は、Hanvey (1987) が提唱した「自分の見方への自覚」を目指すグローバル教育と呼応し、多様な価値観に気づかせるとともに、自分の環境と外国文化との相違点をより広い文脈で考察する助けとなる（Curtain and Pesola, 1988）。ここでは、主に後者について述べる。

外国語活動では、「さまざまな国や地域の生活、習慣、行事などは積極的に取り上げていくこと」（文科省，2008）が期待されている。題材とし food、fashion、festival の 3F と言われているものがある。3F 自体は国際理解への入口としては具体的に文化の多様性を体験できるいい材料であるが、これで国際理解教育をしたつもりになることへの批判がある。国際理解教育を実践するには、「子どもの主体的な取組を促進する学習活動上の工夫（学習の広がりをもたせる課題設定や素材探し）」（文科省，2008）がまず必要である。では、どのようなテーマが学習に広がりを持たせることが可能か、以下、津田塾大学における実践例に触れて考える。

　まず、異文化交流の体験学習としては、大学内で実施される「Let's 国際交流」がある。ここでは、異なる文化的背景や価値観を持つ人との出会いにより、国という枠を超えた世界へ開かれる目を育てようとしている。多様な文化が共存するということは、世界は一つの価値観で成り立っていないということにも目が向くように配慮している。特に、非英語圏からのゲストを迎えることで共通語としての英語の位置を確認することにもなる（5.1.4 参照）。

　異文化理解のための英語教育としては、四小で実施されている「世界のお米について学ぼう」がある。同プロジェクトでは、文化相対主義の立場から米を題材に文化の多様性の理解を目指している。加えて、その違いを価値によって判断しないこと（島、1990）も大事であることに目を向けさせている。飢えで苦しむ人がいる現実にも触れる（5.2.1 参照）。

　ユネスコは「平和の文化に関する宣言」を採択（1999 年 9 月 13 日）し、2001～2010 年を「世界の子供たちのための平和と非暴力の国際 10 年」と定めた。事務局長（当時）の松浦晃一郎は、「子どもたち自身が、自分たちのヴィジョンと将来を形作るうえで、単なる傍観者（spectators）でなく、アクター（actors: 行動主体）となるようエンパワーされなければならない」（Matsuura, 2007）とのメッセージを送っている。

　英語教育でもユネスコの提唱に沿った環境、開発、人権、平和などを題材としたグローバル・イッシューを扱う視点が必要になっている。その実践の一つとして、「フィリピン・プログラム」が挙げられる。同プログラムは、半年にわたる総合の時間のプロジェクトの一貫として四小で行われた英語のプログラムである。最後にバナナを切り口に南北問題を取り上げ、世界に遍在する富と貧困の格差を提示した。参加した子どもたちはフィリピンの置かれた状況へ思いを馳せ、自分の問題として捉えている。同時に、フィリピンの問題を解決するには、地球的視野から見ると別の問題も生じ、そのジレンマに悩み、改めて世界と自分を見つめている子もいる。「水プログラム」でも世界の水事情に目を向け、「日本では水が当たり前にあることが世界では当たり前でない」ことに改めて気づいた子どももいる（5.2.1.3 参照）。

　2013 年に、日本学術振興会「ひらめき☆ときめきサイエンス～ようこそ大学の研究室へ～」に採択された「If the World Were a Village of 100 People　～理想の世界を描いてみよう～」は、グローバル・イッシューに目を向けその解決法を子どもたちと一緒に考える試みである。世界の現実を知り、考え、何ができるかを探る村人会議（グループでの話し合い）では、「世界では、大変な思いをして生きている子どもがたくさんいることを知った」、「同じ地球の人のことを考えられてよかったです」という感想があった。世界とつながるのは他者へ

の想像力であるが、ここでは、単に気づきや、理解にとどまらず、問題解決を考え、英語で発表することをゴールとしており、一歩踏み込んでいる点が評価できよう（5.1.5.3参照）。

「世界のお米について学ぼう」、「フィリピン・プログラム」、「水プログラム」、「If the World Were a Village of 100 People 〜理想の世界を描いてみよう〜」はいずれも内容重視（CBI）のプログラムである。CBIの場合は、言語習得に焦点を当てるのか内容習得に焦点を当てるのかで英語の役割が異なってくる。英語そのものを習得する場合には、英語を英語だけを媒介として教えるTETE (Teaching English through the medium of English) という指導法があり、FL環境では、英語に触れる機会を少しでも増やすことにより、より多くの言語材料を吸収し、言語習得を促進（バトラー後藤, 2005）するという効果が期待される。しかし、内容を深めるためには、TETEにとらわれない方法もある。「フィリピン・プログラム」では、10本のバナナを2人に8本、8人に2本渡し、これをどのように配分したらよいかを問いかけた。この活動を英語でやったクラスと日本語でやったクラスがあるが、英語だけで行うと、この目的や意図を児童が把握しにくかったという反省がある。問題は、どれだけ世界が抱えている問題に向き合えるかである。考えることを活動の主目的とする場合は英語を使うことにこだわらず、日本語で話し合いを行った方が深い話し合いが可能になる。「水プログラム」でも、世界の水事情を学ぶ5日目、6日目でのグループでの協同学習では日本語で話し合い発表する形をとっている。

「If the World Were a Village of 100 People 〜理想の世界を描いてみよう〜」では英語で行うアクティビティを容易にするため、事前学習を取り入れたり、村人会議を日本語で行う等の工夫をしている。「学習者のレベルや学習の目的などを考慮した場合、「英語で英語を教える」という形式のみにとらわれることなく柔軟性をもって日本語と英語を組み合わせて使っていく」（松本, 2014）ことが効果的であろう。

「言語はその体系を説明することも大事だが、はるかに大事なことはまわりの世界と私たちをつなぐ一番大切な絆であることである」(Savignon, 1997)。「外国語を通して他の文化に強く心を向ける体験をしたとき、地球という一つの社会に対する意識が高まるのである」(Curtain and Pesola, 1988)。ユネスコの教育勧告（1974）では、教育政策の6つの主要原則の一つとして「他の人々と交信する能力（Abilities to communicate with others）」を取り上げ、外国語の重要性を述べている。ユネスコは2008年国際言語年のメッセージでも、「国語あるいは地域共通語と国際共通語を身につけること」(Matsuura, 2007) を達成目標に掲げている。

外国語の中でも特に英語を学ぶのは、共通語（lingua franca）としての英語の地位にある。境界を越えて世界とのつながりの中で生きていく中で、英語が国際コミュニケーションの道具となった今、英語は現実的な選択である（1.2.4参照）。

また、外国語の中でなぜ英語なのかという議論に対しては、「Let's国際交流」や「夏のプログラム―津田塾生とつくる英語劇」の取り組みが答えになろう。「Let's国際交流」では英語圏以外からゲストを多く迎えており、夏の英語劇プログラムでも題材を英語圏以外の物語

から選んでいるものが多い（5.1.3参照）。どちらも多様な文化的背景を持つゲストや物語との出会いを意識的に選んでいる。これらは国際理解で英語を使用することと補完し合うと考えている。

注
1　各学校段階を通じて、国際理解教育の充実を図るよう各教科等の内容の改善を行った。昭和63年度から高等学校における留学制度を設け、高等学校段階の留学生交流が拡大した。さらに、外国語教育の改善のため多数の英語母語話者を招致する等の施策が実施された。留学生の受け入れに関しては、21世紀初頭には10万人の留学生を受け入れることを目標とする「留学生受け入れ10万人計画」の達成に向けてさまざまな施策が行われた。

(秋山道子)

第4章

教師に求められるもの

　平成23年（2011年）度に5、6年生への英語活動が導入されたが、十分な教員養成がなされたとは必ずしも言えない。結局、英語教育の専門の訓練を受けてきたわけではないHRT（担任）が英語活動を担うことになった。その結果、まだまだ不十分かもしれないが、多岐にわたる支援が初等英語に投入されることにもなったと言える。英語母語話者のALT（外国語指導助手）やJTE（日本人英語指導者）といった人びとがここ10年以上さまざまな形態で小学校英語に関わることになった。これは、最初から小学校英語の担当者はこうあるべきだと一本化したイメージが出来上がるよりは、ある意味で、望ましい教員像を描き出すためには良かったのかもしれない。期せずして、HRTとALTとJTEの3者が鼎となって、小学校英語を支えることになった。第1章でも触れたように、この3者にはそれぞれの特性があり、いずれも小学生が英語を学ぶために鍵となる役割を果たすことができる。第2章で紹介した教授法を全うするためにも、この3者が必要となる。以下、HRT、ALT、そしてJTEについて、教授法との関わりで述べよう。

4.1　担任（HRT）に必要なこと

　まずHRTが最も力を発揮できるのは、第2章で述べたMultiple Intelligences（2.2参照）を用いた授業やContent-based Instruction（2.3参照）に必要なコンテンツ（内容）の提供である。人が何かを学習するためには、その人が既に何を知っているのか、そしてそれを基盤として次に何を身につけることができるのかについて、教師が把握していることは極めて重要である。児童がいつお米の生育について、給食の栄養や食材の流通について、あるいは「玉川上水」の成り立ちについて学ぶのか、自動車工場の見学にはいつ行くのか、稲刈り体験はいつ行うのかなど、児童の知識や体験の内容を一番よく把握しているのがHRTである。つまり、子どもたちの発達段階や学んでいるカリキュラム、毎日の学校生活などを一番よく知っている。第2章で紹介した教授法を実践するためには「何かを」「英語で」教えるその内容が子どもにとって真に関わりのあるものであるように教師が注意を払う必要がある。この役割はHRT以外には担う人がいない。小学校での英語学習では、英語の4技能や文法や音韻を教えるのではなく、コンテンツについて英語で活動を行うところで4技能や文法や音韻が身につく工夫をするのである。その際、HRTは無理に英語教師然とする必要はない。むしろ、他の人が担うことのできないコンテンツをしっかり提供する仕事を主として行うことが大切である。

　他にも、HRTの大切な役割としては、間接的に思えるかもしれないが、学級経営がある。

これは、ALTやJTEがティーム・ティーチング（TT）でクラスに入ったときに真っ先に重要なことになる。児童同士の人間関係が円滑で、クラス運営がうまくいっていることが英語活動にとっては理想である。英語学習はある意味で、クラスという言語使用コミュニティにおける社会的活動でもあることを考えると、児童同士の人間関係がコミュニケーション活動の成果に影響を及ぼすことは自然の理と言えよう。毎日児童と同じ教室にいて時間を共有する人にしか把握できない児童の姿をHRTが一番よく理解できているはずである。また、英語活動では児童の学びに対する動機や積極性が成功への大きな鍵となるが、このような点でも学級経営の成果が英語学習にも影響を及ぼす。

では、HRTは、英語に関してはどのような役割を果たすのだろうか。おそらくHRTの多くは、かつて自分が中学校で英語学習を始めた頃のことを思い出して英語活動に取り組もうと思うかもしれないが、一つ大切なことは、自分の体験した中学校での英語学習を小学校へ持ち込まないことである。当時と現在では英語学習を取り巻く状況が全く異なる。つまり、英語の世界的位置づけ、それに伴う英語学習のゴール、教授法の発達など、さまざまな状況変化のために、以前の英語教育のやり方とは異なったやり方を模索していかなければならない。かつて学んだ教授法では、ことばを whole language（2.1 参照）として捉えることはあまりなかったかもしれないが、小学校ではことばの大きなまとまりを子どもたちにインプットしていく必要がある。この考え方は Content-based や Task-based や Project-based の教え方にも通じるものである。一つ一つの文型や文法事項を積み上げるのではなく、ことばを大きなまとまりとして捉えて豊かなコンテクストの中で言語活動を行うことにより、体験的にことばを身につけるという考え方である。したがって、言語材料としては、歌、チャンツ、ゲーム、絵本、ドラマなど大きな塊、whole language としての英語を授業にふんだんに取り入れることが奨励される。ことばの学習が、教科書に黒い活字で書いてある文を暗記するというだけのものではなく、色も匂いも肌触りも感じられるような厚みや深みのある教材を体験することであるという認識が必要である。

もう一つHRTの大切な点は、英語の教師然とする必要はないものの、英語のuser となることがロール・モデルとして望ましい。日常、社会科や理科や国語を教えているHRTが、突然、英語活動の時間にはすっかり英語に切り替えてしまうと子どもたちは違和感を持つかもしれない。そこで、必要なのは、無理に英語教師になるのではなく、むしろ、英語の使用者、user of English になることであろう。教室にいる子どもたちの中で将来英語を日常的に完璧に使いこなす必要が生じる児童は一握りであろう。他の子どもたちは日本国内であるいは海外で仕事や生活のために英語を使う必要性のある暮らしをするかもしれないが、高度に専門的な使用は必ずしも必要としないであろう。日常、教室にいて英語を教えてくれるHRTの先生が、日本語母語話者として担任のプロの仕事が全うでき、その上でALTともコミュニケーションが図れる英語の user であることは、児童にとって魅力的で英語学習への動機を高める力となる。子どもたちは、自分もそうならなければと受け止めると考えられる。その意味で、HRTには、英語の user として児童と英語をつなぐ大切な役割がある。

一つ、HRTにとって気をつけるべきこととして、児童の発話(output)を極度に要求しないことである。しばしばHRTには、熱心さのあまり、教えたことはすべて結果として検証したい思いが多々ある。発話を要求しそれによって自分の教えたことの定着とその確認を図ろうとする。しかし、言語学習において、production（産出）とperception（知覚）にはかなりの幅の違いがあり、インプットしたからすぐにアウトプットにつながるわけではない。母語にしても、幼児期のひたすら聞くばかりの沈黙期間(silent period)があってこそ、3歳前後の子どもの自然で潤沢な発話がある。アウトプットを強要すると、子どもは心理的ブロックを感じ英語に対するハードルが高くなる。せっかく、たとえ間違えても英語を使おうと思う子どもの言語発達を阻害することになる。

4.2　外国語指導助手（ALT）に必要なこと

　第2章で論じた教授法のContent-basedやTask-basedやProject-basedでは、用いる言語は教科書的に易から難へと整理されたものではなく、自然な言語使用に即したものである。すなわち、通常手を加えていない言語材料によるauthentic（自然）な教材といわれる類の英語使用が求められる場である。このような場合に力を発揮するのがALTである。ALTはさまざまな言語・文化背景を持っているが、基本的には英語が堪能な母語話者、あるいは、それに近いレベルで用いる人である。英語活動の中で、何という英語表現が適切かについてHRTもJTEも得意でない場面では、ALTの豊富な英語使用体験が効を奏する。

　さて、ALTとして働く人の中には英語の母語話者もいれば、それに近いいわゆる英語第二言語使用者もいる。つまり、現在小学校等で働いているすべてのALTがイギリスやアメリカ等の英語母語国の人とは限らない。これについては意外に思えるかもしれないが、むしろこれが現在の世界の状況を表していると言えよう。英語という言語は、英語母語国だけのものではなく、いまやリンガ・フランカ（lingua franca）となっていることの現れである。身近に知っているALTにはフィリピン人もいれば、南アフリカ出身者もいる。あるいは、イギリス出身と言っても、スコットランドやウェールズ出身者もいて英語を母語話者のように教えてくれるけれども、実は、スコットランド語やウェールズ語といった別の言語を母語とする人もいる。ある小学校で、季節のお祭りのテーマを導入していた時に、ALTがクリスマスの説明を求められたが、困ってしまったことがある。そのALTは実はユダヤ系だった。そのため、この青年にとって、多くの日本人がキリスト教信者に求めるクリスマスの説明をすることは難しかった。このようなことは、困ったことというよりむしろ世界の言語・文化が画一的にはくくれないことを子どもたちにも理解させるための良い機会となるだろう。日本では比較的、言語と民族や文化が一つのくくりで理解されやすいので、世界的にはこの3者が複雑な模様を描いていることを身近な人や経験から学ぶためにはさまざまなALTと児童の接点を見つけ出していくことが望ましい。いわゆる異文化理解あるいは国際教育の一端をALTが担ってくれるであろう。

また、子どもたちにとって、ALTと話が通じた時の喜びは実に新鮮なようで、ALTは子どもたちの英語学習への動機を高めるための大きな力となる。英語でやりとりしているALTが実は日本語が堪能だったとしても、それには気づかずに一生懸命ALTとのコミュニケーションを図ろうとし、それが成就すると大変嬉しくなるのが児童である。

さらに、ALTに求められることとしては、子どもと共に学ぶ事が好き、子どもが好きであるという重要事項がある。通常ALTとして雇用される人には特に厳しい資格がなく、母語話者ないしはそれに準ずる人であればかなりの幅で採用がなされているのが実情である。教育や言語に対する知識や指導技術の背景は必ずしも十分とは言えないALTもいるが、中でも、大切なのは、子どもたちに接することが楽しいかどうかである。これは、授業を見ているとすぐに分かるものである。

一方、ALTには、どのようなことを知っていてほしいかである。まず、自分が母国でかつて習った外国語学習の方法をそのまま用いないことである。ALTという以上、アシスタントなので、言語教育の専門性はあまり期待できないが、その状況の中でも自分の仕事に必要なこととして教授法や第二言語習得の理論的背景などについての知識も身につけてほしいものである。例えば、第2章で論じた新しい教授法について知っていれば、HRTやJTEとの会話にも共有部分が増えるわけである。

4.3　日本人英語指導者（JTE）に必要なこと

では、JTEは小学校英語でどのような役割を果たすのだろうか。JTEは日本語母語話者であり、また英語を専門的に学び、その教授法について学んできているいわゆる英語教師の場合が多い。教授法的には、Content-basedやTask-basedやProject-basedといわれる方法を、例えばスキル中心の教授法とも関係づけて捉えることができる。すなわち、言語スキル中心の考え方と内容中心の考え方が連続線上に並ぶ中で、それぞれのカリキュラムの達成目標との兼ね合いで、スキルとコンテンツの関係を決めていくという教授法上の位置づけがJTEにはできるということである（2.3.1参照）。その意味で、初等英語のあり方の舵取り役を果たすことになる。JTEは、HRTとALTとJTEがどのような関係で動けば、英語教育として何が達成できるかを見渡すことができる必要がある。ただし、注意しなければならないのは、従来日本では中学高校の英語教師を養成してきたことから、中高の先生は、小学校の英語指導のあり方についてはかなりの素人と言ってよい。その点で、JTEは小学生にはどのようにして英語を導入するのが良いかをしっかりと研究する必要がある。しばしばJTEが陥るのは、中学高校のカリキュラムから離れられず、文法や4技能の訓練を重視するあまり、子どもの外国語学習への関心の芽を摘んでしまいかねない。特に発話を性急に要求しすぎることがないよう気をつける必要がある。第二言語習得研究では、自然に発話ができるようになるためには、まず、ある程度大量のインプットが必要で、さらに、自分の中でことばを構築するための沈黙期間 (silent period) を認めることが有効であるとされている。第二言語習得研究に

おいて報告されているケースとして、アマゾンに住むツカノ族は大人になってからでも言語習得に秀でており、そこでは、この沈黙期間が言語習得のためにおおいに活用されているとのことである。KrashenはNatural Approachという教授法を考案して、沈黙期間を活用している。これは、目標言語で話さなければというプレッシャーを極力回避しつつ、学習者が自分の中に安心して言語を形成することができるよう、配慮された教授法である。このような発話と沈黙の関係に関する配慮があれば、外国語学習でも自然に発話が生まれてくると考えられている。あせってアウトプットを求めないことの方が良い結果が得られるという視点を持つ必要がある。このような専門知識を活用して、効果的な第二言語発達を促す仕事がJTEに託されている。

また、中学高校でも同様に、JTEは、教えている生徒全員が自分と同じくらいことばの仕組みやテーマとしての言語に関心があるとしばしば錯覚し、言語に偏ったテーマを用いて英語指導を行うことがある。目の前にいる生徒は、必ずしも自分のように英語を専門とする職業に就くわけではなく、クラスのほとんどが英語の teacher ではなくて user となっていくことを忘れてはならない。そのためには、HRTの発言に真摯に耳を傾けて、子どもたちが受け入れやすいテーマを探し、それについての英語活動を行うためのプログラムを工夫する必要がある。

JTEは英語をスキルとして上達させたい気持ちが一層強いと考えられるので、謙虚な気持ちになって他者の言うことに耳を貸し、HRTとALTとで横並びの貢献ができるように工夫することが求められる。この点でJTEの責任は重い。HRTやALTよりも英語学習のプロセスそのものについてよく理解し、児童がその過程のどこにいて、どこに向かっているのかを専門的に把握していなければならない。英語を小学校のカリキュラムに導入したということは、単に言語スキルに秀でた人材を育てるのではなく、自律性 (autonomy) があり自尊感情(self-esteem)のある人材を育成するという教育的目的のためでもある。言語学習という手間のかかる作業にコツコツと取り組み、自分でゴールを設定しては新しい事にチャレンジできる人を育てるという、学校教育の中での人材育成と変わらない使命を小学校英語は担っていると言えよう。小学校の英語指導においてJTEの役割として大切なのは、教え込むのではなく、学習者が自ら獲得する英語学習を促す助けをすることである。

4.4　3者の大切さ

こうしてみると、鼎となる3者が一挙に小学校のクラスに登場して、お互いに連携のよくとれた授業をすることが、理想となる。もちろん、3者が常に日本全国の小学校の教室に現れることは夢のまた夢であるが、この3者が連携すれば理想的な英語指導ができるのではないだろうか。実際には、このうちの2者のティームティーチング（TT）が行われている場合が多い。その組み合わせはそれぞれの地方自治体の事情で多様である。それはそれで構わないだろう。大切なのは、その時3者の間でどれだけお互いの学び合いがあり、連携がうまく

功を奏するようにコミュニケーションが図れるかである。

　教員同士の連携という意味では、平成13年（2001年）に文部科学省から刊行された『小学校英語活動実践の手引』は、教員間の協働を促す優れた指導書だったと言える。これは、日英バイリンガル版の教案集で、現在小学校で使っている『英語ノート』や『*Hi, friends! 1-2*』とは異なっていた。しかし、『英語ノート』や『*Hi, friends!*』のようなテキストが一人ひとりの児童に渡されたとたんに、英語学習が受け身的な傾向を示し始めた。『手引』では、HRTとALTないしはJTEがバイリンガルの教案を共に見て、相談しなければ授業がプランできなかった。つまり、授業の準備のために、「何を」教えるかについて教師が協働で案を出さなければならなかった。その作業が、かえって英語の授業を工夫に富んだ生き生きとしたものにしていたと思われる。『英語ノート』や『*Hi, friends!*』のような教科書的なテキストが与えられている今は、HRTとALTとJTEがテキストを教えるのではなく、どうすればテキストを使って生きた英語を教えることができるのか、知恵を出し合っていく必要がある。

4.5　今後に向けて

　さて、以上が教師に求められる資質であるが、基本的にはHRTとALTとJTEの3者がそれぞれの特性を活かして、複合的な教師像が描かれることが大切なのではないだろうか。英語が生きたことばであることを踏まえ、生徒にとって意味のあるコンテンツを用いて英語で教えることのできる教師がこれから求められていくであろう。今後、文部科学省では、3、4年生に英語活動を、5、6年生には英語教育を履修させる考えのようであるが、その場合、5、6年生の授業が極度に言語スキルのみを重視するようにならないよう、注意する必要がある。たとえ、言語スキルを重視することが小学校に導入されたとしても、HRTの視点を採り入れた、内容重視の英語活動を絶やすことなく続けることが日本の英語教育を確かなものにするために最も重要と考えられる。

（田近裕子）

第5章 実践例

5.1 On campus（学内プログラム）

5.1.1 学生自主フォーラム「小学生英語のひろば」の始まり

　公立小学校における「総合的な学習」の一環としての「外国語活動」が急激な勢いで導入されていた2000年、津田塾大学では「小学生英語のひろば」（以下「ひろば」）が誕生した。「ひろば」は、津田塾大学学生による地域貢献活動を出発点とし、その後大学院生が中心となって立ち上げたプロジェクトである。「ひろば」によって開発された英語導入プログラム「子ども英語クラブ」は、2001年3月に地域の小学生に向けて初めて実施された。これを皮切りに、「ひろば」の活動は「子ども英語クラブ」の定例実施に加え、「Let's国際交流」（国際理解プログラム）、公立小学校でのクラブ活動支援、公立小学校への出張授業へと広がっていく。まずは、「ひろば」の活動の原点である「子ども英語クラブ」について振り返る。

5.1.1.1 「子ども英語クラブ」がめざしたもの

　「ひろば」が最初に手がけた「子ども英語クラブ」は、中学校入学を目前にした小学校6年生向けの英語導入プログラムである。プログラムの開発にあたり中心に据えたのは、以下の4つである。

① **英語の「音」にたっぷり親しむ**

　日本の中学校からの英語学習では、自然な言語習得において先行するはずの「聞く」「話す」活動が十分とは言えず、多くの日本人が「聞く」「話す」ことを苦手とするのも、このことが一因と考えられる。そのため、日本語と全く違った響きをもつ英語をよく聞き、聞こえた通りに再生してみる活動を導入期に十分にすることが、英語を使えるようになるためには不可欠であると考えた。

② **英語を使う機会をたくさん設ける**

　文法知識の習得が主な目的となる中学校からの英語では、教師の（日本語での）説明を聞くことや、文法問題の練習などに多くの時間がとられ、学習者が英語を実際に口にする機会は極めて限られる。英語をコミュニケーションの道具として使えるようになるためには、さまざまなコミュニケーション活動の中で英語を使う機会を多くする必要があると考えた。

③ **目的と必要性のある場面づくり**

　ことばをコミュニケーションの道具として捉える上で、伝える目的や必要性があるかど

うかが重要となる。例えば、相手の名前を聞くフレーズは、相手の名前を知らないという場面で初めて意味をもち、そうでない場合は「練習」の域を超えないことになる。子どもたちに真のコミュニケーションを経験させるためには、目的と必要性のある場面づくりが重要と考えた。

④　学生に小学校英語指導の実地トレーニングを提供する

　始まったばかりの小学校英語の分野において、指導者育成は急務と考えられた。そのため、津田塾大学の学生からアシスタント（指導補助スタッフ）を募集し、このプログラムを指導者養成の場にもすることにした。メイン・インストラクターの指導方法、教材、子どもたちの様子などをじかに見て学び、また子どもたちを直接指導する機会として活用できると考えたのである。また、アシスタントとしての経験を積むうちに、いずれはメイン・インストラクターとして指導スタッフの中心へとステップアップする図式も描いた。

5.1.1.2　具体的な方策

カリキュラム作成と実際の指導にあたっては、以下の方策をもって前述の4つの項目の達成を目指すことにした。

①　歌・チャンツの活用

　フレーズの導入には、Graham (1994, 1995, 1996, 2001) より選択した歌やチャンツを利用することにした。Grahamは、自然な英語のイントネーションとリズムを、英語を母語としない学習者向けに教えるために「ジャズ・チャンツ」という手法を考案しており、その作品はすべてシンプルかつ楽しく、それぞれの場面設定で使う自然な表現から成っている。子どもたちが本物の英語の音に触れ、楽しみながらフレーズを覚えるにはふさわしいと考えた。

②　グループワークの活用

　子どもたちが英語を使う機会を増やすために、グループワークを活用することを考案した。クラス全体での練習の後、2〜4人の小さなグループに分かれてさらに練習することにより、一人ひとりの子どもがより多く英語を口にすることにできる。また、グループワークには、個々の学習者に対してきめ細かなサポートをすることができるという利点もある。グループワークのサポート役には、津田塾大学の学生から成るアシスタントを各グループに配置することにした。

③　ゲームの活用

　歌やチャンツで導入し、グループワークで練習したフレーズを定着させる方法として、ゲームを活用することにした。ゲームに勝ちたいという「目的」と、定着をめざすフレーズを使わざるをえない「必要性」を同時に盛り込むことによって、楽しいだけでなく、効果的に定着を目指す活動にできると考えたのである。また、チームの仲間同士の協力も必要となるため、初対面の子どもたちの心理的距離を縮めるきっかけにもなり、教室内の良い雰囲気づくりにも貢献できると考えた。

④ **チームによる指導体制**

　メイン・インストラクターがクラス全体を、アシスタントがグループワークの進行・指導をするという、チームでの指導体制をとることにした。アシスタントは、メイン・インストラクターの指導を見て学びながら、グループワークにおいては少人数の子どもを対象に、試行錯誤しながら自分なりの教え方を身につけていく。アシスタントには、クラス全体の活動の中でも、色、数字、天気などの小さなトピックの導入を担当してもらい、クラス全体を指導することにも少しずつ慣れてもらうことにした。また、アシスタントには日本人以外の英語話者を1名含むことにした。英語話者の存在が、子どもたちの異文化に対する興味を自然と喚起し、英語で話してみたいという動機づけにもつながると考えたからである。英語話者は、津田塾大学への留学生や近隣大学への留学生に協力を依頼することにした。

⑤ **英語による授業の進行**

　英語のインプットを増やすため、そして英語はコミュニケーションの道具であるという位置づけから、メイン・インストラクターの使用言語は英語とし、授業の進行はすべて英語で行うこととした。ただし、参加者同士が初対面という環境や、初めて英語に触れる子どもたちの不安を考慮し、グループワークの際には、必要に応じてアシスタントが日本語でサポートしてもよいことにした。

⑥ **プロジェクトワーク形式に沿ったカリキュラム作り**

　教室内で学ぶ個々のフレーズは、そのフレーズを使って情報を交換するという目的と必要性が伴うことによって真のコミュニケーションとなる。子どもたちにとっては、教室外でのコミュニケーション体験が大きな達成感となり、また今後の英語学習の大きな動機づけになると考えた。この実現のために、一つの学習ステップが次のステップへと自然につながり、その積み重ねが最終達成目標（このプログラムでは、教室外でのコミュニケーション体験）へとつながる、プロジェクトワーク形式を採用することとした。

⑦ **文字を使った活動は限定的に**

　英語の「音」にたっぷりと親しみ、英語をたくさん使うことを大きな目標としたこのプログラムでは、英語の文字を使った活動は最少限に留めたいと考えた。しかし、日常生活においては英語表記があふれており、また参加者が数週間後には中学校に入学しようとしていることを考えると、プログラムに英語の文字を全く含まないことも現実的ではないと思われた。そこで、英語の文字を使った活動は、アルファベットの名前と音、大文字小文字をなぞること、自分の名前の書き方などに限定することにした。プログラム中に使用するワークシートにも絵を活用し、子どもたちがプログラム中に耳から入れた英語のリズムが、「読む」ことを意識するために崩れないように配慮した。

5.1.1.3　プログラムの設定

　「子ども英語クラブ」は、英語に初めて触れる小学校6年生を対象とすることにしたが、子

どもたちがプログラムの成果を実感できるように、短期集中型で行いたいと考えた。中学入学を目前に控えた春休みを利用すればこれが可能となるので、1日に40分のクラスを2つ続けて行い（間に10分間の休憩）、それを5日間連続で実施する形とした。一人ひとりの子どもが実際に英語を使う機会を十分に確保できるよう、また、このプログラムで初めて顔を合わせ、初めて新しいことばに触れる子どもたちの不安を少しでも軽減することができるよう、少人数クラスがふさわしいと考えた。ペア活動だけでなく、3人、4人、6人ずつのグループを作ることができることから、1クラス12人と設定することにした。メイン・インストラクターは、英語の指導経験がある「ひろば」のメンバー2人（小学生英語クラスの指導経験者、および中・高一貫校での英語教師経験者）が務めることとし、それぞれ午前クラスと午後クラスを担当した。

5.1.1.4 カリキュラム

　カリキュラムは、前述のようにプロジェクトワーク形式に沿って組み立てることにしたが、具体的な手順についてはSheppard and Stoller (1995)などを参考にした。まず初めに題材と到達目標を設定し、その後、言語項目と具体的なフレーズを書きだし、最終的にそれらの内容を各レッスンに分配した。題材は、実際に子どもたちが英語をコミュニケーションの道具として使うことが想定される場面として「新しい友だち」とし、到達目標は「自己紹介をする」、および「教室外でのインタビューを実施し、その内容をクラスでリポートする」とした。この到達目標を達成するために必要となる言語項目とフレーズは、毎回のレッスンで少しずつ積み上げる形で導入・練習される。フレーズの導入から定着までの流れは、①歌・チャンツでの導入→②クラス全体での練習→③グループワークでの練習→④ゲーム（強化するための活動）、のサイクルで進めることにした。このようにして積み上げられたフレーズを使って、5日間のプログラムの4日目には教室外でのインタビューを実施し、最終日には成果発表会を行うことにした。

5.1.1.5 プログラムの評価

　「子ども英語クラブ」は2001年3月に初めて実施されたが、ここでは2001年3月から2002年7月までの間で計4回実施された「子ども英語クラブ」について、プログラム参加者である子どもたち、保護者、アシスタントの3つの立場からの評価を紹介する。子どもたちからの評価は、プログラムの最終日に質問紙に回答する方法で実施した。保護者からの評価は、質問紙での回答に加えて、プログラム最終日に実施した成果発表会での談話も含めた。アシスタントからの評価は、毎日のレッスン後のミーティングでの談話と、任意で記録してもらった実習日誌によるものである。

(1) 子どもたちによる評価

活動の種類

プログラムの内容を活動別に10個に分類し（歌・チャンツ、ゲーム、アルファベットを書く、アルファベットを読む、指導スタッフが英語で話すのを聞く、指導スタッフと英語で話す、グループワーク、外国人アシスタントの話を聞く、インタビューに行く、発表会）、プログラムの参加者である子どもたちに、「とても楽しかった」、「楽しかった」、「ふつう」、「あまり楽しくなかった」、「全然楽しくなかった」の5段階で回答してもらった。子どもたちがどの活動を楽しいと感じたかを探るために、「とても楽しかった」と「楽しかった」の回答を合計した。その結果、ゲーム（97.7%）が圧倒的に多く、次いで歌・チャンツ（87.2%）、グループワーク（82.6%）、外国人アシスタントの話（81.4%）、発表会（79.1%）、英語で話す（77.9%）、インタビューに行く（76.7%）であった。第4位に入った「外国人アシスタントの話」は、外国人アシスタントの出身国や文化などを紹介してもらったのだが、すべて英語でのスピーチにもかかわらず子どもたちに人気が高かった。写真や絵などで理解が助けられたこともあったであろうが、やはり12歳というこの年齢ならではの外国への興味が大きな要因だったのではないかと思われる。このことが、後に「子ども英語クラブ」修了者向けに異文化理解プログラム、「Let's 国際交流」（5.1.4参照）を開始するきっかけともなった。

文字を使った活動はいずれも最下位だったが（アルファベットを書く：65.1%、アルファベットを読む：66.3%）、「ふつう」（好きでも嫌いでもない）との回答を加えると、それぞれ87.2%と93.6%が肯定的あるいは「嫌いではない」と感じたと解釈することができる。このように、プログラム参加者から文字を使った活動に対する拒否反応は見られなかったが、これが子どもたちの年齢によるものなのか、あるいは文字を使った活動がこのプログラムでは限定的だったためなのかは分からない。

歌・チャンツ

次に、プログラム中に使用した歌とチャンツについて評価してもらった。"The Hello Song" "The Alphabet Song" "The Telephone Number Song" "January, February, March" "Pizza Chant" "Good-bye Song" の6曲の中から好きな曲3つを選び、さらにその中で好きな順に1位から3位の順位づけをしてもらった。1位を3ポイント、2位を2ポイント、3位を1ポイントとして集計した結果、一番人気が高かった曲は "The Alphabet Song"（166ポイント）、次いで "January, February, March"（104ポイント）、"The Hello Song"（101ポイント）であった。残りの3曲が、43ポイントから52ポイントの範囲内だったことを考えると、この3曲の人気はずば抜けていたことが分かる。実は、この結果は指導スタッフにとってはやや予想外のものであった。"The Alphabet Song"（1位）と "January, February, March"（2位）は、いずれも歌詞が長めでリズムも独特なので、初心者にはやや難しいかもしれないと思われたからである。しかし、この「やや難しい」ことが、逆に子どもたちのチャレンジ精神をかきたてたように感じられる。難しさの壁を乗り越えた時の子どもたちの達成感・満足感の

大きさを考えてみると、やさしいレベルのものだけではなく、やや難しいレベルの教材も取り入れることが、子どもたちのやる気を引き出す上で重要な鍵になると思われる。

(2) 保護者による評価

　保護者からのコメントで最も多かったのは、子どもたちが英語のみの世界に自然と溶け込み、楽しんでいる様子についてであった。子どもたちは、覚えたばかりの歌やフレーズを使いたくてたまらない様子で、帰宅してからも何回も口にし、時には自分の弟や妹にも教えたりしていたというのである。また、習ったフレーズを使ってインストラクターやアシスタントと英語で話したことを、子どもたちは家庭でうれしそうに報告していたとのことだった。
　一方で、クラスでの様子と家庭での様子が正反対の例もあった。ある男子は、クラス内で歌やチャンツを歌うときにほとんど参加していなかったのだが、家庭では歌やチャンツを何回も歌い、新しい歌を習うのが楽しみだと話していたというのである。このような例は、思春期の子どもたち特有の複雑な心理に対する理解を深めるきっかけとなった。友だちなど周囲の目や反応が気になる年齢になると、クラス内で子どもたちが見せる顔が、必ずしも彼らの内なる気持ちをそのまま映し出しているとはいえないという教訓である。もし、歌やチャンツに参加しない子どもたちがいるからといって、そのまま歌うことをやめてしまったら、実は彼らが内面では楽しみにしていたことを奪ってしまうことにもなりかねないのである。保護者からのコメントは、指導スタッフがクラス内の様子だけでは見極められないでいた子どもの内面を理解する上で、貴重な手助けとなった。

(3) アシスタントによる評価

　子どもたちの反応について
　アシスタントからも、英語のみでのクラスの進行に子どもたちがあっという間に慣れたことに対する驚きが多く聞かれた。アシスタントの観察では、プログラムの最初の2日間（特に初日）は、メイン・インストラクターの英語を正しく理解できているかに自信がなく、日本語で確認したがる子どもたちがいたが、3日目くらいからは、そのようなことがほとんどなくなった。また、インタビューから顔を輝かせて戻ってきた子どもたちの様子や、最終日の発表会での堂々とした様子からは、子どもたちが自信と達成感を得たことを感じ取ったようである。5日間という短期間での子どもたちの変化に感動した様子が伝わってきた。

　プログラムについて
　多くのアシスタントが印象的だったこととして挙げたのは、一つの題材がさまざまな活動に何度も利用できること（例えば、0から30の数字を段階的に学び、その範囲に応じて電話番号、誕生日、足し算・引き算クイズなどで活用）、そして一つ一つのトピックスがすべてインタビューへとつながっていくカリキュラム構成だったことである。また、外国人アシスタントの話がすべて英語だったのにもかかわらず、子どもたちが真剣に耳を傾け、外国人アシ

スタントに質問してみたいことがたくさんあったことにも驚き、子どもの好奇心の強さを改めて実感したようである。

何かプログラムの内容で改善できる点はあるかとの問いには、文字を使った活動をもっと減らしてもよい、という意見が多数寄せられた。文字を使った活動は、子どもたちが中学校に入れば必ずすることなので、このプログラムでは中学校の英語の授業では提供できないこと、つまり英語の「音」にたっぷり親しむことだけに焦点を当てるべきとの考えだった。また、英語の「音」に親しんでいるところに、文字を使った活動が入るのは、せっかくの流れにブレーキをかけているように感じられると答えたアシスタントもいた。このような意見を踏まえて、クラス内での文字を使った活動は、当初のプログラムで実施した量の3分の2から半分程度にまで少しずつ減らすことになる。

5.1.1.6 得られた示唆

「子ども英語クラブ」の実践を重ねるうちに、さまざまな示唆を得ることができた。以下カリキュラムおよび指導法、そして指導者養成について要点をまとめることとする。

(1) カリキュラム・指導法について

歌・チャンツは子どもたちのほとんどが「楽しい」と感じ、強く記憶に残る効果的な導入であることが分かった。また、使い方を工夫することによって、さらに効果を高めることができる。例えば歌詞の中に出てくるものを描いたピクチャー・カードを準備し、子どもたちにはその中から自分の好きなカードを選んでもらう。そして、全員で歌っている時に自分のカードのことばが出てきたら、上に掲げてもらう。つまり、全員で一斉に歌いながらも、それぞれに自分の「担当」ができるのだ。また、歌やチャンツを最初はゆっくりと歌い、慣れてきたらスピードを少し速めて歌ったり、歌詞を一部変えたりして歌うこともできる。このように、歌やチャンツは導入としてだけでなく、既習事項の復習となり、また次の段階として進むグループワークの準備にもなる。そのためには、導入しようとするフレーズや内容と合致した歌やチャンツを選択することが重要となる。

歌やチャンツ同様、ゲームも子どもたちの間で人気が高かった。「子ども英語クラブ」では、単なる楽しみとしてではなく、既習事項の「強化」のための活動としてゲームを位置づけた。つまり、導入したフレーズを使わざるを得ない状況をつくることによって、「使う」という側面を強化する活動である。子どもたちにとっては楽しい活動なので、何度も繰り返しやりたがり、その結果、強化としての効果も大変高まった。また、同じチームになった仲間との協力が必然的に求められるので、短期間に子どもたちが仲良くなる、一つのきっかけにもなったようである。

グループワークによって、子どもたちが実際に英語を口にする機会を増やすことができ、またクラス全体での活動では対応しきれなかった、学習者の個人差にきめ細かに対応することが可能となった。子どもたち同士で助け合う光景もよく目にされ、ゲーム同様、子どもた

ちが力を合わせることによってグループ、クラス内に仲間意識が生まれる結果となった。

　ゲームやグループワークには、子どもたち同士の英語での会話を引き出す力があることにも気づかされた。キャンディー・ゲームをした時のことである。箱の中に入っているキャンディーの数を当てたチームはそのキャンディーをもらえたのだが、キャンディーをもらった子どもたちが、もらえなかったチームのメンバーに対して "Here you are." とキャンディーを差し出したのである。また、ある時にはキャンディーをもらえなかった子が "Candy, please." と、キャンディーを持っている子に交渉していることもあった。いずれの場合も、その後 "Thank you." "You're welcome." という短いやりとりが続いた。子どもたちが使える英語のフレーズはごく限られているのにもかかわらず、使えるものを最大限使って会話をする子どもたちの能力だけでなく、ゲームが終わった後も、そのまま子どもたち同士が自然と英語で会話をしていたことにも驚かされた。

　インタビューに行き、その結果をリポートするというプロジェクトは、子どもたちに目的意識を与え、達成感を味あわせることができた。子どもたちにとって「自分の英語が通じた！」、「相手の言っていることが分かった！」という喜びと満足感は大変大きなものであった。もっといろいろなことを話してみたい、話せるようになりたい、という大きな動機づけとなり、英語を「使う」という目的を意識させるきっかけとなった。5日間の子どもたちの様子を見ていると、子どもは新しく覚えたことを使いたくてたまらないのではないかと感じられた。もちろん、12歳という年齢を考慮すると、低学年ほど無邪気な反応ではないかもしれないが、だからこそ「目的」と「必要性」をプログラムに盛り込むことが重要になるのではないだろうか。

（2）指導者養成について

　新人アシスタントが感じる戸惑いや不安の内容

　小学生と接するのが初めて、またコミュニケーション活動を中心としたプログラムへの参加も初めてというアシスタントたちが、プログラムに参加しながら戸惑ったり不安に思ったりしたことは、以下の3つであった。

　1つ目は、アシスタントは「必要に応じて」日本語によるサポートをしてもよいとのことだったが、「いつ」、「どの程度」サポートしてよいのか分からなかった、という点である。アシスタント自身の中学校・高等学校での英語の授業では英語と和訳はいわばセットになっていたため、このプログラムでも、一つ一つの単語や文章をすべて日本語に訳した方がいいのか、あるいは、子どもからサポートを求められた時だけでよいのかが分からなかった、ということである。この点については、一語一句まで理解できなくとも、だいたい何が話されているのかを「推測する」ことも言語学習の重要なプロセスであることを、クラス後のミーティングにおいてメイン・インストラクターから説明した。また、使用する英語表現をシンプルにすること、同じ表現（"Make a circle." "Are you ready?" "Who wants to volunteer?" など）を繰り返し使うこと、「ことば」以外の表現方法（ジェスチャー、声のトーン、表情、絵

など）も併せて使うことによって、必ずしも日本語訳に頼らなくても子どもの理解を助けることができるということも指導スタッフ間で共有した。

2つ目は、子どもたちの反応をどう解釈したらよいかわからなかった、という点である。これは、グループワークにおいて子どもたちがアシスタントからの質問に答えない場合、それは質問が理解できないのか、あるいは質問は理解できているが自信がないために答えられないのかの判断がつかなかった、ということである。アシスタントとしては子どもを適切にサポートしたい気持ちと、子どもに過度にプレッシャーをかけてしまうのではないかという不安のジレンマに陥ってしまったのである。興味深いことに、アシスタントが判断に迷っているうちに、子どもたち同士で助け合う姿が見られるようになった。そして、その子どもたち同士のやりとりを観察することによって、質問に答えられずにいた子どもの理解レベルをアシスタントが把握できるようになったのである。少人数のグループにおいてさえ、子どもはさまざまな理由で声を発することができないことがある。その際に大きな助けとなるのが同じグループの仲間からのサポートである。同じ仲間からのサポートの方が、子どもにとっては身近な存在だけに受け入れやすいこともあるだろう。グループのメンバー全員でフレーズの復習を繰り返したり、やや自信がなさそうな子はサポートができそうな子とペアを組ませたりして、仲間からのサポートを引き出しやすい環境を設定することも、サポートの一つの形となるのである。

3つ目は、グループ内の個人差にどのように対処したらよいかわからなかった、という点である。

「子ども英語クラブ」の参加者はほぼ同年齢の子どもたちであったが、個性、学習スタイル、事前の英語学習歴には差があり、少人数のグループではあっても、新人アシスタントはどこに照準を合わせればよいのか判断に迷ってしまったのである。初めのうちは、メイン・インストラクターがフォローに入り、アシスタントがグループ全体の指導や進行に集中できるようにしたのだが、次第にアシスタントも「子ども同士のサポート」が活用できるようになった。子ども同士のサポートの活用のしかたについては前述の通りだが、サポートが必要な子どもがいる場合にはグループ全体での練習を多めにしたり、グループ内でさらにペア活動をしたり、1人だけ先を進んでいる子がいる場合には、その子にグループでの先生役を務めてもらうこともできる（子どもは先生役が大好きなので、喜んで引き受けてくれる）。こうすることで、異なるレベルの子どもたちが同じ活動に取り組むことが可能となり、アシスタントはグループ全体を統括しつつ、ピンポイントで必要なサポートをすることもできるようになった。

アシスタントの視点と意識の変化

「子ども英語クラブ」に2回以上参加したアシスタントの実習日誌をさらに分析したところ、アシスタントの視点と意識がプログラムに初めて参加した時（新人アシスタント時）とは変化していることが分かった。新人アシスタント時は、先述のように、自分が経験した不

安や戸惑いについての記載が多かった。ところが、プログラムへの参加が2回目以降の実習日誌では、不安や戸惑いについての記載がほとんど見られなくなり、その代わりに自分の指導法についての具体的な目標設定や、プログラム全般に対する評価や提言が見られるようになった。指導法についての具体的な目標としては、ゆっくりと明瞭な発音を心がけること、子どもたちに笑顔で接すること、個々の活動の目的をアシスタント自身がしっかりと把握することなどが挙げられた。プログラムに対する評価や提言としては、アシスタントの果たす役割（アシスタントの子どもへの接し方によってグループワークやクラスの雰囲気が大きく左右されること）、「子ども英語クラブ」修了者向けのコースについてのアイディア（自己紹介の内容をさらにふくらませ、嫌いなもの、行ってみたいところ、大きくなったらなりたいもの、家族やペットの紹介などを含む）、チーム指導体制への評価（お互いに良い刺激となり、よりよいプログラム作りへと向かう原動力となっている）などが挙げられた。

　これらの変化をみると、プログラムに初めて参加した時には、クラス内での一つ一つの出来事に驚いたり戸惑ったりしていたアシスタントが、教室経験を積むうちにクラス全体、プログラム全体を一歩下がって見渡せるようになっていることが分かる。さまざまな子どもたちとの出会いや経験が、アシスタントに自ら必要な指導技術を明確に意識させ、異なる状況に柔軟に対応できる力を身につけさせたのである。そして、そのことが周囲を見渡す余裕を生み、プログラムを多角的な視点から捉え、さらなる改善のための意見の発信に結びついたと言えるだろう。

　このような変化と成長を見せたアシスタントは、プログラムに初めて参加する新人アシスタントをサポートする役割も果たすようになった。プログラムの実施2回目からは、アシスタント希望の学生が増え、グループワークに配置するアシスタントを1人から2人に増やしたのだが、その際には初めてプログラムに参加する「新人アシスタント」とプログラムに参加した経験のある「経験者アシスタント」とを意図的に同じグループに配置した。その結果、新人アシスタントは同じグループに配置された経験者アシスタントの様子を目で見て学ぶことができるので、不安や戸惑いはかなり軽減された。この経験者アシスタントと新人アシスタントでペアを組む手法は、グループワークだけでなく、部分的ながら全体を指導する場面（色を導入する"color teacher"、天気を導入する"weather teacher"など）においても採用したところ、同様の効果を上げることができた。子どもたち同士が助け合う姿については先にも述べたが、アシスタント同士もまた助け合い、学び合う効果がこのプログラムにはあったことを実感させられた。

5.1.1.7　まとめ

　「聞く」「話す」ことに重点を置いた「子ども英語クラブ」において、子どもたちは歌やチャンツを通して自然な英語のリズムに親しみ、グループワークを通して英語をたくさん口にする機会を得た。プロジェクトワーク形式のカリキュラムによって、その積み重ねが教室外でのインタビューへと子どもたちを無理なく導き、結果として子どもたちに大きな自信を与え

ることができた。知識としての英語ではなく、目的と必要なことなどを遂行するための「コミュニケーションの道具としての英語」を自らの体験を通して実感することができたことが、始まったばかりの子どもたちの英語とのつきあいに今後良い影響を与えるのではないかと期待される。

　プログラムの全体進行は英語のみで行ったが、このことも、コミュニケーションの道具としての英語の位置づけを確かなものにする役割を果たしたと考えている。プログラム最終日のアンケートで、ある子どもが「英語で何を言っているかはわからなかったけど、何を言おうとしているのかはわかった」とコメントしたことからも分かるように、子どもたちは話し手の意図をつかむアンテナを張ることができるようになったのである。プログラム参加者が、わずか数日の間に英語のみの世界にすっと溶け込んだことは、コミュニケーション活動を中心とした授業展開が、子どもにはごく自然に浸透するという可能性を示唆していると思われる。

　「子ども英語クラブ」では、津田塾大学の学生に小学校英語指導の実地トレーニングを提供することも大きな目的であった。アシスタントとして参加した学生は、自分たちが受けてきた「読む」「書く」活動が中心の英語教育とは全く異なるプログラムに子どもたちと一緒に参加しながら、グループワークや小トピック導入の際には指導者の立場で指導や進行にあたった。アシスタントの生の声を分析することにより、初めて指導する立場になった時に難しいことや、アシスタントの指導者としての意識や視点が経験とともにどのように変化していくのかも明らかになった。プログラムに複数回参加したアシスタントの変化と成長は顕著であった。緊張でこわばっていた顔はにこやかな笑顔に変わり、子どもたちへの指示は明瞭な声と発音で明確に出されるようになり、サポートを必要とする子どもにはすぐに気づき、適切なタイミングと方法で対応ができるようになった。指導に必要な技術を自ら試行錯誤しながら身につけ、初心者アシスタントのロール・モデルになるまでに成長した。

　実践を重ねるうちに、このプログラムは指導者と学習者という単純な構図から成るものではなく、メイン・ティーチャー、アシスタント、子どもたちの3者が相互に作用しあいながら、同時にアシスタント同士、子どもたち同士も助け合い、学び合う場となっていることに気づかされた。この学びのダイナミズムは、初めて英語に触れる子どもにふさわしいプログラムの提供と、指導者養成プログラムという2つの目的を統合した「子ども英語クラブ」だからこそ生まれたものであると言えるだろう。

（佐々木ゆり）

5.1.2 春のプログラム

5.1.2.1 午前の部

　2011年度より全国一斉に小学校5〜6年生を対象に外国語活動が始まった。2000年より始まった津田塾大学津田梅子記念交流館自主フォーラム「小学生英語のひろば」の「春のプログラム」午前の部では、5〜6年生で英語に触れたことのない初心者を対象にプログラムを組んできたが、この全国一斉の小学校での外国語活動開始に伴い、本プログラムも2012年から内容を再検討した。

(1) 基本理念
　基本理念は「春のプログラム」開始当時に据えられたものと変わりない（5.1.1参照）。

　音声インプットを中心とした英語導入
　言語は音からできているのは言うまでもない。母語獲得では子どもは母語音声の十分なインプットに浸った後、アウトプットを始めるのである。外国語学習でもまた、このようなプロセスを取るべきである。特に、日本語と英語のように音の体系に相違が大きい場合、日本語を母語話者とする学習者は、英語学習において英語特有の音やリズムを十分に体験する必要がある（佐々木, 2004）。

　"interaction"の重視
　言語習得は学習言語を使用して学習者自身にとって意味のある内容をやりとりする場を設置することが肝要である (Krashen and Terrell, 1983)。自分に必要な情報を言葉による伝達収集する、このようなやりとりの場を経験することが、ことばの発達を促すものと思われる。

　将来子どもに英語を教える人材の養成
　将来英語の先生になる大学生をアシスタントとして本プログラムに配置することは、参加した児童の学習をスムーズにさせるばかりか、アシスタントである大学生にも実践の場を与えることになる。児童にどのような援助が必要であるのかを観察し、またどのように援助したらよいかを体験する機会になるのである。小学校英語の現場では、初等英語について知識のある人材が不可欠であるのに加え、中学校においてもこれから小学校で外国語活動を経験した生徒たちの扱いについて、小学校英語に精通した教員が必要となってくるはずである。

　学内での連携・地域社会との連携（佐々木, 2004）
　学内から広くアシスタントを募ることで、普段関わることの少ない、学年、学部を超えた学生、そして留学生による協力体制をつくることができる。このような体制の構築は、学生同士の学び合いにもつながり、また近隣の小学校の外国語活動の手伝いなど、学内での活動

を超えた地域への貢献にもつながることと思われる。

(2) 基本理念から実践へ

　基本理念である、音声インプットを中心とした英語導入を実践の場に取り入れる方法として、英語のリズムやイントネーションを体験することができる歌やチャンツおよび絵本を用いることが小学生の英語教育では効果的であると思われる。

　田近（2004）は、小学生には小学生の特徴を生かした英語の学び方があることを主張している。小学生は、「与えられた材料を全体的に把握して分析をしなくてもそれを受け止めて身につけ」（p.10）ることができるので、例えば歌やチャンツを使用することで「かなりの量の自然な英語表現が定着するだけでなく、英語のリズムやイントネーションや強弱といった中学生ではなかなか取り組むのが難しいが英語学習では必須の要素を無理なく」（p.11）身につけられるというわけである。また、佐々木（2004）は、「日本語と全く違う響きを持つ英語の音声を、カタカナ表記などを使用して『日本語的にとらえる』のではなく、『聞こえたとおりに再生してみる』課程が導入時には重要である」（p.36）と述べ、日本語を母語話者とする学習者にとって、英語特有の音やリズムを十分に体験することの必要性を強調している。英語の歌は、「1音節=1音符という原則にしたがって歌詞にメロディーがつけられている」（窪薗・本間、2002, p.26）ので、歌うことで英語の音節構造を体感できる。またジャズ・チャンツ（Graham, 1988）は、自然なアメリカ英語の口語を4ビートのスロージャズに乗せることで英語特有のリズム、強勢、イントネーションを体感できるように作られている。特に、ジャズ・チャンツの基本となる「ジャズの強烈なビートとリズムは英語初心者にとってことばを身につけやすく」（吉田, 2010）なると思われる。さらに、佐々木（2004）は、「歌、チャンツは子どもたちのほとんどが「楽しい」と感じ、強く記憶に残る効果的な導入であることが分かった」（p.42）と報告をしていることから、歌やジャズ・チャンツは子どもに好ましく受け入れられると思われる。

　絵本の読み聞かせは、絵を見ながら、話を聞きながらことばに出会っていく子どもたちの疑似体験の世界である。話を聞きながら、時には、物語の主人公になって演じてみたり、また、時には話の続きを絵に描いてみたりしながら、ことばを自分に引き寄せ使って楽しんでいく。絵本の読み聞かせは、母語獲得でも外国語（第二言語）学習でもことばを獲得していく一つの主要な手段と考えられる（Wells, 1986）。絵（画像）はmental model（心的表象）に直接結びつけられる（Kost, Foss and Lensini, 1999）ので、学習者は、聞き取った新しい情報を絵（画像）によって概念と結びつけ意味を知ることができる（Oxford and Crookall, 1990; Terrell, 1986）。つまり絵本の読み聞かせは、ことばの音声インプットとして非常に重要な役割を担っているのである。特に、同じパターンの言い回しがある一定のリズムで繰り返される絵本を使用した場合、子どもたちはその言い回しを推測でき（秋山, 2004）、覚え使い始めることができるようになる（リーパー, 2003）と思われる。また秋山（2004）で

は、絵本を使ったストーリーテリングについて「視覚教材・ジェスチャーなどで、重要語彙を示したり、思い出させたり、また、子どもたちが持っている知識を利用して、物語の意味をはっきりさせながら学習することが可能である」(p.55)と、その効果について述べ、「良質な物語は潜在的に外国語クラスにおいて効果的な道具」(p.55)となると主張している。

さらに、田近(2004)は、2001年度から2003年度までに行った「初等英語教育および多文化教育における教員養成とシラバス・デザインの研究」プロジェクトの研究成果から「小学生に向けて英語教育をプランすることにより、中学生にできないことが多数見えてきた。英語という言語を小学生と中学生とでは異なった角度からとらえて教えていくのがこれからの英語教育の小中の連携となるであろう」(p.12)と述べ、小学校は中学校の前倒しではなく、棲み分けるべきであり「小学校では、内容中心("content-based")(2.3参照)、テーマ中心("theme-based")、作業中心("task-based")(2.4参照)のアプローチでかなりの量の自然な英語身につけさせておく」(p.12)ことにより、中学校では、「中学生特有の抽象的分析に基づき文法にも充分配慮した、より高度な英語力を培うことができるのではないだろうか」(p.12)と提案している。(1.1.1参照)

また、吉田(2003)では、英語学習を初体験する小学校外国語活動では、「できるだけ外国の文化、言語、そして人に触れる機会を多く」(p.119)し、「体験的に何かを感じとる」(p.119)こと、さらに、「形式的正確さではなく、コミュニケーションの成立を第一義的に考え」(p.125)、「英語を使うのが面白い、楽しい、そして、外国人と話ができたという「成就感」を味わわせること」(p.126)が大切であると述べている。

以上のことより、基本概念を実践活動に生かすために、絵本の読み聞かせに加え歌やチャンツ(ジャズ・チャンツ)を豊富に取り入れ、その後絵本を土台に自分の絵本を完成させ発表するタスク活動に発展させるプログラムを作ることにした。

(3) 内容
5日間に使用した絵本、歌、チャンツ、それらを活用した活動は以下の通りである。

【表1】

	使用した絵本、歌、チャンツ	活 動
Day 1	The Days of the Week (chant)	チャンツで曜日の導入をする
	How's the Weather? (song)	歌で天気の言い方を知り応答する
	The Hello Song (song)	歌に乗せて自己紹介をする
	Monkey and Me (picture book)	1. 読み聞かせを聞きながら聞こえた動物の真似をする 2. リズムに乗せて絵本を読む

	Brown Bear (picture book)	1. 読み聞かせを聞きながら聞こえた動物の真似をする 2. リズムに乗せて絵本を読む	
	It Looked Like Spilt Milk (picture book) タスク活動：絵本の一部を創作しグループで発表する	1. 読み聞かせを楽しむ 2. デモンストレーションを見てゴールを知る 3. 創作する 4. リハーサルをし発表する	
Day 2	The Days of the Week (chant)	チャンツで曜日を歌う	
	How's the Weather? (song)	歌で天気の言い方を知り応答する	
	The Name Chant (chant)	参加者の名前でチャンツを動作をつけて歌う	
	Monkey and Me (picture book)	1. 動作を入れて絵本をチャンツで歌う 2. （ゲーム）自分の決めた動物が指名されたらチャンツで歌い、次を指名する	
	Little Cloud (picture book) タスク活動：絵本の一部を創作しグループで発表する	1. 読み聞かせを楽しむ 2. デモンストレーションを見てゴールを知る 3. 創作する 4. リハーサルをし発表する	
Day 3	The Days of the Week (chant)	チャンツで曜日を歌う	
	How's the Weather? (song)	歌で天気の言い方を知り応答する	
	What do you like? (song)	歌で好きなことをいう言い方を知る	
	The Alphabet Song (song)	1. 歌でアルファベットを知る 2. 動作をつけて歌う	
	Tomorrow's Alphabet (picture book) タスク活動：絵本を参考に自分の名前を用いて Tomorrow's Alphabet を作る	1. 読み聞かせを楽しむ 2. デモンストレーションを見てゴールを知る 3. 創作絵本のアウトラインを作る	
Day 4	The Days of the Week (chant)	チャンツで曜日を歌う	
	How's the Weather? (song)	歌で天気の言い方を知り応答する	
	What do you like? (song)	テーマに沿って好きなものを歌に乗せて歌う	
	The Alphabet Song (song)	歌でアルファベットを音に注意して歌う	
	Give me a C (chant)	チャンツに合わせてタスク活動に必要な文字を要求する	
	Tomorrow's Alphabet (picture book) タスク活動：絵本を参考に自分の名前を用いて Tomorrow's Alphabet を作る	1. 読み聞かせを楽しむ 2. デモンストレーションを見てゴールを確かめる 3. アウトラインに沿って絵本を創作する 4. リハーサルをする	
Day 5	The Days of the Week (chant)	チャンツで曜日を歌う	
	How's the Weather? (song)	歌で天気の言い方を知り応答する	

Tomorrow's Alphabet (picture book) タスク活動：絵本を参考に自分の名前を用いてTomorrow's Alphabetを作る	1．読み聞かせを楽しむ 2．リハーサルをする 3．発表する
The Very Hungry Caterpillar (picture book)	読み聞かせを聞く

活動の目標

- 5日間を通して行った活動
  - The Days of the Week (chant)
    曜日をチャンツに乗せて歌うことで身近によく聞く英語（この場合は曜日）の英語らしい言い方を身につける。
  - How's the Weather? (song)
    歌に乗せて天気の尋ね方、答え方を知る。
- リズムに乗せて絵本を読む活動
  - *Monkey and Me* (picture book) および *Brown Bear* (picture book)
    同じパターンの言い回しで一定のリズムで繰り返されるフレーズに触れながら英語のリズムを体感し覚える。
- 絵本を土台にゲームや替え歌を作る活動
  - *Monkey and Me* (picture book)
    自ら選択した動物になり、絵本の言い回しを利用して指名し合うゲームをすることで集中して聞くこと、リズムに乗せて発話することを身につける。
  - What do you like? (song)
    決められたテーマに沿って自分の好きなものをメロディに乗せて歌うことで、英語独特の抑揚を学ぶ。自己の好きなものを発表し、他者の好きなものを聞くことで自己および他己尊厳をはぐくむ。
- 絵本を土台にしたタスク活動
  - *It Looked Like Spilt Milk* (picture book)
    絵本の中で繰り返されるセンテンス "Sometimes it looked like 〜. But it wasn't 〜." を利用し、雲がどのように見えるかを発表する。発表時に視覚補助として用いる絵（ちぎり絵）を作成する過程で、target sentencesを繰り返し言い、自分のことばにする。
  - *Little Cloud* (picture book)
    絵本の中で繰り返されるセンテンス "Little cloud changed into 〜." を利用し、雲が何に変化するかを発表する。発表時に視覚補助として用いる雲（フェルト地）を作成する過程で、target sentencesを繰り返し言い、自分のことばにする。また、グループで物語の終わりを作り共同で発表することで、オリジナルの絵本を作り上げるという成就感を味わう。

・*Tomorrow's Alphabet* (picture book)

絵本の中で繰り返されるセンテンス・パターン、例えば "A is for seed –tomorrow's APPLE." を利用し、自分の名前に用いられるアルファベットを使ってアルファベットブックを作り、自分の名前を表わす文字、その文字を使ったことばを学ぶ。また、発表時に使用する絵を分かりやすく描くこと、分かるように発表する工夫をすることで、聞き手の存在を意識し、コミュニケーションすることの基本を知る。

(4) 参加者からのアンケートおよび考察

毎日参加者が書いたジャーナルによると、参加者たちは、本プログラムを概ね肯定的に受け止めたと言えるであろう。記述の中には、「楽しかった」「面白かった」「言えた」「分かった」などと積極的にプログラムに参加している様子がうかがえる記述が多くあった。特に英語のリズムについて「好きなものの歌が、覚えやすいリズムで楽しかった」「ABCの歌がリズムにのって歌えた」などと記述しているものや、自分のことを英語で言ったり歌ったりすることについて「好きなもののチャンツを歌うのが面白かった」「自分のアルファベットでいろいろなことばができるのが楽しかったです」などと記述しているものもあった。歌やチャンツを使うことで未知のことばでも抵抗感なく口ずさむことができたようだ。さらに自分に関与したことを言うことにも抵抗感なく、むしろ積極的に英語を使って話したいという意識がうかがえる。これは自分のことを英語で伝え合うことは楽しいというコミュニケーションへの積極的参加の芽生えであるようにも思える。

また何が言えたのか、分かったのかについての記述は、プログラムが進むにつれてその対象が明瞭にそして具体的になってきていたようである。例えば、「言えた」においては、「難しい英語をうまく言えた。」(第2日目) から、「好きなものをしっかり言えました。」(第3日目)、「つまずくことなく言えて良かったです。」(第5日目) などと、何が言えたのかが具体的となり、それを「はっきり」「しっかり」「つまずくことなく」など徐々に達成感が伝わるような記述に変化してきている。これは、本プログラムにおいて、参加者たちは予め最終目標をはっきりと知っており、その上でさまざまな活動に取り組んだからではないだろうか。つまり、自分の言いたいこと、言うべきことがはっきりし、また、聞き手に伝わるように言いたい、言うべきであるというコミュニケーションの意識が芽生えてきたからだと思われる。また、「分かった」については、「こうもりのことを『バッド』ということを初めて知りました。」(第1日目) や、「『モンキーイズミィ』という絵本で詳しい英語の発音が分かって絵本で知れたことがたくさんあって面白かったです。」(第1日目)、また「ABCを最後まで知らなかったからわかってよかった。」(第2日目) など知っていたような気がしたけれど、よく分かった様子が記述されている。

さらに、「分かった」という記述と「言えた」という記述の増減が日を追うごとに逆に変化していることも印象的である。これは、日程の前半をインプットに当て、後半はそれを土台に絵本作りをしたため、前半では「分かる」ことが多く、後半では「言えるようになった」

ことが多くなったためと思われる。最終目標がはっきりと参加者たちに提示されていたため、参加者たちの意識が「分かる」ことから「言える」ことに向けられたからであろう。

　また日を追うごとに分かったことや難しいことをより具体的に挙げているのも印象的である。これは、最終目標である発表が、自分の考えたジャズ・チャンツであったために、ことばが個人化されたからであろうと思われる（吉田, 2003）。

　また、本プログラムが肯定的に受け止められた理由として、作業中心の楽しさがあったことが挙げられるであろう。「*Tomorrow's Alphabet*の本を自分で考える時、自分の名前のアルファベットから言葉をみつけるのが難しかったけれど、何とか全部見つけることができました。これで新しい単語をいくつか覚えました。例えば「poor」「rich」などです。時間の絵本作りが楽しみです。」や「絵本をぎりぎり仕上げることができた。」、また「絵本つくりが楽しかった。聞いたことのない言葉が出た。様々な言葉を知った。絵本を聞いてまた読んでみたいと思った。絵本つくりに力をもっと注ぎたい。」など創作した絵本を発表するというゴールに向けて、自分自身でしなければならないことを考え実行することに夢中になることを楽しんだようである。(田近, 2004)。

　最後に、最終日の発表について、ほとんどの参加者が、自分の発表についてと他の人の発表について記述している。第2日目の発表の際にはそのようなことは見られなかった。最終日の発表は一人で行うため、また練習時間を十分に取ったために、他の発表にも関心が湧き、その内容や言い回しや発表の仕方に興味を持って聞くことができたからだと思われる。

(5) おわりに

　津田塾大学津田梅子記念交流館自主フォーラム「小学生英語のひろば」の「春のプログラム」において、絵本の読み聞かせに加え、歌やチャンツを豊富に取り入れ、その後その絵本を土台に自分のオリジナル絵本を創作、発表するタスク活動を行った。プログラムに参加した子どもたちのジャーナルから、子どもたちは歌やチャンツに触れることで英語そのものの持つ音やリズムを体感し、それを楽しみ、吸収しようとしている様子がうかがわれた。またタスク活動では、子どもたちは自ら、ゴールに向かって自分が何をすべきかを考え選択、計画、行動しようとし、そのためにことばを自分に引き寄せ、自分らしく使おうとしていたようである。さらにゴールにたどり着いた（発表したこと）喜び、それを他者と分かち合うこと（他者の発表を見て評価すること）の喜びを記述していた。以上のような成就感を何度も味わい、英語を使うことの喜びを多く体験することがコミュニケーション力の基礎になるのではないかと思われる。小学生の英語教育に関しては賛否両論あり、また、方法論にも議論の余地が多くあるが、本プログラムが小学生を対象にした英語教育の一つの提案になればと思う。

（執行智子）

5.1.2.2 午後の部

(1) 基本理念

2001年に開始された「春のプログラム」は午前クラス・午後クラスを同じ内容で実施していた。しかし、2002年に導入された「総合的な学習の時間」に外国語活動を実施する小学校も増え、2007年から経験者向けのプログラムを開発した。さらに、外国語活動の必修化に伴い、2011年からは地球を俯瞰的に見る国際理解を軸にTask-based Language Teaching (TBLT) に変更し、調べ学習をもとにした発表へと転換した。同時にスキルも重視するが、単に与えられた構造を定着させるのでなく、創造的タスクの遂行をゴールとしている。午後のプログラムが目指すものは、5.1.1.1および5.1.1.2で述べられている理念に基づいている。

(2) 基本理念から実践へ

従来使用していた歌やチャンツも用いながら、「小学校でやってみよう！ 英語で国際理解教育」（吉村編, 2001）、および「小学校テーマで学ぶ英語活動」（町田・瀧口, 2010）の素材を核に構成している。

(3) 内容

カリキュラムは以下の通りである。

【表1】 Teaching Plan for the Afternoon Course (2014)

Day	使用した歌、チャンツ	活　動
1	C* Who is Sylvia? ♪* Where are you from?	・Who has a name that starts with ___ ? ・My name is Andrew. 　I'm from Sydney. 　Where is that? 　It's in Australia. ・What continent is this? ・七大陸、国、都市を地図と地球儀で確認
2	C Who is Sylvia? ♪ Where are you from? C What time is it now? ♪ How's the weather? ♪ Hello to All the Children of the World	・国と国旗のマッチング ・listening quiz時差 ・時差時計作り ・天気、時刻が言える
3	C Who is Sylvia? ♪ Where are you from? ♪ Hello to All the Children of the World	・行きたい国の調べ学習（インターネット） ・資料探し ・What country do you want to go to? ・Why? Because...

4	C Who is Sylvia? ♪ Where are you from? ♪ Hello to All the Children of the World	・発表のシナリオ作り I want to go to _____, because _____. It's in _____. It has (a lot of) _____. It's famous for _____. It's popular in _____. They speak _____ there.
5	♪ Where are you from? ♪ Hello to All the Children of the World	調べたことを発表する 外国人アシスタントの国について知る

*C：チャンツ
*♪：歌

アクティビティ

1. Who is Sylvia?

   目的：名前のスペリングに関心を持たす。

   　　　Who has a name that stants with s ?
   　　　Who has a name that ends with a ?
   　　　Who has a name with l in the middle ?
   　　　　I do. She/He does.
   　　　Who is Syluria ?
   　　　　I am She/He is.
   　　　のフレーズの定着。

   方法：Teacher-Student（TS）の call and response

2. Where are you from?

   目的：世界地図に親しみ、世界のさまざまな地域には、人々が住み生活をしていることに気づかせる。日本がアジアにあることを知る。

   方法：6大陸に住む子どもたちの名前と都市、国のマッチング。

3. How's the weather?

   目的：天気に関する言葉に親しむ。How's the weather in ____? のフレーズを学ぶ（文科省, 2001）。世界の都市について知る。

   方法：information gap 活動

   　世界地図に8つの都市 (New York / Van Couver / Lima / London / Moscow / Cairo / Tokyo /Sydney) が表示されている。それぞれ4つの都市の天気が記入されているAバージョンとBバージョンのワークシートがあり、記入されている都市の天気をたずね合う。

   　その後毎日、留学生アシスタントに電話するという設定で、出身地の天気と温度を聴き取る。

4. What continent is this?
    目的：大陸の特徴（大きさ、場所、面している海、都市）を捉える。
    方法：ヒントを聞いて、どの大陸のことか話しあって答えを出す。
5. What time is it now?
    目的：時差という概念に触れさせる。What time is it in ____? の表現に親しませるとともに、異文化に対する興味・関心をかきたてる。
    方法：What time is it now?のチャンツを聞き、各都市の時間を聴き取る。床の上においた輪にしたロープを地球に見たて、その上に立ち、各都市の位置や時間を確認し視覚的に時差を実感させる。
    また、地球が回転する方向や日付変更線を確認した後、時差時計を作成する。

さまざまな活動やタスクを取り入れることで、言語的知能に限らず、論理・数学的知能、音楽的知能、視覚・空間的知能、対人的知能などの知能が刺激される。Multiple Intelligences (MI) 理論に沿った（2.2参照）プログラムとなっている。

調べ学習は、大学内の計算センターでインターネットを検索し、資料を探す。資料をもとに発表用フォームに沿って情報をまとめ、シナリオと発表用ポスターを作成する。調べ学習では、能動的に獲得した情報を加工することで主体性が養われ、情報をまとめる段階で分析力を必要とし、表現する段階で創造的な力を必要とする（加藤・浅沼, 1999: 35）。シナリオ作成には、子ども自身の興味、経験、知識が足場となる。一方、言語面ではグループごとに配置されているアシスタントの支援が足場づくり（scaffolding）となる。一方、ポスターづくりは、言語以外でどう内容を伝えるかを工夫し、一人一人の自由な発想を育むねらいがある。

発表の仕方もプレゼンテーションの大事な要素である。皆に聞いてもらえるよう、言語情報だけでなく非言語情報も使い表現するよう工夫する。アシスタントの学生のモデル・プレゼンテーションを参考に、どのように伝達したらよいか工夫する。自分の発表だけでなく、同時に他の人の発表もよく聴く態度を身につける。発表後、友だちがどこの国に行きたいのか、またその理由は何かについて尋ねる。

最後に、アシスタントとして参加している留学生の国についてのプレゼンテーションを聴く。プレゼンテーションの前に、Quizに回答する形で予め興味を喚起する。単に知識を得るだけでなく、導入を参加型にすることでプレゼンテーションを聴く注意力が養われる。

留学生の出身地は、今までフィリピン、スコットランド、アメリカである。英語圏にかかわらず、テーマに合うようなるべくいろいろな地域の留学生と触れ合う機会としたい。スコットランドの回には、2014年の秋に行われた独立国民投票の話にも触れた。また、アメリカの留学生はガーナからの移住者で、ガーナの話を聞いたり、ガーナの踊りも体験した。留学生が持ち込む多様な文化はプログラムを豊かなものにしてくれる（Curtain and Pesola, 1988）。

（4）参加者からのアンケートおよび考察

　参加者の振り返りには、調べ学習とシナリオ作りが楽しかったとの記述が多かった。一人ひとりの創造性が要求されることが、関心の喚起につながると考えられる。また、発表も大変良い経験になっている。うまくいった場合には達成感があり、うまくいかなかった場合も次回はもっと良くしようというモティベーションにつながる。グループワークを多用しているため、友だちに触発され、ピア・プレッシャー（仲間からの圧力）が良い方向に働いている。最終日は、友だちの発表から学ぶことも多い。

　さまざまな概念を英語で理解するプログラムのため、英語も初心者、背景知識もないという場合には、認知的に負荷が大きい。しかし、初めて参加してよく消化できなかった子どもが、次回参加した時にはよく理解して自分のものとし、自信を持ってプレゼンテーションするケースが見られる。認知の発達に伴い、相応な刺激を与えることができると言えよう。子どもたちにとっては刺激的であることが楽しいことにつながる。英語で内容を学びながら子どもたちの世界が広がっていくようである。「その国によって、[世界]地図がちがうことが分かった」、「前までは外国のことがそんなに興味なかったけど、地球の上から見ると日本が午前だけど、反対を見ると午後だったりしてとても勉強になった」との振り返りがあった。家でも地球儀を見ている子どももいる。

　保護者のアンケートには、「小学生の初歩だからといって幼稚な感じは全くなく、学習しながらいろいろな知識を身につけられる楽しさを実感しているようだった」との記述があった。

（5）おわりに

　5日間の集中プログラムであることの効果はあるが、最終ゴールに行きつくため、次々にタスクをこなしていかなければならない面がある。しかし、単なる英語学習にならないためには、立ち止まって考えさせることが必要である。2014年度より1コマを30分延長して実施した結果、時差の概念を掴む過程では子どもたちに試行錯誤させてかなり回り道をしたり、調べ学習に十分時間をとり、言語と思考の世界を広げていく環境づくりに配慮した。参加者が頭を使って考える時間がとれれば　さらに主体的に関われ納得のいくものになると考えられる。

（秋山道子）

5.1.3 夏のプログラム ── 「津田塾生とつくる英語劇」

はじめに

津田塾大学の学生を主体とする自主フォーラム「小学生英語のひろば」が産声をあげたのは、平成12年（2000年）である（5.1.1参照）。その「ひろば」の活動の一環として、英語劇が初めて試みられたのは、平成18年（2006年）夏のことである。以来、「津田塾生とつくる英語劇」と名づけられた本プログラムでは、毎夏、小学校高学年から中学1年生までの児童・生徒が本学の学部生・大学院生たちと共に、夏休みの6日間をかけて英語劇を創り上げ発表している。平成27年（2015年）に10周年という一つの節目を迎えるにあたって、本稿では、本プログラムのこれまでの歩みを振り返り、初等英語教育におけるドラマ活動の意義について考えてみたい。

5.1.3.1 題材

題材は、各年度のスタッフとなることを希望する学生たちが第1回目の顔合わせのときに、英語で書かれた物語の候補を持ち寄り、多数決で決定する方法をとってきた。過去9年間に選ばれた題材は以下の通りである。

平成18年（2006年）『星の王子さま (*The Little Prince*)』
平成19年（2007年）『オズの魔法使い (*The Wonderful Wizard of Oz*)』
平成20年（2008年）『青い鳥 (*The Blue Bird*)』
平成21年（2009年）『ピーター・パン (*Peter Pan*)』
平成22年（2010年）『ピノキオ (*Pinocchio*)』
平成23年（2011年）『不思議の国のアリス (*Alice's Adventures in Wonderland*)』
平成24年（2012年）『アンデルセン』
平成25年（2013年）『森は生きている (*Twelve Months*)』
平成26年（2014年）『ビアトリクス・ポターのおはなし─ピーターラビットと仲間たち』

まず、それぞれの題材についてごく簡単に紹介したい。『星の王子さま』(1943) は、1900年に伯爵家の長男としてフランスのリオンに生まれたアントワーヌ・ド・サン＝テグジュペリ（1900-1944）が二度と帰還することのない長距離偵察飛行へと旅立つ前年に出版された遺作である。サン＝テグジュペリは、26歳のとき航空郵便を取り扱う会社に入社し、フランスから地中海とサハラ砂漠を越えてアフリカまで郵便物を配達する仕事に従事していた。サハラ砂漠の中継基地である飛行場の主任を務めたこともあり、ムーア人との友好関係を築き、また飛行機事故の遭難者の救出にもあたっていたといわれる。その後、郵便航空路線を開発するためアルゼンチンに赴き、妻となるコンスエロにも出会っているが、彼女が本作品に登場するバラのモデルとの説もある。『星の王子さま』は、サン＝テグジュペリがパイロットと

して地球と人間を見つめ続けてきた長年の経験が結実した作品といえる。

『オズの魔法使い』(1900) は、それまでのヨーロッパの伝統的な物語とは異なるアメリカ的な新しく楽しい物語を書いてみたいと夢見ていたライマン・フランク・ボーム（1856-1919）によって子どもたちのために生み出された。この作品は幾度も舞台化されており、映画化されたものとしては子役ジュディー・ガーランドが「虹の彼方に("Over the Rainbow")」を歌いアカデミー賞に輝いた1939年の作品が有名である。ちなみに、『オズの魔法使い』に登場した「西の魔女」を主人公とした作品が1995年にグレゴリー・マグワイアによって執筆され（『ウィキッド―誰も知らない、もう一つのオズの物語』Wicked: The Life and Times of the Wicked Witch of the West）、ブロードウェイミュージカルとして開幕以来10年を超える現在もロングランを続けており、日本では劇団四季での上演回数が記録更新中である。

『青い鳥』(1908) の作者モーリス・メーテルリンク（1862-1949）は、伯爵位をもつベルギーの詩人、劇作家、随筆家である。この作品は象徴的かつ神秘的な色合いの濃い戯曲であり、「人間はどこから来るのか」、「どこへゆくのか」、「死とはなにか」、「幸福とはなにか」といった哲学的な問いを投げかけているが、チルチルとミチルという子どもたちを主人公として「思い出の地 (The Land of Memory)」や「夜の城 (The Palace of Night)」「歓びの城 (The Palace of Happiness)」などを巡る旅は視覚的にも美しく、舞台を観る子どもたちにも親しみやすく楽しめる工夫がある。メーテルリンクは1911年にノーベル文学賞を受賞している。

戯曲『ピーター・パン』は、1904年12月27日にロンドンのデューク・オブ・ヨーク劇場で初演されて以降10年にわたって同劇場で上演されクリスマスシーズンのロンドン名物となった作品である。劇作家ジェイムズ・マシュー・バリー（1860-1937）が「ピーター・パン」のモデルとなる少年と出会い作品が生み出されるまでを、実話をもとに作られた映画に『ネバーランド』(*Finding Neverland*, 2004年）がある。また、本戯曲のバリー自身による小説化が『ピーター・パンとウェンディ』(1911) である。

コッローディ（本名：カルロ・ロレンツィーニ）が1881年にローマの「子ども新聞」に連載していた「あやつり人形の物語」が冒険ファンタジー『ピノキオの冒険』として出版されたのは1883年、ロレンツィーニ57歳のときで、国語の教材としても採用され人気を博する。聖書とコーランの次に多いといわれる250の言語に翻訳されているが、日本に初めて紹介されたのは1920年である。1940年にアメリカでウォルト・ディズニーがアニメ映画を製作して以来、幾度か映画化されているが、2002年にはイタリアの俳優・映画監督であるロベルト・ベニーニが『ピノッキオ』で主役を演じている。

『不思議の国のアリス』(1865) は、オックスフォードのクライスト・チャーチ・カレッジで数学講師を勤めていたルイス・キャロル（本名：チャールズ・ラトウィッジ・ドジスン、1832-98）が、学寮長の娘アリスたちとボート遊びに出かけたとき、娘たちに即興で語った物語がもとになっている。物語を気に入ったアリスにせがまれて、キャロルは自筆挿絵入り『地底のアリスの冒険』の手書き本を彼女に贈った。その本が友人たちの目に留まり、出版を薦められ、大幅な修正をする過程で「狂ったお茶会 (The Mad Tea Party)」などの章が新

たに加わり本作品へと生まれ変わった。『不思議の国のアリス』は、教義的、教訓的でないこと、ことば遊びが独創的であるなどの点で児童文学史のなかでも際立っており、ナンセンス文学やファンタジー文学といった括り方が不可能な広がりをもつ作品として評価されている。

Twelve Months（1943）は日本では『森は生きている』という演目名のミュージカルとして上演されているため、日本の観客にとっては原題よりも後者のほうが馴染み深いであろう。ロシア生まれのサムイル・マルシャーク（1887-1964）は、イギリスにも留学経験のある絵本作家、詩人、翻訳家である。第一次世界大戦による戦災孤児たちのために、戦後南ロシアに〈少年の町〉をつくる活動に積極的に関わり、子どもたちのために民話劇を書き始める。本作品も、1年の最後になると1月から12月までの月の精たちが森に集まる、というロシアの伝説をもとにしている。

英語劇の題材として選ばれてきた作家や作品を駆け足でみてきたが、原作は必ずしも英語圏で書かれた物語ではない。イタリア、デンマーク、ドイツ、フランス、ベルギー、ロシアなど多様な文化的背景を有する物語が意識的に選ばれてきたことは、このプログラムの一つの大きな特色となっている。また、プログラムの年数が重なるにつれ、必ずしも一つの作品に焦点を絞るのではなく、旅に生きたハンス・クリスチャン・アンデルセン（1805-1875）やナショナル・トラスト運動の先駆けとなったビアトリクス・ポター（1866-1943）という物語作者自身の生き方にも光を当てる台本作成を試みてきたことも特筆すべきであろう。

5.1.3.2 ドラマ化 —— 脚色と構成
（1）エピソードの選び方

プログラム最後の日に行われる英語での発表は、子どもたちの集中力を考えて、約30分を上演時間の目安にしている。そして、それに向けて台本を構成するが、上記いずれの物語も、主人公が旅する場所やそこで出会う人たちなどのエピソードの連続体となっており、すべてのエピソードを30分のなかに盛り込むことは到底不可能である。そのため、必然的にどのエピソードを入れるかの取捨選択を迫られる。なにを選ぶか、そしてどのような英語の表現を入れるかは、物語をどの角度から切り取るのかというテーマ性やメッセージ性によるところも大きいが、何よりも外国語としての英語を学び始める初期段階にある子どもたちを対象としたプログラムであるため、ことばや文化への関心を高めることをねらいとした英語劇というプログラムの理念が反映される。さらに、子どもたちの参加決定人数によっては、当初の予定を変更してさらにエピソードを削らざるを得ない状況が発生することもあり、台本づくりはプログラム全行程のなかでも最も試行錯誤を重ねる作業の一つである。

プログラム1年目に選ばれた『星の王子さま』を脚色するにあたって、まず、学生スタッフたちが台本に入れたい場面や英語の台詞を検討した。その結果、王子さまとバラのエピソード、王子さまが地球でキツネと出会い親しくなる場面、そして"You can see clearly with your heart. Anything essential is invisible to the eye."（心の目でものをみるとはっきりと

みえる。大切なものは目に見えない）というキツネから王子さまへ贈られるメッセージを入れることが決定された。次に、王子さまが訪れる惑星、そして劇の始まり方を詰めていった。英語表現については、台本がほぼ出来上がった段階で、まず英語を母語とする本大学への留学生たちにチェックしてもらう。そして、プログラム期間中に子どもたちが劇の流れを何度も耳から聞いて把握し英語の台詞も入れられるように、留学生たちに声優になってもらい音声をスタジオ録音してもらうなど、留学生の協力を毎年得て台本は完成していく。さて、上述のキツネの台詞にある"the eye"という表現は、「目」を抽象的に「見る」という意味で使っており、英語初心者にとって難易度が高いかもしれないという留学生の助言で、身体的な「目」を表す"the eyes"という複数形に置き換えることになった。

(2) 原作か映画か？

『オズの魔法使い』は、ジュディー・ガーランド主演による同名の映画（1939年アメリカ制作）と主題歌によって学生の間でもよく知られているため、大筋は映画のプロットに近い展開にすること、そして、劇の終わりに出演者全員が「虹の彼方に」("Over the Rainbow")を歌うことが決定した。しかし、「虹の彼方に」を歌うからには劇のどこかに虹のエピソードを入れないとおかしいのではないかという意見も学生から出た。ところが、映画に虹のエピソードは出てこない。原作においては虹への言及すらない。そのため、虹の扱いは、台本の脚色においても舞台装置においても学生スタッフにとって最後まで悩みの種となる、映画の産物だった。結局、劇の終わり近くで、旅の仲間たちとの別れを惜しむドロシーを、かかしとライオンが "When you miss us, close your eyes and think of a rainbow." "We'll be there to see you."（「寂しくなったら、まぶたの裏に虹を思い描いて」「僕たちはそこで待っているから」）と励まし、きこりの "Let's sing together in memory of our friendship."（僕たちの友情を記念して歌おう）という台詞を合図に「虹の彼方に」の合唱が始まる、という展開にすることでようやく決着をみた。この件をきっかけとして、映画はスクリーン上の効果ということもあり往々にして原作を逸脱するため、次年度以降、プログラム用に選ばれた題材に映画版がある場合、映画はあくまで参考資料とする。そして、「本物の」(authentic)原作をもとに台本を起こしていくことが再確認された。

(3) 子どもたちの経験につなげる工夫

『青い鳥』で、チルチル、ミチルのきょうだいが旅で出会うのは、火や水などの精、この世に生まれてくる前やこの世を去った後のたましいなど多彩を極め、そしてリアリズムを超えた世界である。きょうだいが「未来の国」("The Kingdom of the Future")を訪れるプロットはスタッフ全員が台本に生かすことを希望したため早い段階で決まった。原作によれば、「未来の国」の城では、これからこの世に生まれ出てくる子どもたちが時の訪れを待っている。発明の才や使命を持ってこの世に生まれてくる子もいるが、しょう紅熱や百日咳などの病気をかかえてこの世に誕生し、そして死んでいく子もいる。また、この世に来たくない子もい

るが自分に与えられた運命には抗えない。この場面の台本づくりに取りかかった際、プログラムに参加する子どもたちが「未来の国」でこの世に生まれる時を待つ子の役になって、どんな台詞を英語で言いたいかを想像した。そして、原作に忠実に再現するよりも、この場面に参加する子どもたち一人ひとりが、自分自身のことを英語で語るほうが、劇の中でよほど生きたことばになるのではないかという意見が学生から出された。その提案にもとづき、プログラム期間中、"I like〜""I can〜"という文を子どもたち一人ひとりにつくってもらうことにした。自分の好きなこと、自分ができることのなかに才能は眠っているはずだからである。この活動を通して、子どもたちが潜在的にもつ多彩な能力をうかがい知ることができた。この年度以降、1週間のプログラムのなかで、子どもたちに英語で台詞を考えてもらう機会をできるだけつくり、それを最終的な発表に生かす工夫をするようになっていった。

　劇作家バリーの描く『ピーター・パン』で、ピーター・パンが子ども部屋の窓にやってきたのは、ウェンディの語る物語に興味をそそられたからである。そして、ウェンディは子どもたちに物語を語ってあげるという約束でネバーランドへ行く。学生スタッフたちが作成する台本でも、ウェンディとピーター・パンが出会うきっかけがストーリーテリングにあったという原作の設定を踏襲した。しかし、ネバーランドの子どもたちにせがまれて語る"story"の内容は、原作でウェンディが話して聞かせる「シンデレラ」のようなおとぎ話ではなく、ウェンディの家族のことやネバーランドの子どもたちのことに変更した。その理由は、前年度の『青い鳥』での経験を踏まえて、プログラムに参加する子どもたち自身がもつ物語を英語劇づくりに反映させたかったためである。子どもたちの親やきょうだい、自身のことを英語で語ってもらい、それをウェンディがネバーランドで語る"story"に織り込んだ。

(4) 子どもたちが物語の背景知識を学ぶ機会のつくり方

　『ピノキオ』の台本を起こす際、工夫を要した場面に、ピノキオが学校をさぼって寄る芝居小屋の場面がある。中では人形劇が上演されており、自らもあやつり人形であるピノキオは人形劇の仲間たちと一緒に舞台をやることを誘われる。ここで上演されている人形劇の様子は原作では "On stage, Harlequin and Punchinello were quarrelling—as usual—and threatening to come to blows at any moment."（舞台では、ハーレクィンとパンチネロはいつものように言い争いをしており、今にも取っ組み合いになりそうな気配だった）の一文しかない。しかし、舞台の臨場感がなければ、その後のピノキオとあやつり人形の仲間たちとの仲間意識や、それとは対照的にあやつり人形たちを酷使する芝居小屋のマスターの非情さが生きてこない。原作に登場するハーレクィンやパンチネロは16世紀中葉にイタリアで生まれた即興演劇コメディア・デラルテにみられるお決まりの登場人物たち（stock characters）である。そこで、コメディア・デラルテの台本を参考にしながら、ハーレクィンたちが舞台で軽い恋愛談義をするという設定を台本のなかでつくった。しかし、台本を見る子どもたちはそのようなイタリアの文化的な背景は知らないだろう。そこで、イタリアの街並みや人形師たちを英語で紹介している映像資料を学生たちがネットから探し、プログラム期間中に時

間をつくって、子どもたちが『ピノキオ』誕生の文化的背景を英語で知る時間をつくることとなった。この年度の試みが、プログラム期間中に、物語の文化的な背景について子どもたち自身が調べ学習をして自主的に学ぶアクティビティ開発の原型となっている。

『不思議の国のアリス』は、英語によることば遊びが多く、英語初心者向けの台本に原作のことば遊びを反映させて、はたして子どもたちが理解できるのかという疑問があった。その一方で、ことば遊びをすべて省いてしまったら作品のもつウィットが失われ「不思議の国」ではなくなってしまうというジレンマに陥る台本づくりであった。結果として、まず"The Mad Tea Party"（「狂ったお茶会」）のところで、The March Hare, Dormouse, The Mad Hatterの3人がアリスに"Twinkle, Twinkle, Littler Star"の「星」を「蝙蝠」(bat)に置き換えた替え歌を歌うという設定を原作どおり入れることにした。それは、元の歌が演じる子どもたちに馴染み深いものであるため、替え歌でも歌いやすいことと、「狂ったお茶会」の雰囲気を出すためである。この歌を聞いたあとにアリスの"This is the most stupid tea party ever!"（「こんな変なお茶会に出たのは初めて！」）という台詞が続く。また、裁判の席で、The Mad Hatterが裁判長であるKingに"I am a poor man."（「わたしは貧しい男です」）と言うのに対してKingが"You are a poor speaker."（「君は口下手だね」）と切り返すやりとりを、原作から拝借した。

さて、汚れた茶器が雑然と並ぶお茶会はいつまでたっても終わらない劇中の「狂ったお茶会」とは別に、イギリス式のお茶を子どもたちが体験するという文化理解の時間がプログラム中に組み込まれた。そこでは、イギリスに留学経験のある学生スタッフによりイギリス式お茶会が映像を交えて紹介されるなか、その同じ学生が前日夜焼いた手作りのスコーンやジャムが振る舞われるという試みが行われた。にぎやかなtea party体験学習は子どもたちにとって6日間のプログラムのなかでも最も印象に残るアクティビティの一つになったことは、子どもたちの記録したジャーナル（日誌）からもうかがえた。

(5) 協同的学びを促すために

参加者である子どもたちは、プログラムの1日目からシアターゲームなどのアクティビティに取り組むなかで、参加者全体あるいは小グループでお互い協力しあって活動する機会はある。そして、プログラム後半になると、劇の練習に比重が移るため、場面ごと小グループに分かれて練習する時間が増える。しかし、そのときに、キャストによって、2つ以上の場面に登場するケースがある。その場合、その役の子どもと対話する役の子どもたちは集中して台詞や動きの練習ができず散漫になる状況があった。それではホール・ランゲージ（2.1参照）で提唱されている子ども同士のインタラクション（相互交流）を阻むことになるため、平成24年（2012年）以降は、場面ごとにキャストを総入れ替えし、各場面のなかで子どもたちが時間をかけてインタラクションできるような環境づくりに向けて、台本の構成を工夫している。その効果として、小グループ内の連帯感が生み出されている。一方、グループ間のインタラクションに欠けるため、他の場面で展開されている内容を理解しないまま発表を終

えてしまうおそれもあった。その解決策として、平成25年（2013年）以降は、リハーサルの早い段階で各場面の練習風景を録画し、それを全員で見て批評し合う時間を設け、仲間のフィードバックをその後のリハーサルに生かしていく、というアクティビティを組み込んでいる。このアクティビティへの子どもたちの反応は真剣である。自分の英語の発音や表現を客観的に振り返り、仲間から学ぶいい機会となっていることは、そのアクティビティをやった日に子どもたちがジャーナルに記述していることからもうかがえる。また、その後に続くリハーサルでの子どもたち一人ひとりの発音や声の大きさ、表現力の変化から、peer learning（仲間同士の学び）の効果が目に見えるかたちで表れることを学生スタッフも実感している。

(6) 歌やライム (rhyme)

アレン玉井（2013）は、日本で子どもたちの英語でのリテラシーを育てるにあたって音声言語を育てることが重要であると指摘し、歌やチャンツは英語のリズムを学ぶのに適した言語教材であるとともに、文脈のなかで英語を学ぶことを可能にすると述べている。本プログラムが始まって3年目以降、本大学卒業生でシンガーソングライターとなっている平林真友未氏に、台本をもとにした劇のオリジナル主題歌を作詞作曲していただいている。また『森は生きている (*Twelve Months*)』では、12か月の精が登場する呪文として tongue twister（早口言葉）を、『ビアトリクス・ポターのおはなし―ピーターラビットと仲間たち』では、舞台をポターの生涯から絵本の世界に転換する合図として rhyme を入れる、などの試みをしている。これも「意味のある文脈」のなかで言語を教えるというアレン玉井（2013）の考え方に即しており、子どもたちが覚えやすいリズムのなかで繰り返し口ずさむことで自然に英語の語彙も習得していく機会になっていると考える。

5.1.3.3 舞台づくり

本プログラムにおいて、子どもたちの大きな目標が最終日の発表会である。参加する子どもたちの保護者やプログラム関係者、英語教育に関心のある学生などがこの発表会を見にやってくる。そのため、教室内でのドラマ活動とは違い、観客に「見せる」ための工夫・仕掛けが必要となってくる。

セット作りに関しては、台本を読み込んだうえでセットチェンジとの兼ね合いを経て進行する。原作の絵本や映像作品を参考にしながら、物語の世界観をイメージして下書きをし、発泡ボードにペンキで色をつけていく。

セットを使うことによって、演じる側の子どもたちも観客に対して「見せる」ことを意識し始めるのか、何もないところで演じるよりも、より生き生きと演じるように感じられる。過去のプログラムから具体例を挙げてみたい。女子児童Aさんが、平成21年（2009年）『ピーター・パン』のプログラムに参加したときのことである。Aさんはその年の春のプログラム（5.1.2参照）に参加していた。春のプログラムでは声が小さかったという話を担当者から聞いていた。ところが、この夏のプログラムで、彼女は本来男役であるフック船長に自ら積極

的に立候補し、熱心に練習に励んだ。そして、リハーサルでセットを使って演じるようになって、より役に入り込み、本番では海賊船のセットの中でピーター・パンと立派な立ち回りを演じたのである。Aさんの張りのある声と、堂々とした演技には、春のプログラム関係者も目を見張った。単なるロールプレイではなく、セットを用意することによって、子どもたちがより物語の中に入っていきやすいコンテクスト（文脈、背景）がつくれるということを実感した瞬間であった。

しかし、限られた空間・時間・技術の中で物語の世界を表現するというのは大変な苦労の連続である。次項でも詳しく述べるが、学生スタッフはセット制作未経験者も多い一方、授業や授業外活動の多い学生間のスケジュール調整が難しいため、週に一度という限られた時間で制作活動を行っている。本プログラム最終日の公演は学内にある津田梅子記念交流館という建物の中のチャペルで行われるため、通常の舞台のように大掛かりな装置を設置することはできない。また演じる場所の広さと部屋の構造上、セットチェンジ（セットを移動させての場面転換）の回数も限られてしまう。しかし、その限られた空間を工夫して仕掛けを作るのが、セット担当の腕の見せ所である。

例えば『ピノキオ』では、一つの大きな見せ場としてピノキオとクリケット（こおろぎ）がクジラに飲み込まれるシーンがあった。スタッフたちはクジラの体内をどのように表現するか、頭を悩ませた。最終的には、ピノキオが泳いでいるシーンから暗転したあとにセットチェンジを行い、背景につるして巻き上げておいた赤い布を一瞬で下ろして、前側にクジラの歯に当たる部分を設営することで折り合いがついた。

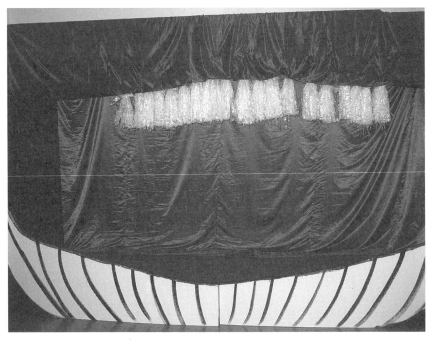

クジラの口の中の場面で使われたセット

第5章 実践例

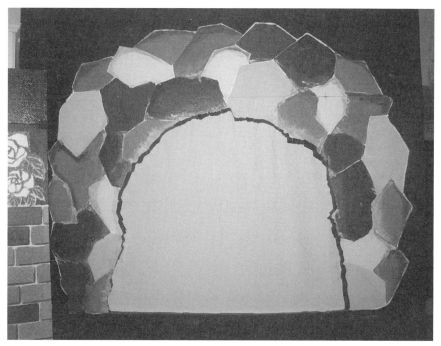
アリスが影絵で大きくなったり小さくなったりするのを映した洞穴のセット

　平成23年（2011年）の『不思議の国のアリス』においては、主人公のアリスのからだが伸び縮みするシーンが大きな課題となった。洞穴に落ちた後という設定だったので、アリス自身を大きくするのではなく、洞穴の穴の空いた部分に白い布を張り、影絵を使って大きくなったり小さくなったりを表すことになった。このシーンでアリスを演じた女子児童Bさんは、布の向こう側で演じているために観客側からは顔が見えないという難しい部分があったと思うが、本番の発表では、大きくなったり小さくなったりして驚いたり戸惑ったりする様子を、身振り手振りを自分なりに工夫して表情豊かに演じていたことが印象的であった。しかし、リハーサル中のBさんは、熱心に練習に参加していたものの、台詞を機械的に覚えることに集中していて、なぜアリスがその場面でその台詞を言うのか、その必然性を前後の文脈のなかでよくつかめていなかったようである。例えば、アリスが"Eat me"と書かれた箱の中にあるクッキーを食べて小さくなった後に"Now I can go through that door."（「これであのドアを通り抜けられるわ」）という台詞が続く。プログラム後半、セットと照明の中で演じる段になり、Bさんは自分の影絵が小さくなったり大きくなったりするのを視覚的に体験した後、思わず「この台詞、こういう意味だったんだ！」と言った。それを聞いて、Bさんはそれまで、なぜアリスがここでこの台詞を言うのかよく分からないまま練習していたことにスタッフは気づかされたのである。そしてまた、Bさんのひと言は、舞台装置の果たす役割にも目を向けさせた。セットや照明の補助により英語の台詞と文脈がつながった瞬間、その台詞はBさんのなかで「腑に落ちた」のだろう。そうなることで、その英語の台詞はBさんのことばとして初めて定着したのである。

実際に子どもたちの回答したセット・衣装に関するアンケートを見てみると、「（セットや衣装があることで）やる気が出た」「物語の中に入ったような気分になった」など、概ね好意的に受け止められている様子である。その一方で、衣装に関しては、実際にプログラムが始まってから子どもたちの意見を取り入れられる柔軟性を持って事前準備をしなければならないということが、プログラムに参加する過程で浮かびあがってきた課題である。

以上のように、セットや小道具、場合によっては照明や音響もあることで、子どもたちは架空の物語を五感で体感し、文脈をつかむ。それは、子どもたちが物語世界へ入っていく大きな手掛かりとなり、本番に向けての集中力と意欲を高めるきっかけになっていることが分かる。

5.1.3.4　プログラムの準備から劇発表まで

このプログラムのスタッフは、毎年本学の学部生・大学院生が中心となり、有志で行われている。学年や学部もそれぞれだが、子どもが好きで英語教育・初等教育に興味を持っている学生が毎年約10名ほど集まり、このプログラムに積極的に関わろうとする姿勢が見える。

スタッフたちは、広報・衣装・セット・音響・照明の主に5つの担当に分かれてプログラムの準備を行う。各担当は多少専門的なことを扱うものの、基本的にはどのスタッフも未経験の者が多い。先輩方に力を借りながら、また分からないながらも手探りで準備を進めていく。

（1）準備

毎年プログラム開始の約半年前、3月の中旬ごろに初回のミーティングを行い、5月初旬までは隔週、それ以降は毎週ミーティングを行い7月末のプログラム本番に向けた準備を行う。

一番初めは台本作りから始まる。題材の原書にあたり、毎年大体3つから4つの場面を学生が小グループに分かれて担当し台本を作っていく。台本作成の際には、子どもたちにとって言いやすく適切な英語であるか、流れが自然であるかなどを考慮したうえで何度も話し合いを重ねる。

台本が概ね完成する5月中旬ごろから、各担当による準備が本格化する。セットと衣装の担当は、イメージする下絵をミーティングで共有し、修正を加えた後、実際の制作に入る。平成21年（2009年）からはNHK映像デザイン部のOBである水速信孝氏に助言をいただきながら、舞台衣装・セットの制作を行っている。広報は、チラシ作りに始まり、各メディア（教育関連のウェブサイトや小平市報など）への広告掲載や資料の整理を主に行う。音響担当は、台本との兼ね合いをみてさまざまな音楽や効果音を探してきたり、時には自ら必要な音楽を作ったりといった作業に入る。照明は舞台の配置などをセット担当と確認して、必要な照明装置を用意し本番の公演に備えて業者と綿密な打ち合わせを行う。

そしてプログラム期間中のアクティビティを決定するのも学生スタッフの大事な仕事の一

つである。次項では、プログラム期間中のことについて触れていきたい。

(2) プログラム期間中から発表まで ── アクティビティの考案

　プログラム期間中のアクティビティ案は、スタッフが事前にいくつか案を出して話し合いを重ね決定する。

　プログラム前半は、劇そのものよりも初対面の子どもたちの身体的ウォームアップと、コミュニケーションを円滑にするための活動に焦点をおいて構成していく。あまりことばを使わずに、からだを動かしてできるゲームや、自己紹介のゲームなどがこれに該当する。

　プログラム中盤〜後半にかけては、舞台で見せるために発声練習を行ったり、セリフを使って伝言ゲームを行ったり、物語の一場面を切り取ってグループごとに身体を使って静止画をつくり表現したりするなど、プログラムの題材への理解をより深めることをめざした活動を取り入れている。

　アクティビティ案はガードナーの多重知能理論（Multiple Intelligences Theory　2.2参照）の考え方に基づいたプランニングを行っており、さまざまな性質の活動をバランスよく取り入れ、子どもたちの興味や関心を引き出すように工夫されている。「人々は広範囲の能力をもっている」という考えに基づくガードナーの多重知能理論は進化を続けているが、彼は1999年の段階で、人間のもつ潜在能力の構成要素を大きく8項目に分類している：

- 言語的知能
- 論理・数学的知能
- 音楽的知能
- 視覚・空間的知能
- 身体運動的知能
- 対人的知能
- 内省的知能
- 博物的知能

　ガードナーの理論は外国語学習に特化したものではないが、初等英語教育においても彼の考え方を念頭に置いて授業を組み立てていくことで、子どもたちの潜在的な能力を引き出し活性化できると考えられている。(Brewster, Ellis and Girard, 2002)

　本プログラムでおこなわれるアクティビティが、8つの知能のどれを活性化させ伸ばしていくことをねらいとしているかみてみよう。まず、ことばを使って劇を作り上げていくという面では当然言語的知能が要求されるが、同時に劇のプロット展開を理解しなければならない点で論理的な知能にも訴えるものである。また本プログラムの特徴として、物語のテーマに沿って作詞作曲された英語の歌を子どもたちは歌うため、言語的知能と音楽的知能の両方が刺激されると言える。

【表1】平成23年（2011年）『不思議の国のアリス』アクティビティ構成表

	1日目	2日目	3日目	4日目	5日目	6日目
午前	アクションネーム	Dippy Dippy Dip	セリフ伝言ゲーム	ハングマンゲーム	発声練習	最終練習
	BINGO	スリッパ渡し	曜日アクティビティ	役名おぼえゲーム	グラデーション	
	Tapping game	あめつかみゲーム	曜日タルト作り（*2）	調べ学習＋静止画	リハーサル(1)	
	命令ゲーム					
	タッチカラーゲーム	静止画（*1）				
昼休み		キャスト希望調査	衣装合わせ	Tea Party		
午後	歌・発声練習	歌・発声練習	歌・発声練習	歌・発声練習	歌・発声練習	本番発表
	前置詞ゲーム	キャスト発表	進化じゃんけん	村人とスパイゲーム	リハーサル(2)	ミニパーティ
	アリスの物語を聞く	台本読み合わせ	シーン別練習	通し練習		

ドラマを演じるにあたっては身体運動的知能も要求される。劇中ではことばだけでなく、身体を使って観客に伝えることが求められるためだ。平成23年（2011年）『不思議の国のアリス』アクティビティ構成表にあるように、各日のアクティビティの中でも、ジェスチャーゲームを取り入れたり、グループでからだを使って台本のサイドストーリーを表す静止画（表*1）をつくったり、といった身体運動的な要素を多く取り入れている。静止画では、台本のあらすじを大筋わかった子どもたちが、印象的だったシーンをグループで一コマ切り取り、自分たちの身体をつかってそのシーンを絵のように表現する。

毎年プログラム期間中には、絵を描いたり、粘土を使った作品作りをしたりするという点で、空間的能力を発揮する場も用意されている。『不思議の国のアリス』では、女王のタルトがなくなってしまい容疑をかけられたアリスの裁判に発展するのだが、このシーンで使われる小道具のタルトは、子どもたちがアクティビティの中で実際に粘土を使って作ったものである。(表*2)

本プログラムでは、子どもたちはグループ対抗のゲームを行ったりそれぞれシーンごとのグループで演じたりすることが求められるため、必然的に協力し合って活動をしている。そういったグループでの活動が対人的知能を育むのに一役買っていると言えるであろう。

一見このプログラムには内省的知能に訴える活動が欠けているように見えるかもしれないが、平成23年（2011年）からは子どもたちにジャーナル（日誌）をつけさせる試みを行っており、内省的知能を伸ばす工夫がなされている。この試みについては、後の項（5.1.3.6）で改めて論じることとする。

さて、8項目目の博物的知能であるが、このプログラムは、開始された初年度から子どもたちの博物的知能を引き出すアクティビティを創る工夫がされてきた。そもそも、各年度に

選ばれる題材には、自然の中の生き物たちが多く息づいている。例えば、星の王子さまが水をやってめんどうをみているのはバラの花であり、バオバブの木は絶大なる存在感をもって王子さまの住む惑星を圧倒する。そして、王子さまは、自分の住む星から太陽の沈んでいく景色が好きである。『オズの魔法使い』には臆病なライオンが登場するし、ピノキオが誕生するゼペット爺さんの家にはクリケット（こおろぎ）が住みついている。『不思議の国のアリス』では、アリスが何やら急いでいる様子のウサギの後についていきウサギの穴に落ちたことから不思議な国への旅が始まる。つまり、物語を読むだけでも、博物的知能を刺激する場面が多く散りばめられていることが分かる。一方、プログラムを実施する本学のキャンパスには武蔵野の自然が残されており、プログラムが実施される夏には、バラ、山百合や睡蓮などさまざまな種類の花が咲いている。そこで、『星の王子さま』が題材となった初年度は、王子さまが愛するバラの花にちなんで、子どもたち自身でキャンパスを巡り、自分の好きな花をみつけてスケッチし、後に全員で絵と花の種類を共有する、というアクティビティを考えた。『オズの魔法使い』では、クイズに解答しながらキャンパスを巡り、「オズの国」を探しあてるアクティビティをつくった。大学の本館から西の方角には、黒い魔女の衣装に身を包んだ学生スタッフが藪に潜み、見つけ出した子どもたちに難題をふっかけ、それをグループで解決できなければオズの国に行かれないという設定もあった。ちなみに大学キャンパス内での「オズの国」は、子どもたちがプログラム最後に発表を行うチャペルだった。『不思議の国のアリス』の物語では、女王のタルトが盗まれたという事件が発生し、アリスも裁判の証人台に立たされる。台本では、一つ一つのタルトに曜日の名まえをかぶせる脚色を行った。そして、アクティビティとしては、英語の各曜日の名まえが自然に関連づけられた神話に由来することをスタッフが解説し、その説明からイメージするタルトを子どもたち一人ひとりが粘土で作るという試みを行った。今後、博物的知能と劇の題材とをうまく結びつけられるようなアクティビティをさらに工夫していきたい。

　さて、以上のように多重知能理論に基づいたアクティビティ構成とともに、子どもが物語を通じて外国の文化・社会に興味を持ってもらえるような工夫もプログラムのなかでなされている。2011年度の『不思議の国のアリス』を例にとってみてみると、物語の舞台になっているイギリスについて理解を深めるアクティビティを取り入れるという試みを行った。イギリスに語学研修に行った学生スタッフが撮ってきた写真のスライドを上映し、学生スタッフ手づくりのスコーンと紅茶でイギリス式のティーパーティーをみんなで再現して体験した。このように英語劇の発表がゴールのプログラムではあるが、そのプロセスにさまざまな活動を取り入れていることが特徴である。それは、子どもたちが自分の得意な能力を伸ばすのと同時に、他の子どもたちや学生スタッフとさまざまな活動を共有していくことでさらに自分の関心を広げることになり、それが、その後子どもたちが中学進学とともに英語を学習し、それを継続していくうえでの動機づけになっていくと期待される。

5.1.3.5 コラボレーションによる参加者たちの成長

(1) 子どもたち

　本プログラムの特徴として挙げられるのが、別々の学校から集まった複数学年（主に小学5年生〜中学1年生）の児童・生徒が協同で一つの劇を創り上げるという点である。1週間という短い期間で、初対面の子どもたちが多い中、お互いを知り、信頼関係を築いていくことが、最終日の発表と共にこのプログラムの大きな目標である。というよりもむしろ、お互いの関係性を築いていくことが発表成功の鍵を握っていると言えるだろう。

　英語の学習履歴に関しても、既に学校以外でも英語を習っていて英語が得意な子ども、海外に住んでいた経験をもつ子どももいる一方、このプログラムで初めて本格的に英語に触れる子どももおり、さまざまな背景をもつ子どもたちが集まって一つの劇を創り上げることは子どもたちにとってチャレンジであると思われる。しかし、実際にプログラム後半になっていくに従い、それぞれが助け合って、セリフの練習を手伝ったり演技について助言し合ったりと協力体制が自然と出来上がってくる。平成23年（2011年）の『不思議の国のアリス』の子どもたちのジャーナルを見てみると「分からないセリフもみんなが教えてくれました」「声も演技もよかった人がいたので、その人を見習っていきたいと思います」など、お互いが学びあっている様子がうかがえる。江利川（2010）によると、協同学習では一人の力では届かないような高い課題を達成するため、コミュニケーション力と助け合いによる人間関係力を成長させていく必要があるという。この点で、英語劇を創り発表することは子どもたちの協同学習を促進するのに適切な課題と言えるだろう。

　以上のように、本プログラムへの参加を通じて、子どもたちが学校や家庭といった普段の自分の活動範囲から一歩踏み出し、新たな自分の可能性を発見し人間的に成長していくきっかけとなっていることが分かる。

(2) 学生スタッフ―本学の学部生と大学院生

　上述したように、子どもたちはプログラムの中で新たな人間関係を築いていくが、そこでは子ども一人ひとりの存在に加え、学生スタッフも大きな役割を担っている。本稿「プログラムの準備から劇発表まで」（5.1.3.4参照）にあるように、プログラムのスタッフは本学の学部生、大学院生の有志である。学校の先生や保護者、友だちとも年齢や立場の違う学生スタッフが参加者の間に入り、プログラムのファシリテーターとなっている点が学生スタッフの特徴的な部分である。それによって、運営側のスタッフ全体が子どもたちの様子を細かく共有することができ、円滑なプログラムの運営に貢献していると言えるだろう。

　平成23年（2011年）には、子どもの参加者が予定人数より少なかったために、スタッフが台詞のある役として子どもたちと共に出演するという想定外の事態が起こったが、ここでまた新たな発見があった。『不思議の国のアリス』の、トランプの兵たちが白いバラを女王に怒られないように赤く塗る場面で、2人の兵のうちの1人を参加児童が、もう1人をスタッフが演じた。この児童はプログラム初日から声が小さく、英語に関しても自信がなさそうな

様子がうかがえた。練習を重ねてもなかなか声が出ないことがスタッフにとっても不安の種だったのだが、リハーサル、本番とスタッフが実際に役として入って掛け合いを行っていくと、彼女の演技が格段によくなっていく様子が見えた。このことから、練習のみならず実際の劇の中にもスタッフが入ることで安心感が生まれ、子どもが自信を持って取り組めるということが分かったのである。

　また、スタッフたち自身もプログラムを通してさまざまなことを学び、教育に興味・関心を深めている。これまでスタッフを対象に行ったアンケートでは、「協力関係・人間関係を築いていく上でのコミュニケーションを意識するようになった」「子どもに楽しく英語を習得してもらうには、初対面の子どもたち同士が仲良くなるためにはどんな配慮が必要か、実際に子どもたちと接していく中で得るものがあった」などの回答があり、本プログラムが学生スタッフにとっても実りの多いものであることがうかがえる。

　実際に卒業した学生スタッフの中でも、このプログラムへの参加をきっかけに子どもや教育に興味を持ち、小学校教諭への道を歩む者もおり、また、社会人となってからも一日仕事を終えた後にプログラムに参加協力してくれる元スタッフや時々応援に駆けつけてくれる元スタッフもいる。年齢や学年を超えた先輩後輩のつながりもでき、またプロの方々からの指導を仰ぐことができる本プログラムは、学生スタッフにも大きな影響を与えているということができる。

5.1.3.6　今後に向けて
(1) 絵本の使い方

　毎年、プログラム導入部分で、その年の題材を確認する意味で絵本を用いた英語による読み聞かせの活動を行っているが、絵本の絵の使い方に気づかせてくれたのが、『オズの魔法使い』で取り上げたカラー絵本である。ブリキのきこりがかぶっていたのは漏斗（じょうご）型の帽子であったが、その絵を気に入ったある男子は、きこり役を希望した。筆者たちは、その男子が絵本をきっかけとして、そのきこり役と他の登場人物との関係性を考えたり、台詞の練習に熱が入ることを期待した。しかし、この男子の場合、例えばオズの国をグループで想像して表現してみる活動でも絵に忠実に再現することにこだわり、この絵本の具象的な絵にとらわれがちで、自分の想像（創造）力を使うことが難しいようであった。

　脇（2005）は、溢れる映像メディアのなかで育った子どもたちは、イメージを作る仕事は全部映像がやってくれるため、自前のイメージを作ることができないと論じている。そのため、絵が多い本を選びがちで、絵を次々に見て、せいぜいその説明として文字を読む程度なので、絵を手掛かりに物語の世界に入り込んで楽しむことができない、と警告している。実はこの『オズの魔法使い』を題材とした平成19年（2007年）には、絵本選びの段階で、ポップアップ絵本も候補に挙がっていた。だが、そのポップアップ絵本は技術度が高く、からくりが巧妙で色彩的にも形状的にも視覚的刺激が強く、一度脳裏に焼きつくとそのイメージを脱するのが難しいと学生スタッフも筆者たちも感じた。そして、それだけ精緻で色鮮やかな

飛び出す絵を前にして、英語での語りのほうに子どもたちはどれだけ集中して聞くことができるのだろうか、という疑問を抱いたため、この絵本を用いることはしなかった。この年の反省会では、次年度以降、そもそも絵本を使う必要があるのかという議論の末、読み聞かせの際、子どもたちに提示する絵は、耳で聞く英語の物語を理解する助けになり、子どもたちの想像力を阻まないものを選ぶことが大切であるとの結論に至った。小学校における外国語活動の必修化から教科化への動きの中で、絵本の使用も増えてくるであろうが、どのような絵と文をどういう目的でどのように活用するのか、といった点への配慮がさらに重要になると考える。そしてまた、インターネットや3D技術の普及で刺激の強い視覚情報が氾濫するなか、教育の場における視覚情報の功罪をあらためて問い直す必要があろう。

（2）ジャーナルを利用した振り返り

　本プログラムは、前年度までの経験と反省をもとに学生スタッフが工夫を凝らし、毎年新しい試みにも挑戦し、子どもたちの反応をみて練り直しをしてきたが、10年目を目前にして6日間の骨組みがようやく出来上がってきたように思う。

　その中でも特筆すべきは、子どもと学生スタッフ間におけるジャーナルを介した相互交流である。平成22年（2010年）に、子どもたちとより多面的なコミュニケーションを取れるようにという意図のもと、子どもたちと学生スタッフでプログラム期間中に交換日記をするという試みを行った。子どもたちにとっては、毎日行ったことの振り返りを帰宅してから行う機会となり、またスタッフに宛てて英語などに関する質問もジャーナルに記しているため、毎日スタッフからの返事を心待ちにしている様子が見られた。一方、スタッフにとっては子どもたちの情意面（演じることへの緊張や英語に対する不安感など）について知ることができ、子どもたちにとって人生の先輩であるお姉さんとして励ましたりアドバイスしたりするなど、一人ひとりの子どもについてよりよく知る有効なコミュニケーションの手段であることが分かった。

　平成21年（2009年）までのこのプログラムを分析してみることで、子どもがプログラムを内省的に振り返る活動や時間が不足しているということに学生スタッフは気づいていた。また、Fleming（2003）が指摘しているように、ドラマは一過性のものという特色をもつゆえに、一日の活動を終えて帰宅してから、子どもたちが何らかの形で振り返りができる機会を設ける必要性があるのではないかとの意見もあった。交換日記は、子どもたちの学生スタッフとのコミュニケーション手段という意味合いが強かったが、翌年の平成23年（2011年）には、自分自身とのコミュニケーション、つまり自らの学びを振り返る手段としても有効な形であるジャーナルに発展させることを試みた。このジャーナルでは、前年の交換日記のように個人的な話を書いたり英語に関する質問を書いたりするほか、自分の役割を深めるために絵を描いて自分の演じる役に関して、どのような外見で何歳なのかといった外面的な部分に加え、どんな性格なのか、他のキャラクターとの関係性といった内面的な部分について考えて書いてみる、などの活動も加えた。物語ができた背景を理解するため、原作者に関する

クイズのページを作って子どもたちに出題したり、原作者の生い立ちなどを調べる課題も取り入れられた。また活動全体を振り返る試みとして、プログラム中に自分の撮った写真や絵、文字（英語と日本語の両方）を使って自分の6日間をまとめるポートフォリオも盛り込んだ。もちろん子どもたちにこのプログラムを楽しんでもらうことが大前提ではある。しかし、「楽しかった」だけで終わらせるのではなく、子どもたち一人ひとりが期間中、学生スタッフ一人ひとりと密にコミュニケーションをとることができるように、また子どもたちが後年6日間の学びを振り返ることができるように形として残したいという意図から、このようなスタイルにたどりついた。子どもたちが、学生スタッフたちと触れ合う中で英語に親しみ、またスタッフ側も子どもたちとの交流の中で子どもたち一人ひとりの学びに気づきスタッフ自身も学んでいくという互恵的な学びが生まれている。

5.1.3.7 おわりに

これまで本プログラムに携わる中で、100人近い子どもたちが生き生きと活動に参加し、最後は笑顔で発表を終える姿を目の当たりにしてきた。今後、さらに多くの子どもたちが本プログラムに出合い、劇という協同的な形態を媒体として、英語を学ぶ楽しさに目覚めることを期待する。そして、さらに、中学、高校へ進級していく過程で、本プログラムの劇のもとになっている作品を英語で読む機会を得、世界へと目を向け羽ばたいていく一助になればと願う。

最後になったが、このプログラムは、プロの方々のご指導とご協力があって今日まで継続・発展してきた。水速信孝氏（舞台装置）、平林真友未氏（英語の主題歌作詞作曲）、平井誠氏（映像編集）、尾崎邦夫氏（撮影）に、あらためて感謝の意を表したい。

（吉田真理子、関千晶）

5.1.4 Let's国際交流 「ゲストの国はどんなところ?」

「Let's国際交流」は外国人をゲスト・スピーカーとして迎える、異文化交流の会である。春プログラム・夏プログラム（2005年度まで）の最終日には外国人アシスタントによる自国の紹介があり、この紹介が参加している子どもたちだけでなく、学生アシスタントや参観している保護者にも好評であった。「Let's国際交流」はそのサービス・プログラムとして誕生し、独立して発展した。

現在は、参加者の対象年齢を小学校5年から中学生までとし、ゲストのプレゼンテーションを聞くだけでなく、直接話をしたり、事前学習用のワークシートで調べ学習をし、考えてきた質問をするなど双方向的な活動を取り入れて交流を図っている。また、ゲストの国の音楽、遊びなどを体験して、遠い国を身近に感じられる機会となっている。参加者にとっては、世界を体験できる2時間である。現在まで下記の表のように、世界各地28か国からゲスト・スピーカーを迎えており、その多くは非英語圏の出身である。

英語圏にこだわらないという理由は2つある。

第1に、外国＝米国という図式からの脱却である (3.1.4参照)。アメリカ合衆国でなくとも、英語を学ぶ時に題材はイギリス、オーストラリアなど英語圏に偏る傾向があり、その出身者と触れる機会も多い。しかし世界には多種多様の文化があり、英語圏だけを見ていては視野は広がらない。

第2に、世界の共通語（lingua franca）としての英語の位置を認識することである。実際に、英語母語話者の数に対し、L2として英語を使用する数は圧倒的に多い (1.2.4参照)。The Inner Circle（イギリス、アメリカ等）よりも、The Outer Circle（シンガポール、インド等）での使用者が多く、The Expanding Circle（中国、ロシア等）では使用者がますます増えている（Kachru, 1992）。ほとんどのゲストにとって英語は母語でもなければ、公用語でもないが、英語を話す。英語圏以外の話者同士がコミュニケーションをとるために国際語としての英語を使う意味を再確認できる場となっている。Cook (2002) では、母語以外の言葉を使用するL2使用者（L2 user）の考え方が提示されているが、L2使用者として英語を使っているゲスト・スピーカーの姿を見、また非母語話者同士が英語を介して交流することを経験することは、英語を学ぶ動機づけとなる。他の国の言葉を学ぶことで、「文化的、言語的境界線を超えて他の人々と交流する」ことができる。言語は「周りの世界とわたしたちをつなぐ一番大切な絆である」からである (Savignon, 1997)。

【表1】ゲスト・スピーカーの出身国

回	実施年	国
1	2001	ハンガリー・フィリピン
2	2001	アメリカ合衆国・台湾
3	2002	フランス・ラオス
4	2003	ウクライナ・オランダ
5	2004	中国・メキシコ
6	2004	グルジア[1]
7	2005	ロシア・シンガポール
8	2006	カナダ
9	2007	ベネズエラ・イギリス
10	2008	フィリピン・韓国
11	2009	ポルトガル・ギリシャ
12	2010	韓国・ネパール
13	2011	ブラジル・イラン
14	2012	エクアドル・トルコ
15	2013	チュニジア・ブルガリア
16	2014	ホンジュラス・ケニア

「Let's国際交流」では、16回の開催のうちほとんど2か国からゲストを迎えている。「子どもたちの目をたった1つの国に限ってしまうとか、あるいはその外国語が話されているある地域に限ってしまうと、子どもたちが文化の広がりについて理解する重要な機会が失われてしまう」(Curtain and Pesola,1988)。また、1つの国からゲストを迎えた場合に、日本との比較によって差異への気づきだけが強調されると、偏見を育ててしまうことがある(箕浦、1997)が、2つの国の話を聞くことで、より広い視点から、両国を見ることができる。これにより、日本の文化も客観的に見直し、相対化して見る機会となる。

世界の現実は実に多様である。アメリカ合衆国のゲスト・スピーカーと言えば、典型的なコケージャン（いわゆる白人）を思い浮かべるかもしれない。しかし、実際に迎えたのは韓国系アメリカ人であった。カナダの回では香港の返還に伴う中国からの移住者であった。オランダはモロッコ系、ロシアはモンゴル系、シンガポールは中国系とマレー系とのミックス、エクアドルは日系であった。イギリスもスコットランド人である。このように見ていくと、同質性の高い日本と他の国はかなり異なることが分かる。

同時にそれぞれの国が背負っている歴史も垣間見えてくる。3回目（2002年）はフランスとラオスだったが、ラオスは半世紀にわたってフランスの植民地であった。首都ビエンチャンには植民地時代にパリの凱旋門を模して造られた凱旋門があり、これはフランス統治時代の名残であることをラオスのゲストがフランスのゲストに強調していた。

6回目（2004年）はグルジア[1]のTさんをゲストに迎えた。Tさんは留学生の夫と一緒に日本に来た。2013年12月時点でも在日グルジア人は42人（法務省）であるが、当時は在日グ

ルジア大使館も開設されていなかった（開設は 2007 年 2 月）。グルジアは 1991 年にソ連から独立するまで、さまざまな民族の侵入・支配が繰り返された歴史をもつ。それゆえ、キリスト教と 33 文字から成るグルジア文字を守ったことを誇りにしている。また、T さんが学生と一緒にグルジア料理を作り、参加者全員で味わった。メニューは、ハチャプリ（グルジア風ピザ）、冷スープ、お米サラダ、なすのサラダ、デザートの 5 種類である。カスピ海ヨーグルトの発祥地であることから、ヨーグルトがハチャプリやスープの材料にも使われている。米は主食でなく、サラダとデザートに使われている。グルジアが歴史に翻弄されながらも、むしろ翻弄されているがゆえに、自分たちのアイデンティティを大切にし、豊かな文化を持ち続けていることが印象に残った。

「Let's 国際交流」の魅力は、名前のある特定の個人との出会いである。特定の個人を知ることで心の中につながりが芽生え、その国との心理的距離が近くなる。しかし、国を超えて人と人が出会うことにむしろ意味がある。「ブラジルはもはやサッカーとカーニバルの国ではないという意識が広がっている」（ソルジ，2014）にもかかわらず、私たちは先入観にとらわれがちである。ブラジル人ならサッカーは得意だろうし、サンバも踊れるかと思っていたが、ブラジルからのゲストはどちらも苦手だった。逆に、ブラジルの代表的な菓子、ブリガデイロ（コンデンス・ミルクとココアバターを混ぜて作るボンボン・ショコラ）を作ってきてくれた。そういう面を発見するのも楽しい。ゲストと直接出会うことで、本や映像からだけでは見えない本物の（authentic）姿に触れることができる。国が違うだけでなく一人一人も違うということを改めて認識することができる。「ゲストの国はどんなところ？」というキャッチフレーズでこのプログラムを宣伝しているが、ゲストが語る国はその国の一面だけである。一つの国が一人の目で語りつくされるわけでもない。それは、一つの国をひとくくりにして考えることの危うさも教えてくれる。

一方、ゲストにとっても自分の国について話す機会を与えられることは新たな経験である。ゲストのほとんどは留学生だが、キャンパス外の世界と接点を持つ機会が少ないため、大変張り切って準備してくれる。自分の国について誇りをもって話してくれる姿は参加者の刺激となる。双方にとって学ぶ機会となっている。

Thank you so much for the pictures and your invitation to the event. It was such a nice thing to share something about my country with the kids. This is going to be one of the best experiences about my life in Japan, since somehow I also learnt a lot from the kids … Japanese kids are so smart!
Thanks for everybody in the staff as well, you all did such a nice work organizing Let's 国際交流!!!

(A さん，エクアドル出身)

> I am happy to hear that everyone enjoyed the presentation.
> It was such a nice and well-organized program. Moreover, I learned a lot and made new friends. I really hope I can be of help to you in the future, too.
>
> （Eさん，トルコ出身）

　Hanvey（1979）は異文化への気づき（cross-cultural awareness）をLevel Iのステレオタイプから Level IVの相手への共感までの4段階に分類している。今まで持っていたステレオタイプなイメージが、一人一人の「Let's国際交流」での体験により、次の段階に進む刺激となればよい。単なる異文化理解に終わらず、他者への想像力が育つきっかけになってほしい。

　2時間のプログラムでの体験はすぐに生きて、目に見える成果になることは少ないであろう。しかし、「Let's国際交流」は入口である。「国際」交流と銘打っているが、目指しているのは国際理解よりもグローバル意識である。異なる歴史、風土の中で、異なる文化的背景や価値観があることを知ると同時に、多様な文化が共存するということは、世界は一つの価値観で成り立っていないということに気づくことが大事である。「外国語を通して他の文化に強く心を向ける体験をしたとき、地球という一つの社会に対する意識が高まる」（Curtain and Pesola, 1988）。「ゲストの国」を知ることで、国という枠を超えた世界へ開かれる目が育つ可能性は大きい。

　「Let's国際交流」のプログラムを提供する側としては偏見のない姿勢を持つことが必要である。「心の中の国境」を取り除くことが、参加者に対し外国人とどう向き合うかを気づかせることにつながる（3.1.4参照）。学生はこの活動への参加を通して企画力や調整力、実践力を養っている。学生が成長する場でもある。

注
1　グルジアは、国名表記を英語表記の「ジョージア」とするよう各国に要望しており、日本でも2014年度中に変更のための法案の改正を目指している。

（秋山道子）

5.1.5　ひらめき☆ときめきサイエンス 〜ようこそ大学の研究室へ〜

5.1.5.1　平成23年度「はらぺこあおむし *The Very Hungry Caterpillar*」

(1) はじめに

　「小学生英語のひろば」では、「春のプログラム」「夏のプログラム」と「Let's 国際交流」に加えて、絵本を使ったプログラムに取り組むことを考えた。*The Very Hungry Caterpillar* の企画が平成23年（2011年）度日本学術振興会（JSPS）「ひらめき☆ときめきサイエンス〜ようこそ大学の研究室へ〜」に採択された。これは世界中の子どもたちに愛読されているエリック・カールの絵本「はらぺこあおむし」を題材としたプログラムについての報告である。本プログラムは主にチャンツを使って英語特有のリズムを感覚で学ぶこと、そして物語を題材としたアクティビティを通して体験学習と共同学習を行うことを目標としたものである。

(2) 当日の流れと参加対象

　実施日：2011年9月10日（土）　午前プログラム　10:00〜12:00
　　　　　　　　　　　　　　　　 午後プログラム　13:30〜15:30

　小学校高学年の女子16名、男子3名、計19名が参加した。この子どもたちは、2011年度4月より全国の公立小学校に導入された「外国語活動」の必修授業を週に1度受けている。中には英語教室へ通ったことのある子どもや津田塾大学が主催する他のプログラムへの参加経験がある子どももいた。

(3) 当日の活動報告と考察

【絵本の読み聞かせ】

　はじめに2回の読み聞かせを行った。1回目はゆっくりかつ正確に、2回目はジェスチャーを入れ、からだ全体を使った、わかりやすい読み聞かせを行った。さらに、重要な言語材料が繰り返し出現する箇所はスタッフの協力を得て子どもたちが一緒に声を出して読むように促し、会場全体が一つになって絵本を読む場面が見られた。これは、子どもたちが英文字を読むことができ  なくとも、絵（視覚）や音（聴覚）だけでアウトプットが可能なことを物語った場面だった。

【チャンツの導入】

　次に、読み聞かせで繰り返し出てくる主な言語材料を抽出して作られたチャンツを導入し

た。下記がそのオリジナルのチャンツである。

> What did he eat? What did he eat? Watch carefully.
> On Monday, he ate through one apple, but he was still hungry.
> On Tuesday, he ate through two pears, but he was still hungry.
> On Wednesday, he ate through three plums, but he was still hungry.
> On Thursday, he ate through four strawberries, but he was still hungry.
> On Friday, he ate through five oranges, but he was still hungry.
> What did he eat? What did he eat? Watch carefully.

　このチャンツ練習の特徴は、文字を一切表示せず、音とリズムと絵カードのみで導入したことである。まずは円になって座っている子どもたちに手拍子をしてもらい、チャンツを数回聞かせた。繰り返しの部分は口ずさんでいる子どももいたが、この時点では当然まだ抵抗感が見られた。次に5つのグループに分かれ、各グループに担当の曜日を振り分け、その曜日にあおむしが食べた数の果物が描かれた絵カードを渡した。耳で覚えたリズムとことば、渡された絵カードを頼りに、各グループ毎にスタッフがつき、自分たちの担当箇所を繰り返し練習した。数回練習したところで手拍子をしながら全体を歌い、その後は絵カードと担当箇所を他のグループと交換し、異なる箇所を練習してみた。数と果物は変わってもリズムは同じなので、子どもたちはあたかも耳に残るコマーシャルを無意識に口ずさむかのように、不思議と少しずつチャンツを歌えるようになっていった。

【体験学習：はらぺこあおむしになろう】

　午前の最後のプログラムでは、緑色の衣装と触覚を身に着け、全員が「はらぺこあおむし」になった。一人ではあおむしになれないので、「数人で並んで肩に手を掛けよう」「あおむしの歩き方について考えよう」など、子どもたちは主人公になって共同作業を通して初対面の参加者同士で交流を深めていった。後に「いち、に！　いち、に！」と掛け声をあげながら足をそろえて歩く子どもたちの姿が大勢見られた。

【DVD版の絵本作り】

　午後は子どもたち一人ひとりが主役となる「はらぺこあおむし」をDVDにする作業に入った。エリック・カールの絵本によると「はらぺこあおむし」は平日に果物、土曜日に数々の好

きな食べ物を、そして日曜日に大きな葉っぱを食べ、サナギになった。土曜日の好きな食べ物の場面で、エリック・カールの絵本にはない、自分が「はらぺこあおむし」だったらこんなものを食べたい、と想像したものを画用紙に一人ひとり描いてもらった。描き終えたところで自分の絵を持っての個人写真の撮影を行った。

次に、DVD版の絵本作り制作の撮影を始めた。各グループで大きなあおむしになり、フラフープと布で作られた果物をくぐっていく（食べていく）場面を撮影した。午前中の5つのグループに再度分かれ、各グループ担当の曜日と果物を与えた。そして彼らがリンゴを1つ、ナシを2つ、プラムを3つ、イチゴを4つ、オレンジを5つ「食べていく」姿の撮影を行った。最後に「はらぺこあおむし」が大きく成長し、サナギになり、蝶になった場面を特大サイズの布を創造的に使いながら全員で撮影した。撮影終了後、建物内へ誘導し、各グループで午前中に覚えたチャンツを再度練習し、レコーダーに吹き込んだ。子どもたちが一息ついたところでAVの担当スタッフがビデオソフトで子どもたちの映像や音声を編集し、オリジナルDVD版の絵本を完成させた。

最後に子どもたちの保護者や兄弟姉妹を含め、全員でDVD版の絵本の上映会を行った。耳で聞き、リズムで覚えて何十回も練習したチャンツ、一生懸命描いた絵や仲間と一緒に主人公になりきって活動する姿がおさまったこのDVDは、子どもたちの一日の傑作であった。

(4) おわりに

今回の絵本の取り組みを通してまずEFL（English as a Foreign Language）の環境で外国語を学ぶ日本の子どもたちにとって、絵本は非常に魅力的な教材であることが伝われば幸いである。「はらぺこあおむし」については、目で見てすぐにわかる鮮やかな色使いや絵のスタイルはもちろん、言語材料の繰り返しを自然と促す点や、様々な活動へ繋げられる物語に着目してこのプログラムが考えられた。また、絵カードだけで単語の練習をするのではなく、言語の「チャンク」（かたまり）を繰り返してまるごと覚える点についてはWhole Language (2.1参照) として外国語を学ぶ第一歩と言える。絵本には元からそれぞれの文脈があることでこのアプローチが可能になる。

このような活動を仮に小学校の授業に導入するとなると当然課題は多くある。しかし、絵本そのものが「本物」(authentic) の教材であり、「英語なんて教えられない」「時間がない」と思っている先生方にはむしろ最適だと言える。子どもたちの創造力を育て、生の外国語の本に触れる機会も与えられる。絵本は現在課題となっている「外国語活動」という単元をより有意義な時間にしてくれるに違いない。

(原田麗衣)

5.1.5.2 平成24年度 「Let's make a story ～絵本作家になってみよう～」
(1) はじめに
　本プログラムは、英語学習での絵本活用は有効であるとの考えのもとで行われた。日本学術振興会（JSPS）「ひらめき☆ときめきサイエンス～ようこそ大学の研究室へ～」に「Let's make a story ～絵本作家になってみよう～」が前年度に引き続き採択され、2012年9月9日（日）に実施された。当日は、世界中で読み続けられているエリック・カールの絵本 *Papa, Please Get the Moon for Me* を使用し、さまざまな活動が展開された。この物語は、父親が娘のために月を取りにいくという話である。月を取りにいくために父親は、とても長いはしごを担ぎ、とても大きい岩に立てかけ、登っていく。月にたどり着いた父親は月に一緒に来るように頼むが、持っていくには大きすぎるので小さくなるまで待ってと言う。父親は待ち、ついに持っていけるぐらいの大きさになると、小さくなった月を持って、とても長いはしごを下りていく。地上につくと娘に月を渡し、もらった娘は大喜びで月とダンスをしたり、抱きしめたりする。しかし、そうしているうちに月はさらに小さくなっていき、ついには手元から消えてしまう。最後は、娘は窓から空にある月を見つけるのである。この絵本の特徴は、「父親が娘にせがまれて月を取りに行く」という日常と空想の世界が混在しているために、自由な発想を楽しむことができる。ユニークなストーリーのほかにも、絵本自体にしかけがちりばめられており、月の大きさやはしごの長さを絵を動かしながら楽しむことができる。しかも、月の満ち欠けを利用したストーリー展開は、子どもたちの知的好奇心を刺激する。

(2) プロジェクトについて
　本プロジェクトは、この絵本を土台に、参加児童に家族が欲しい物をどうやって取りにいくのか、体を使って絵本の登場人物の気持ちを感じながらグループで表現した。同時に、自分たちのストーリーを具体化する絵本をさまざまなアイディアと工夫で作った。最後にはそれを見せながらグループ内で協力し、ジャズ・チャンツのリズムにのせて、聞き手に伝わるよう独自のジェスチャーもまじえて英語で発表した。発表作品は、後日各グループのオリジナルチャンツとともにフォトアルバムにまとめられ、参加児童に届けられた。

『生きる力を育む初等英語教育―津田塾大学からの提言―』

【表1】当日のスケジュール

時間	活動	内容
10:40	自己紹介	児童・スタッフが輪になりボールを使って自己紹介 ・1回目：My name is〜と言ったら隣にボールを回す ・2回目：I like〜と言ったら名前を指名しボールを投げる
11:00	絵本を使った活動	読み聞かせ（絵本 *Papa, Please Get the Moon for Me*） ・1回目：普通に読む ・2回目：ジェスチャーを加えゆっくり読む
	体を使った活動	体を使った表現活動（3〜4人で1グループ） ・絵本のある場面を想像して、動きをつけてみる ・何を取りにいくかを考えさせ、その場面を静止画で演じる ・他のグループが何をやっている場面か当てる
11:40	チャンツ	ジャズ・チャンツにのせてストーリーの英語表現を練習 ・全体練習→グループ練習（3〜4人で1グループ） ・グループ発表（各グループにスタッフが入る）
12:10	※昼食	昼食後、天気を使ったグループ分けゲーム
13:00	オリジナルストーリ作成	オリジナルストーリーの作成 ・グループごとに取りにいくもの・使う道具を決める ・オリジナルストーリーに合わせ絵を4シーン描く
13:45	オリジナルチャンツ練習	オリジナルチャンツの練習 ・グループごとにオリジナルチャンツの練習 ・チャンツの発表練習（各グループにスタッフ2名）
14:50	リハーサル	リハーサルタイム ・各グループ→全体で通しリハーサル
15:10	発表	オリジナルストーリーの発表会 ・各グループの発表

（報告書より）

　プログラムの流れでは、初めに自己紹介を行った。児童・スタッフが円に並びボールを使って自己紹介をした。1回目は、"My name is〜"と言い、終わったら隣の人にボールを回すということを行った。2回目は、"I like〜"と言い、次の人の名前を指名しボールを投げるという活動を行った。1回目はとても緊張していた子どもたちだったが、2回目の好きな物を言うときになるとジェスチャーを加えながら、好きな物を言える子どももいた。少し緊張が軽減したように感じられた。次に、早速絵本 *Papa, Please Get the Moon for Me* を使った活動

が始まった。大学院生のスタッフがメインとなり、2度読んだ。1回目は、絵本に目を向けさせるために普通に読んだ。2回目は、絵本を示しながら、同時にジェスチャーを加えゆっくり読むことを行った。絵本の内容を知っている子どももいたが、全員が初めて英語でこの絵本を聞いたと言っていた。2回読み聞かせをしたが、子どもたちはよく聞いていた。分かる単語を聞き取ろうと話に耳を傾け、スタッフのジェスチャーから、または絵本の絵から話を推測しているようだった。そのあと、絵本の話を基に、体を使った活動に入った。1グループ3〜4人になり、そこにスタッフが1、2名ずつ入りサポートを行った。グループ内で話し合い、絵本のある場面を想像して、動きをつけてみる活動をした。何を取りにいくかを考えさせ、その場面を静止画で演じることにした。子どもたちは工夫を凝らして、体全部を使って、どのように表現すれば良いのかを考えた。それを見て、他のグループが何をやっている場面かを当てることを行った。当てたら、必ずどのような場面かを考えたグループに発表してもらった。そのときに、「なるほど」というアイディアもいくつかあり、子どもたちの創造性の広がりを感じた。次にチャンツ練習に入った。ジャズ・チャンツにのせてストーリーの英語表現を練習した。全体練習を行ったあとに、グループ練習を行なった。グループは静止画のときとは違うメンバー3〜4人で1グループとした。場面ごとに分担して練習したり、動きをつけて練習したりなど練習方法を工夫した。そのあと、練習の成果を見せるためにグループ発表を行った。このときも各グループに学生、もしくは留学生スタッフが入って、サポートした。チャンツが歌えるようになったところで、休憩時間に入った。休憩時間には昼食をとることと、さらに午後のグループを分けるためのゲームを行った。それは、建物のいたるところに天気のカードを置き、それを子どもたちが探し、同じ天気のカードを見つけた子ども同志が同じグループになるという活動だ。

　午後は今回のテーマにも関わる部分、オリジナルストーリーの作成を行った。一人1枚の割り当てで、①何を取りにいくのか、②何の道具を使って取りにいくか、③取りにいっている場面、④パパが子どもに渡して喜んでいる場面という4つのシーンの構成で考えた。スタッフで考えたストーリーをチャンツを歌いながら手本を見せた。そうすることで子どもたちは自分たちがこれからやるべき事をはっきりと理解できたようだ。グループ内でまず取りにいくものを考え、次に取りにいくために使用する道具を決めた。そこからオリジナルストーリーに合わせ、絵を4シーン描くことを行った。子どもたちは色ペンを使用する以外に、折り紙やはりがねなど立体的に制作する子もいた。絵本制作が終わったら、絵を元にオリジナルチャンツをグループごとに練習した。ここで取りにいくもの、取りにいくために使用したものをそれぞれ入れて、練習し、ある程度練習が進んだら、チャンツの発表のリハーサルを絵を持ちながら行った。本番は保護者の方に参観していただくこともあり、ほどよい緊張感を持ちながら練習をしていた。午前中にチャンツを練習していたこともあり、その後全体で通しリハーサルをし、発表の準備を行った。子どもたちは自分の描いた絵を持って、立って練習している間、グループ内で練習しているときとは違った顔を見せていた。そして、午後3時頃から保護者の方を招き、オリジナルストーリーの発表会を行った。

オリジナルチャンツ
Papa, please get the moon for me.
I'll try my best, said papa.
Papa got a very long ladder.
Up, up, and up, he went.
Finally, he got to the moon.
Please come with me, said papa. OK, said the moon.
Down, down and down, he went.
Here is the moon for you.
Thank you papa, thank you very much.

　上述したものが、学生スタッフで考えたチャンツである。Carolyn Grahamのジャズ・チャンツをもとに制作したものである。次に、4グループに分かれ、それぞれのチャンツを制作した。下線部が各グループの子どもたちが考えた部分である。

1. Papa, please get the unicorn for me.
   I'll try my best, said papa.
   Papa got a toricopter.
   Up, up, and up, he went.
   Finally, he got to the unicorn.
   Please come with me, said papa. OK, said the unicorn.
   Down, down and down, he went.
   Here is the unicorn for you.
   Thank you papa, thank you very much.

2. Papa, please get the cloud for me.
   I'll try my best, said papa.
   Papa got a very long chopsticks.
   Round, round, and round, he spun.
   Finally, he got to the cloud.
   Please come with me, said papa. OK, said the cloud.
   Down, down and down, he pulled.
   Here is the cloud for you.
   Thank you papa, thank you very much.

3. Papa, please get some jewels for me.

I'll try my best, said papa.

Papa got a shovel.

Up, up, and up, he went.

Finally, he got to the jewels.

Please come with me, said papa. OK, said the jewels.

Down, down and down, he went.

Here are the jewels for you.

Thank you papa, thank you very much.

4. Papa, please get Saturn for me.

I'll try my best, said papa.

Papa found a giant beanstalk.

Up, up, and up, he climbed.

Finally, he got to Saturn.

Please come with me, said papa. OK, said Saturn.

Down, down and down, he climbed.

Here is Saturn for you.

Thank you papa, thank you very much.

以上4つが子どもたちが当日作ったチャンツである。取りにいったものは、ユニコーン、雲、宝石、土星というさまざまなものであった。ユニコーンはtoricopterという鳥の形をしたヘリコプターに乗って取りにいくというものだった。雲を取りにいくグループは長いおはしを使ってくるくる回して綿あめのように取ろうとする。宝石はシャベルで掘っていく。この宝石は光沢がある折り紙を使用していた。スコップは立体的に作っていた。土星を取りにいくものと決めたグループは、大きい豆の茎を見つけそれを登っていくというお話にした。

(3) 報告

多様な視点からの報告

絵本を使った活動展開は、英語教育の視点から見ても有効である。音読の視点、リスニング、Multiple Intelligences Theory（多重知能理論）、ドラマ教育、協同学習の視点からも、大きな影響があったと報告している。

音読を担当した大学院生は、絵本を暗記し、聞かせるという点や、役にはいるということ、その時に必要な声の使い分けなどに苦労したと報告している。絵本の読み聞かせをたくさんすることで、絵本のストーリーの中にある気持ちのこもった英語のことばにたくさん触れ、語彙を自然に増やしたり、英語独特の言い回しを体感することができる。また絵本は母語学習においても外国語学習においても、ことばを覚えるばかりでなく、情緒の発達にも大変役

に立つものである。

　また、リスニングの視点から、本プロジェクトに参加した子どもたちが絵本の読み聞かせで聞くのは、今までの聞き方とは異なるのではないかということを報告している。Rost (2002)は"listening"と"hearing"の違いをconsciousness（意識）とattention（注目）であると言っている。聞き取れる単語に注目し、聴こうという意識になっていた。ここでのポイントは、読み聞かせを担当した者は日本人だったということもあると感じる。子どもたちにとっては、同じ外国語の学習者としてモデルになった。つまり教育現場で日本人の教師がすることは多いに効果がある。ただし、読み手の努力が必要になることは明らかだろう。

　またドラマ教育の視点からも物語を聞いたり、見たりするだけではなく、体験することができた。自分の好きなものを取りにいくことを考え、協力して体で表現していくことに子どもたちは専念していた。またチャンツを取り入れる事で、英語のリズムに慣れていくことだけではなく、イメージをつくることができる。イメージは絵を想像できることだけでなく、自然と体が動きイメージを作ることにもなる。

　絵本を選択する時は、絵本から発展した活動ができるかどうか、子どもたちのいろいろな能力を使える活動であるかどうか、自分のことに引きつけて考えられるかどうかということも含めて選ぶ必要があることを今回学んだ。Gardner (1999) のMultiple Intelligences Theory（多重知能理論）によると人間は多くの知能を持ち、すべての人間には8つの知能が備わっていて（2.2.2参照）、それぞれを取り入れた学習が必要である。本プロジェクトは、言語的に得意な子どもたちが自分の力を発揮できる場面を作ることができた以外に、何をどのように取りにいくかという部分で、それぞれの創造性が必要になった。絵を描いたりすることが得意な子どもがいたり、チャンツなどの歌を上手に歌えたりなど、それぞれが得意な部分を発揮する場面を作ることができた。

　アンケートからの報告
　実施後に集めたアンケート結果から参加者のほとんどが中学の英語を楽しみにしているということが分かった。一方少数ではあるが、英語は難しいから、学校の英語はつまらないと捉えているものもあった。英語自体には興味を持っているが、中学校から文法などが入り、座学で学んでいくのはつまらないだろうという思いがあるようだ。絵本を利用した活動は、そのつまらないだろうという考えを消してくれる一つの方法だと思う。絵本は聴覚からも、視覚からも情報を入れることができる。また、活動を通して、グループで協力することができ、協同学習につながる。Olson & Kagan (1992) は協同学習は、グループの学習者間で情報交換が行われ、自らの学習、さらに他者の学習を高めていくと述べている。

　また、中学校英語を頑張って勉強したいかという質問にも全員がそう思うと答えている。難しいけれども、頑張ろうと思っている気持は大切にしていくべきだと思う。人前で発表することで、達成感を味わうことができたために、このような結果になったのではないかと考える。

(4) おわりに

　小学校と中学校の英語の学習をつなげていくときに、絵本は有効に働くと考えられる。インプットを与え、日本語で訳していくのではなく、子どもに聴覚から、視覚からさらに協同学習からどのようなお話なのかを考えさせ、さらに自分の得意分野を活かし、想像力を活かし、活動を進めることができる。

（宮城まなみ）

5.1.5.3 平成25年度「If the World Were a Village of 100 People 〜理想の世界を描いてみよう〜」

(1) はじめに

　2013年4月、津田塾大学は2012年度に引き続き、日本学術振興会（JSPS）「ひらめき☆ときめきサイエンス〜ようこそ大学の研究室へ〜」に採択され、同年9月8日(日)に「If the World Were a Village of 100 People 〜理想の世界を描いてみよう〜」を実施した。

　今回、津田塾大学の初めての試みとして、準備期間の段階で参加者に事前学習を課すことにした。本プログラムが、国際問題の知識を要するため、小学生にとって1日で学ぶことは難しいと判断したからである。そして、本プログラムは参加者である小学生14名（内訳 小学5年生9名、6年生5名、男子3名、女子11名）とともに9月8日を迎えた。

(2) 本プログラム概要

●当日の進行予定表
- 10：00-10：30　受付
- 10：30-10：45　開講式
- 10：45-10：55　アイスブレイキング
  …お気に入りのポーズをとりながら自己紹介を英語で行う。
- 10：55-11：05　フォトランゲージ
  …5枚の写真を順に子どもたちに見せ、その写真が何を表しているかをたずねる。子どもたちが事前学習で得た知識を引き出す。
- 11：05-11：20　ストーリーテリング
  …オリジナルの紙芝居を用いながら、英語で行う。さまざまな国際問題があることと、世界がもし100人の村だったらどれくらいの人がそれらの問題に苦しんでいるのかを理解させる。
- 11：25-12：00　村人会議（各グループに学生配置）
  ①事前学習ワークシートに基づいて、グループ分けを行う。
  ②グループ内で、事前学習・フォトランゲージ・ストーリーテリングを踏まえた感想を共有する。
  ③モデルチャンツを披露し、子どもたちにどのような発表をするのかを説明する。
  ④各グループのトピックについて話し合い、どんな解決法があるかを考えさせる。（なるべく1人1つ案が出るように）
- 12：00-13：00　昼食・昼食後のゲーム
  …お昼を食べ終わった後は、子どもたちが退屈しないようにゲームをする。学生が事前に会場内に隠したパズルのピースを探し出し、世界地

図を完成させる。その後、午前のアクティビティで学んだことを簡単に復習する。

13：00-13：45　**絵の作成**（各グループに学生配置）
…子どもたちが選んだ世界の問題を解決するためにはどうしたらいいかが分かるような絵を描くよう指示し、作成に入る。

14：00-14：20　**チャンツ練習**（各グループに学生配置）
…各グループに学生が入り、1人1人チャンツを確認し、練習する。

14：20-15：00　**発表練習**（各グループに学生配置）
…本番と同じ形式で練習する。本番会場に入り、声の大きさなどを確認する。

15：00-15：20　**クッキータイム**（各グループに学生配置）

15：20-15：40　**リハーサル**（各グループに学生配置）
…本番会場で通し練習をし、最終確認をする。

15：40-16：00　**発表会**

16：00-16：30　**修了式**
…未来博士号・記念品授与の後、本番会場から引き上げアンケートを行う。

16：30　**終了・解散**

　本プログラムは、タイトルに記されているように *If the World Were a Village*（Smith, 2004）を題材とする、内容重視（2.3参照）の英語教育の試みである。約70億人が住む地球を100人の村に置きかえ、地球上で生じている問題に目を向け、それを解決する方法を、参加者である子どもたちと一緒に考える。子どもたちにとっての本プログラムの最終目標は、自分たちが100人の村の住人だったらと仮定して、選んだテーマの解決法を探り、それを絵にあらわし、子どもたちの考えた解決法を英語のチャンツで発表することであった。その事前準備として、子どもたちはプログラム当日の2週間ほど前に課した事前学習のワークシートで国際問題への理解を深めて、こちらが提示した国際問題（食料・水不足、少年兵、児童労働、ストリートチルドレン、地雷、教育問題）のうち、最も興味のあるテーマを選んだ。

　工夫した点は、英語活動と内容学習が統合されるよう、英語で行うアクティビティの前に日本語での導入を行ったことである。アイスブレイキングの後、子どもたちの興味をひきつけるために、地球上で生じている問題を表す5枚の写真（ストリートチルドレン、少年兵、水不足、栄養失調、地雷）を見せた。事前学習でこれら5つの問題について学んでいたため、子どもたちは写真を見てすぐに反応していた。事前学習で学んだことを生かすために、子どもたちにこれらの写真が何を表しているのか、そしてそれらがどのような問題であるのかをたずねた。このアクティビティ（フォトランゲージ）では、子どもたちが事前学習にしっかりと取り組んでくれたことが分かった。事前学習をさらに掘り下げて学んできてくれた子どももおり、積極的に発言することで仲間の理解が深まる一面が見受けられた。

日本語でこのような導入を行った後、英語によるストーリーテリングを、学生によるオリジナルの紙芝居を用いて行った。ストーリーテリングのスクリプトは、原作（*If the World Were a Village*）および翻訳本をもとに作成した。ストーリーテリングでは、上記の５つの国際問題をテーマとしており、子どもたちは、世界がもし100人の村だったら、どれほどの人がこれらの問題に苦しんでいることになるのかというその確率を知った。

　英語によるストーリーテリングの後は、事前学習で子どもたちが最も興味のあるテーマとして選んだ国際問題をもとに４つグループに分かれ、グループのメンバーと事前学習、フォトランゲージ、ストーリーテリングについての感想を述べ合った。次に、子どもたちが最終発表をイメージできるよう、学生が事前に描いた絵を持って、モデルチャンツを披露した。その後、同じテーマを選んだ子どもたち同士でグループになり、それぞれの問題を解決するにはどうしたら良いかを考える「村人会議」をおこなった。各グループには、学生が１人以上つくようにし、解決法を考えるサポートをした。この村人会議では、それまで緊張気味であった子どもたちも、次第に発言が増えた。仲間と一緒に解決法を考えたり、事前学習で学んだことをお互いに教え合ったりする光景が見られた。

　フォトランゲージ、ストーリーテリング、村人会議の３つのアクティビティを経て、昼休みに入った。昼食後には、会場内に隠したパズルのピースを、子どもたちで協力し合いながら探し出し、世界地図を完成させるゲームを行った。パズルが完成した後、午前中の活動で学んだことを復習し、午後へのアクティビティへとつなげた。

　昼休みの後は、ひとりひとりが考えた解決法を絵にあらわした。ここでもまた、子どもたちは仲間に意見を求めながら絵を描く様子が見られた。限られた時間の中でではあったが、子どもたちは自分の考える理想の世界を描いた。

　絵を描いた後は、それぞれのオリジナルチャンツをつくり、練習した。最初は英語が難しく、なかなか覚えられなかった子どももいたが、仲間と助け合いながら練習を重ねた。解決法を体で表す子どももいた。発表会では、保護者の前でしっかり発表することができた。

　英語での発表に加え、国際問題について考えるという、ややハードルの高い目標設定の一日であったが、本プログラムは子どもたちが国際問題について学び、自分たちには何ができるのかを考えるきっかけになったのではないかと思う。

●チャンツ
　＊モデルチャンツ

In our small village, we have a problem of global warming.

We'll use a Prius for a better life.
We'll reduce trash for a better life.
We'll save water for a better life.

We'll plant trees for a better life.

So, let' work together to change the world.

☆ 　　部分はどのグループも同じ

＊子どもたちのチャンツ

食料供給
We'll share foods for a better life.
We'll teach skills for a better life.
We'll increase fields for a better life.
We'll make improvement for a better life.

ストリートチルドレン＆児童労働
We'll raise money for a better life.
We'll dig wells for a better life.
We'll build facilities for a better life.

水不足＆戦争
We'll save water for a better life.
We'll tell you a story for a better life.
We'll solve poverty for a better life.

教育
We'll make textbooks for a better life.
We'll build schools for a better life.
We'll send teachers for a better life.
We'll give pencils for a better life.

(3) 実践のふりかえり ── グローバル・イシューと英語教育

　グローバル・イシューを扱ったり、国際平和・国際協力のための心を養ったりするための教育はしばしば、「国際理解教育（Education for International Understanding）」や「国際教育（International Education）」などと呼ばれる。アメリカでは「グローバル教育（Global Education）」、イギリスでは「ワールド・スタディーズ（World Studies）」とも呼ばれている。このように、この種の教育には多くの呼び名があり、国によって多様に展開されている。

日本では「国際理解教育」という呼び名が一般的ではあるが、多文化などを「理解すること」に重きが置かれがちのように思う。したがって筆者は、ユネスコによる「国際教育」ということばを用いており、その理念や目標などもユネスコが1974年に第18次ユネスコ総会で採択した「国際理解、国際協力および平和教育のための教育ならびに人権および基本的自由についての教育勧告」（以下、国際勧告）に基づくものとする。「国際教育」は、多文化理解中心の「国際理解教育」を下位区分に位置づけている（中村，2010, p. 75）。

以下でまず「国際教育」の歴史をたどりながら、その理念と目標について考察する。その後、「国際教育」を英語で実施する意義を述べるために、国際補助言語としての英語の役割について考察する（第3章参照）。最後に参加した子どもたちへのアンケート結果から、本プログラムが子どもたちの心にどのように響いたのかを考察する。

「国際教育」とは

　国際社会の平和を目標とした教育は、第二次世界大戦後の1945年にさかのぼる。人類は、戦争という大きな過ちを犯した。未来に生きる子どもたちに悲惨な戦争を二度と繰り返させないことを目的とした教育をするべく、「人権」「平和」「文化間理解」を人類共通の課題に掲げ、「国際理解」の必要性を認識した（中村，2010; 川端，1990）。このような平和や民主主義への希求は、ユネスコ憲章の前文で「戦争は人の心の中で生れるものであるから、人の心の中に平和のとりでを築かなければならない」（日本ユネスコ国内委員会，1945）と表されている。ユネスコはこれまでずっと「国際理解」とそのための教育の必要性を訴えてきたが、時代のニーズに合わせて、その呼び名は変化してきた。永井（1989）によると、キューバ事件、中近東紛争、ベトナム戦争などの問題が勃発した1960年から1970年には、「国際理解と平和のための教育（Education for International Understanding and Peace）」や「国際協力と平和のための協力（Education for International Co-operation and Peace）」といった名称が使われている。

　1974年の国際勧告はそれまでの「国際理解」のための教育に新たな視点をもたらした。それまでの「国際理解」のための教育は、ともすれば観念的な理解にとどまりがちであり、自らが発信をしたり行動に移したりする視点が欠けていたのだという（川端，1990）。しかし、「国際勧告」では、「社会的な責任（social responsibility）」の必要性が指導原則に明記されており、国際社会の平和のために行動を起こしたり、メッセージを発信していったりすることに重点が置かれるようになったと言える。本プログラムもまた、子どもたちが、自分たちならどのような理想の世界をつくりたいのかを英語で発信するという最終ゴールがあるため、発信することに重きを置いている。

国際補助言語としての英語

　それでは、「国際教育」を英語で実施する意義とは何だろうか。英語は現在、母語として使用されているのみならず、第二言語や外国語としても用いられており、世界共通語としての

地位にも達したと言える。

村野井（2001）は、国際補助言語としての英語の役割に言及している。国際補助言語が機能するのは、ますます多くの人やモノが国境を越えて行き来する現在の世界において、あらゆる分野で民族や言語の違いを超えた交流が必要となってきたからである（村野井，2001）。実際、英語は国境を越えたモノや人の移動のみならず、国際関係の分野でも国際補助言語として重要な役割を担っている。国際連合などの国際機関では、英語は公用語の一つであり、英語を介しての世界的な会議が行われている。このように、さまざまな情報や文化が英語を媒介として世界的に広まっている。

筆者は、村野井（2001）が述べるように、英語は、経済・政治の場において人と人を結びつけるのみならず、現在人類が直面しているさまざまなグローバル・イシューに、手を取り合って対処していく際にも役立つのではないかと思う。村野井（2001）は、この点に関して以下のように述べている。

> 環境問題、民族紛争問題、南北問題、エネルギー問題、人権問題など、国境を越えて協力しなければ解決できない問題に取り組む際に、国際補助言語としての英語が機能している。これらの地球規模の諸問題への取り組みは、国連などの国際機関や政府レベルのものだけでなく、NGOやボランティア活動の発展とともに、一般市民のレベルでも活発に行われてきているのが現実であり、そのような人類共生をめざした活動を英語は支えていると言っても過言ではない。
> （村野井，2001，p. 3）

言うまでもないことではあるが、言語に優劣はない。英語は数ある外国語の一つであるものの、上述のように英語が国際社会の中で確固とした地位を築いたことを考慮に入れると、英語で「国際教育」を行うことに意義はあると考える。

子どもたちへのアンケート結果から見えること

世界で起きている問題を知り、子どもたちはどのように感じたのだろうか。プログラム終了後に、アンケートを行い子どもたちの声を聞いてみた。

《⑦世界で起きている問題を知り、どのように感じましたか。自由に書いてください。》

参加者1：できるなら全部解したい。（筆者による注：「解決したい」もしくは「理解したい」の意味だと思われる）
参加者2：びっくりした。
参加者3：日本に生まれることが出来て幸せだなぁと思った。
参加者4：もうそんなことがおきないでほしいと思った。
参加者5：いろいろな問題を考えるきかいができたのでよかった。
参加者6：自分が恵まれていると思った。
参加者7：同じ生き物じゃないように、思えた。
参加者8：私達は学校に行けるけど、行けない子は、私が行かせてあげたいと思った（その手伝いをする）
参加者9：自分が幸せだなと思いました。
参加者10：私たちに、できることを、もっとやりたいと思いました。
参加者11：みんな子どもなのに働いていたから大変そうだったし、かわいそうだった
参加者12：解決したいと思った。
参加者13：思っていたよりも、問題がしんこくだった。
参加者14：自分と変わらない年なのにぜんぜん自分とちがかった。

14名の参加者の記述を見ると、世界で生じている悲惨な問題をどうにかしたいと思った子どもや、自分たちとの生活と大きく異なることに驚きを感じた子どももいたようだ。参加者の子どもたちにとっては、本プログラムで扱ったグローバル・イシューは自分たちの生活からかけ離れたものであったかもしれない。しかし、参加者5が記述しているように、本プログラムが、世界で生じている問題をまずは知り、考えるための機会になったのではないかと思う。

《⑧これからも、世界で起きている問題について勉強したいと思いますか。1つだけ○をつけてください。》
  1. とてもそう思う………11名 2. どちらかと言えばそう思う……3名
  3. あまりそう思わない……0名 4. 全くそう思わない……………0名

《⑨世界で起きている問題を解決するために、自分から行動を起こしてみたいと思いますか。1つだけ○をつけてください。》
  1. とてもそう思う…………9名 2. どちらかと言えばそう思う……4名
  3. あまりそう思わない……1名 4. 全くそう思わない……………0名

質問⑧では、14名の参加者が肯定的な回答をしてくれたことは良かったが、本プログラム

は一日のみの開催であるため、時間が経っても同様の回答をするかどうかはわからない。しかし、質問⑦の記述を見る限り、地球上で生じているさまざまな問題に対する興味・関心が読み取れるため、少なくともプログラム直後に今後もそのような問題について学んでいきたいと思ったことは確かである。筆者が心残りであったのが、参加者が今後も国際問題について勉強していくことを手助けするために、小学生でもなじみのもてる国際問題についての本や映画などを最後に紹介していれば、もしかしたら「読んでみよう」「見てみよう」と思う動機づけになったかもしれない。一日のみの開催ではあったが、参加者の今後の勉強につなげていくために、参加者の手元に何かしらのツールを残しておいていれば、本プログラムはより良いきっかけとなったかもしれない。

　質問⑨も、現時点でも同様の回答をするかは不明である。しかし、質問⑧ではすべての参加者が肯定的な回答をしたのに対し、質問⑨では1名が否定的な回答をしている。筆者はここに、一日のみのプログラムであるがゆえの弱点がみられたのではないかと思う。

　小学生にとって、一日で外国のことを知ることも、これまで知らなかった人たちの生活を知ることも大きな一歩であったのではないかと思う。国際問題への興味・関心は湧いたかもしれない。今後もそれについて学びたいと思ったかもしれない。しかし、世界で起きている問題を解決するために行動を起こしてみたいと思うようになるためには、より多くの時間をかける必要があるだろうと感じた。意識と行動にはとても大きな差があるため、今すぐに行動にまでうつすことは難しいかもしれない。住む家がない人がいる、食べ物や水がなくて困っている人がいる、学校に行けない子どもがいる、地雷や戦争の恐怖におびえている人がいる、働くことを強いられている子どもがいる。まずは、その事実を知ることが大切なのではないだろうか。そして参加者が今後、じっくりと時間をかけて、「自分に何ができるか」「できることをやってみよう」と思うことができれば、それで良いのではないかと考える。

（4）おわりに

　本プログラムを通して、グローバル・イシューと英語教育を統合することの意義を学ぶことができたと同時に、その難しさも知ることができた。内容と言語の両方を同時に学ぶことも教えることも、簡単なことではなかった。だからこそ、今後も更なる研究と実践を積み重ねる必要があると感じた。

　筆者にとっての英語教育とは、英語を流暢に話したり正しく英文が書けたり、あるいは入試やテストに合格するための知識を獲得したりすることだけではない。より重要なのは、民族や言語の違いを超え、人類が直面するグローバル・イシューに取り組むときに英語を使える人間になる芽を育てることである。英語とは、同じ地球に生きる一人の人間として、人とのつながりを持つためのものではないかと思う。そして、「国際教育」もまた、「国際理解」のための知識を得ることで達成されるものではない。「国際教育」で学んだことが学習者の心に響き、人々の喜びや悲しみ、怒りへの共感などの感情を呼び起こし、学習者自らがより良い世界を構築するために動けるようになって初めて、「国際教育」が達成されるのではな

いかと思う。そういった意味では、一日のみの開催である本プログラムは、今後の子どもたちの心の変化を追うことができないため、子どもたちが実際に行動を起こすようになるかどうかまでは判断できない。しかし、少年兵やストリートチルドレンなど、参加者の子どもたちとまさに同年齢である子どもたちが悲惨な状況の中を生きているという事実は、きっと強烈な印象を残したのではないかと思う。筆者の願いは、子どもたちが本プログラムで学んだことをいつか彼らがより成長したときに思い出してくれることである。そして、本プログラムが「国際社会の平和のために自分にできることはないだろうか」と考えるきっかけとなれば、それこそが本プログラムの意義となるのではないかと思う。

(倉科茉季)

5.2 Off campus（学外プログラム）

5.2.1 小平市立小平第四小学校

5.2.1.1 背景

小平市立小平第四小学校（以下「四小」）は、学区に玉川上水が流れ豊かな自然に恵まれた環境に位置する。平成19年（2007年）に文部科学省のコミュニティ・スクールの指定校となり、地域に開かれ、地域に支えられる学校として、地域と連携を図り学びを深める授業を総合的な学習の時間を中心に展開している。「学校外の多様な人々に支えられた学びを教室で実現」（佐藤, 1999b）しようとしており、その一環として、外国語活動において学区内の津田塾大学と連携を図り授業の研究を平成17年（2005年）より推進している。四小は「平成24年度 優れた『地域による学校支援活動』推進にかかる文部科学大臣表彰」を受けたが、受賞のポイントの一つに津田塾大学との連携が挙げられている。

35時間の英語活動のうち、現在12時間がALT（外国語指導助手）と担任、約20時間を担任と津田塾大学との連携で実施している。シラバスは図1に示す通り、CBI（Content-based Instruction 内容重視の指導法 2.3参照）と英語劇を軸に実施している。

【図1】5年生、6年生英語活動の内容と構成

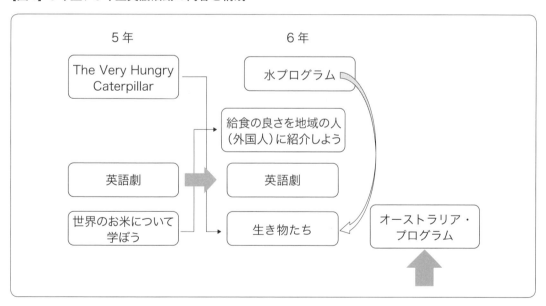

5.2.1.2 世界のお米について学ぼう

(1) テーマ設定の理由

5年の社会科では「私たちの生活と食料生産」の単元の「米づくりのさかんな庄内平野」の小単元で、米作りについて勉強する。四小は、学区の周辺には水田はないため米に因んだ

生活や経験に根付いた学びは限られているが、学校でバケツ稲を育て、米に対する関心は深まっている。

　米は子どもたちの食生活に深く関わっている身近なテーマである。しかし、米は日本独自の食料ではない。米は世界各地で栽培されており、それだけに、各地でさまざまな米料理があり、それぞれの特徴の違いによってうまさを引き出す調理法も異なっている。

　日本から世界へ広がりをもって米を考えてゆくことで、米は世界への入口となる。社会科では6年の3学期になって初めて「世界の中の日本」の単元で国際理解や国際協調を扱う。しかし、「子どもたちの世界に対する概念は、小学生から中学生にかけての間に極めてすばやく発達する」(Wiegand, 1992)。英語を通し世界に目を向けるのは発達段階から見て早過ぎることはない。

　米を題材とすることで国際理解の2つの視点を提示したい。第一に、地域により栽培される米の種類は異なり、料理の仕方にも違いがある。文化の多様性に気づかせると同時に、なぜ違いがあるのかその背景や理由にも気づかせることも大切である。さらに大事な点は、その違いを価値によって判断しないことである（島，1990）。

　平成5年（1993年）に冷夏による凶作で、タイから多量の米を輸入したが、タイ米は、パサパサして匂いもありまずいとインディカ米を食べなれていない日本人の多くには不評であった（佐藤，2010）。翌年、東京大学附属中学ではタイ米をテーマとした社会科・家庭科・英語科による教科横断型の「プロジェクト・タイ米」を実践した。共同研究を行った箕浦（1995）によれば、「日本人のタイ米への不評は、インディカ米であるタイ米とジャポニカ米である国産米とを同一の枠組みで扱うことからきていた」（p.95）ことによる。日本ではコシヒカリの生産量が40%を占め、「『粘るコメ＝うまいコメ』と考えられているが、「うまいコメについての『世界的なスタンダード』はない」（佐藤，2010: 44）。自文化中心の考え方から偏見や差別は生まれる。「『米』を世界的コンテキストで捉え」る（箕浦，1997: 190）ことで相対的な見方ができるような態度を育成したい。

　もう一点は、現代的課題に目を向けることである。世界は南北間に格差があるが、開発途上国の飢餓と貧困の減少のために米の果たす役割があることを知り、地球全体の問題として感じてほしい。

(2) 展開の視点

　島久代（千葉大学名誉教授、米の流通経済専門）の提案に基づき津田塾大学では米を題材とした教材と指導案を開発し、平成16年（2004年）の国際コメ年に因み「お米プロジェクト」として小平市の小学校数校へ出張授業を行っていた。出張授業は学生がインストラクターとなって実践してきた。しかし、平成23年（2011年）からの外国語活動必修化に伴い、活動時間が増え指導案の内容を改定する必要が出てきた。

　単元の計画は、世界の米料理を導入し、米粒の違いから、他の違いへと多面的に視野を広げるようにする。

世界の米料理では、料理名と国のマッチング・ゲームをする。It's from _____. の構文を用いる。その後、世界地図で国の位置を確認するが、世界地図は日本が中心にある見慣れたものではなく、日本が右端にある地図を用いる。

1．3種類（ジャポニカ米（短粒種）。インディカ米（長粒種）・ジャヴァニカ米（中粒種））の米のサンプルを見せ、特徴を示す。主な生産国を挙げる。

    Japonica rice is short. It's sticky.

    Indica rice is long. It's dry.

    Javanica rice is medium.

2．それぞれの米には適した調理法がある。

    Japonica rice is good for rice balls.

    Indica rice is good for curry, and fried rice.

    Javanica rice is good for risotto and paella.

3．NHKの「世界のコメ作り」のビデオの視聴

    世界にはさまざまな米の作り方があることを知る。

4．チャンツ「お米」（「小学校でやってみよう！英語で国際理解教育」小学1・2年版（吉村編，2001: 109））を軸に用いる。このチャンツには "We cook rice in many ways. We cook rice in many countries." "We eat rice in many ways. We eat rice in many countries." というフレーズがあり、米を食べているのは日本だけではなく、世界のさまざまなところでさまざまな食べ方があることを認識させるのに適している。チャンツは毎時授業の最初と最後に皆で唱えることで授業の参加に一体感を持たせ、国際理解のテーマを確認する。使用するのは、第1スタンザ（連）から第3スタンザまでとする。第4スタンザは、使用されている語彙が授業計画の言語材料と合わないことから省略した。

5．南北問題をこの段階で英語で行うことは難しく、その必要もない。この部分は担任からのメッセージとして日本語で行う。最初にハンガーマップを見せ何の地図だか推測させる。ハンガーマップは、国連世界食糧計画（WFP）が国連食糧農業機関（FAO）の統計に基づき作成した世界地図で、世界の飢餓状況を、栄養不足人口の割合により国ごとに5段階で色分けして表現している。世界には栄養不足で苦しんでいる人が多くいるが、米はその人びとを救う良質な食料であることを説明する。また、アフリカの飢饉を救うために開発されたネリカ米にも触れる。

指導計画は以下に示すとおりである。

【表1】「世界のお米について学ぼう」指導計画

時	指導内容
1	日本のお米の品種とおにぎりの種類
2	世界のお米料理
3	世界のお米と米作り
4	クイズ作成
5	クイズ発表、米と食料不足〈国際理解教育として〉

(3) 成果と課題

成果

児童の振り返りをみると、英語活動のテーマが「お米」であること自体が驚きのようである。

「お米の勉強で英語も知れる。すごい！すごいです。これこそ『一石二鳥』ですね。ジャポニカとインディカならしっていましたが、ジャバニカは知りませんでした。」
「今回は、主は英語ですが家庭科や社会も交じっていたような感じでした。」
「お米のことと英語が二つ一緒に学ぶことができました。」

英語が内容と独立しているのではなく、文脈の中で学ぶことで効果があることを児童自身が気づいたと言える。米の銘柄を勉強した同じ時期に、家庭科でお米マイスターの出張授業があり、コシヒカリ、ミルキークイーン、森のくまさんの3種類の特徴を聞いた後、食べ比べをし、品種を当てる授業があった。また、2013年にはジャポニカ米とインディカ米を食べ比べる授業もあった。家庭科と社会での学習でスキーマ（schema、構造的知識）(2.3.1参照) が作られ、英語が理解しやすくなっていることが実感できる機会だったと思う。

チャンツのリズムは体にスーと入っていく。1日目には歌えなかったチャンツが授業のたびにくり返すことで歌えるようになった。同時に、最初は分からなかった歌詞の中に大事な意味が盛り込まれていることに気づいていった。ついに内容が分かって歌えるようになった時の喜びは大きかったようである。以下に子どもたちの声を記す。

「R-I-C-E」の歌は、帰った日にお風呂で歌っていました。お母さんに、その歌なに??ってきかれてお米の歌って言ったら、楽しそうですねーって言われました。いろいろな国でお米を使っていることがわかりました。」
「歌の方は、最初何を言っているかがわからなくて全然意味の分からないままだったけれど、だんだん練習をしていったら言えるようになりました。うれしかったです。今回教わった英語を日常で使えたらいいと思います。」

米の種類、米料理への関心も喚起された。

「お米のことだけでなく、『こんなりょうりあるんだなー』と学ぶこともできました。実際にインディカ米なども見ることができたしいい経験でした。」

また、食糧不足で飢餓に陥ったり亡くなったりする子どもたちの話には、今までと違って静まり返って聞いていた。そのような話は、日本の生活からは想像できなかったであろう。同時に、ネリカ米が乾燥した地域でも成育し、開発に日本人が関わったことも心に残ったようである。

「お米ってアフリカの子供たちの生活を支えているなんて知らなくて、アフリカのためのお米があることも知らなかったので、知ってためになることがたくさん知れてうれしかったです。」
「最後の日のアフリカの話。あんなにも、ご飯が食べられず苦しんでいるという人がいると改めて思いました。でも新しい米ができてよかったです！」
「お米が世界を救っている話は、とても感動できました。自分たちがこうしてご飯を食べていることにありがたみを感じました。」

「米」により、今まで知らなかった世界に目を向けることができたと言えよう。

課題

国と米料理とのマッチングは、分からないながらもグループで話し合って答えを出した。しかし、そもそもアジアへの関心が薄く、地図上のどこにその国が位置するか分からないこともあった。

事前に、Parmenter et al. (2000) を参考にアジアに関するアンケートを行った。ヨーロッパにある国とアジアにある国を問うものであるが、日本がアジアにあるという認識は薄かった。韓国（56/68、82.4%）、中国（54/68、79.1%）、日本（51/68、75%）の順で韓国、中国の方が正答率が高かった。唯一全項目が正解だったのは父親がベトナムからの留学生の男子児童だった。3か国と国境を接し、南シナ海をはさんでフィリピンとも対しており、長い間フランスの支配下におかれ、ベトナム戦争を経験しているベトナムでは地理的にも歴史的にもアジアの捉え方が異なるかもしれない。他国から日本に来ていることも、アジア人であることの認識を高めていると思われる。この男子児童の場合、「『外国』と言うとどこの国を思い浮かべますか」という質問に40か国を挙げていたので、個人的な資質も大きいと思われる。このプログラムを通して、米を通してアジアに目を向ける機会になればよいと思う。国と料理のマッチングは、6年で学ぶ「四小の給食の良さを地域の人（外国人）に紹介しよう」のプログラムでも、国を変えて使用する題材である。

児童の振り返りからも、ねらいとしているところは達成できていると言えよう。しかし、知識の習得で終わってよいのか、自分たちで何か調べたことを持ち寄って発表したほうがよいのか方向を探っていたが、平成26年（2014年）には最終日にグループごとに考えたお米のクイズを出し合うことにした。それぞれ、社会科資料集や世界地図で調べて、発表し合ったが、子どもたちの発想は豊かで、自分が接した内容を自分の言葉でアウトプットすることで一人ひとりが授業に深く関われることになった。言いたい内容があり、伝えたい気持ちに支えられることで効果が見られた。外国語活動の目標の1つである「積極的なコミュニケーションの態度の育成」に即していると言える。今後方向はいろいろある。時数を増やして経験の機会を与えれば、さらに良いプログラムになると考えられる。

5.2.1.3　水プログラム

　四小の学区域の中を流れている玉川上水は、小平市の歴史とともに歩んでいる。四小では、生活科・総合の学習の時間に単元「玉川上水ウオッチング」を設定し、下記のように学年進行における取り組みの体系化が図られている。地域にある玉川上水を、学校全体の学習材として位置づけ、上水について理解を深めること、6年間を通して「歴史的・環境的に価値ある玉川上水」としてつかむことができることをねらいとしている（図2参照）。本項では、6年生を対象とした「水プログラム」を紹介する。

【図2】構想図

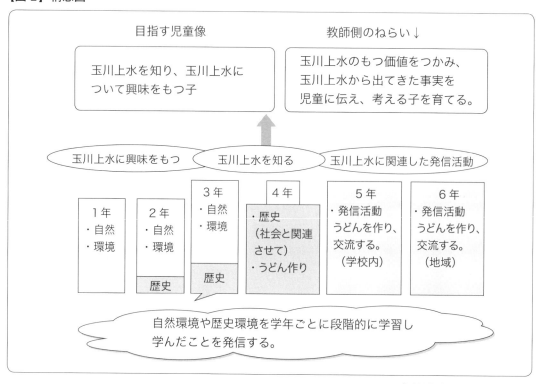

【玉川上水を学ぶ学習プラン】

(1) テーマ設定の理由

　2002年の国連総会において、2005年からの10年間を「国連・持続可能な開発のための教育（ESD: Education for Sustainable Development）の10年」とすることが決議された。ESDは、社会の課題と身近な暮らしを結びつけ、新たな価値観や行動を生み出すことを目指す学習や活動である。ユネスコ国内委員会では、実施に当たって、「環境保全を中心とした課題を入り口」として「開発途上国を含む世界規模の持続可能な発展につながる諸課題を視野に入れた取組を進める」ことを優先的にすべきであると謳っている（「国連持続可能な開発のための教育の10年」関係省庁連絡会, 2011）。

　「玉川上水ウオッチング」は、「地域から発想した環境教育」（佐島, 1995: 73）である。「玉川上水ウオッチング」では、学年進行における取り組みに体系化が図られており、玉川上水の歴史、動植物などに詳しい地域のボランティアの、ナラミースタッフとの連携を図り効果的な発展的学習を行っている。

　知識と経験の豊富な地域の人びとと触れながら環境を捉える視点を学ぶことも、ESDが目指す「関わり」「つながり」の実践と言える。「水プログラム」では、地域の特性に応じて取り組まれていた「玉川上水ウオッチング」をESDの観点から捉え直し、この体験活動に基づいた学びを世界へのつながりへと発展させ、水に対する感性と認識を育てたいという思いがある。

展開の視点

1. 絵本 The Drop Goes Plop (texts: Sam Godwin, illustrations: Simone Abel) で導入した後、チャンツ The Water Cycle（「テーマで学ぶ英語活動」Book 2（町田淳子・瀧口優, 2010））をアレンジしたものを毎回唱えることで、水の循環の語彙や構造を強化する。水の循環は4年の理科の既習事項である。水滴 (the drop) の旅を通して水の循環を英語で復習する
2. 「どのように水を使っているか」、「どれだけ水を使っているか」を問う。問いを発することで、関心を喚起し主体的に問題に関わる姿勢を養う。
3. 大きな数（1-20は5年で既習、21-100は6年で新出）を学び言えるようにする。次に水の量を表す表現 liter（L. リットル）を学び、1Lの水を体感させた後、日常生活で実際にどのくらい水を使っているかを推測し英語で表現する。
4. 世界の水使用量を比較したグラフから、どこの国が使用量が多いかを推測する。次にユニセフ制作のDVD「いのちの水」を視聴し、マリ共和国の水事情について何が分かったか、さらに何を知りたいかを考える。世界の抱えている問題に対し正しい理解と認識を持たせる。
5. 蛇口をひねるときれいで安全な水が出るという、日本では当たり前と思われていることが、世界に目を向けるとそうではない。水が豊かにあるとはどういうことかを考え、「玉川上水」の価値について認識すると同時に地球市民としての気づきができるようにする。
6. 指導計画（6年）

【表2】水プログラム指導計画

時	指導内容
1	絵本（*The Drop Goes Plop*）の読み聞かせ、水の使い方の語彙・表現
2	大きな数（1-20の復習、21-100の導入）、水量の表現
3	水の使用量を想像する
4	水の循環
5	世界の水事情
6	DVD「いのちの水」の鑑賞

成果と課題

成果

・事前、事後（直後・遅延）2回のListening testを行った。チャンツの内容に関するもの9項目、11-100までの数字の書き取り8項目である。チャンツの内容の正答率は、次のような結果が出た。It's in the clouds: 直後96.7%、遅延83.7%。It's in the rain: 直後90.4%、遅延82.8%。It's in the rivers: 直後80.8%、遅延78.9%。It's in the sea: 直後67.9%、遅延70.60%。It's in the mountains: 直後94.2%、遅延95.1%。It's in the ground: 直後80.8%、遅延78.9%。It's in the air: 直後72.4%、遅延70.6%。It goes round and round: 直後72.3%、遅延85.1%。It's in our planet: 直後96.3%、遅延80.9%。

　チャンツを毎回行った成果が見られた。また、3か月後に実施した遅延事後テストでも保持されていることが分かる。It's in the sea. がやや低いのは、絵本ではseaになっているが、チャンツではoceanになっているためであろう。子どもたちのフィードバックの中にも、最初歌えなかったチャンツが日を重ねるごとに取りこまれるのを実感している次のような記述がある。動機づけにつながったと思える。

「チャンツが1回目〜3回目までほとんどできなかったけど、4回目で少し言えるようになって、5回目でスムーズに言えるようになりました。今度のリスニングテストは全部かけるといいなと思います。」

「歌の意味や本の意味を理解できるようになって頭がよくなったような気がした。」

　また4日目のアクティビティでは、アシスタントの学生を円形に7か所に配置し、"Where's water in nature?" の質問に "It's in the clouds/rain/river/sea/mountains/ground/air." と答えていく形で水の循環を体験させ、答えられたら貰ったシールをワークシートに貼るようにした。必ず発話しなければならない状況を設定したことで、チャンツの定着を確かなものにした。またそれにより、最初は語彙が分からず意味が分からなかった絵本も最終日には理解できるようになった。

・6日目に「いのちの水」のDVDを視聴した後、以下の3点について感想を書いてもらった。
　1．DVDを見て分かったこと
　2．もっと知りたい！と思ったこと
　3．このプログラム全体を通して、私たちが考えること・感じたこと
以下、子どもたちの記述を紹介する。

1．DVDを見て分かったこと
- 「まだ世界には水が安全に使うことのできない子どもたちがいることを知り、『大変だね〜』の一言では言い表せないほどのことなんだなと思った。」
- 「日本やアメリカのようにじゃぐちをひねれば水が出るのが当たり前な国とちがい、水がとても少なく汚い国もあることが分かった。その国の人たちがどれだけ水を必要としているかがDVDを見て分かった。」
- 「マリ共和国以外に、あとどれくらいの国に水が足りていないのか知りたいと思った。ユニセフで、どのくらいの水事情を解決できるのかを知りたい。」
- 「水は飲むだけではなく食べ物（野菜、米、豆）を作るためにも必要だと感じた。」
- 「井戸ができてみんなが笑顔になったことが分かった。」
- 「5人に1人が5才にならないまま亡くなってしまう。」

2．もっと知りたい！と思ったこと
- 「水不足で井戸ができた国の人（国民）の1日の生活について知りたいと思いました。」
- 「なぜ雨が降らないのか。」
- 「水のない国でユニセフはほかに何の活動をしているのか？」
- 「どんなことをすれば、私たちも協力できるか知りたい。」
- 「僕たちにもできることがあるのか知りたいです。」
- 「今、マリ共和国でどんどん井戸が増え続けているのか。みんな、学校にちゃんと通っているのか。」
- 「水の将来はどうなっているのか（安全、取得方法など）。水をどのようにかしこく使っていけるのかくわしく知りたい。」

3．このプログラム全体を通して、私たちが考えること・感じたこと
- 「水を『世界』という観点で見ながら使っていきたい。そう考える。」
- 「水は人の命の源で、生きるためには大切だけど時には災害のもととなってしまうこともあって、そのことを理解して水といきていくことが大切なんだと思いました。」
- 「津波や洪水などでは、水は怖いけど、水がなくては生きていけないので大切だと思った。前もだけど、今はもっと水を大切にあつかおうと思った。」
- 「社会や理科でも、水のことは学べるけど、外国語活動で学ぶというのは、世界の水事情も知れて勉強になった、もっと、外国のいろんなことを知りたい。」

・「他の国の子どもたちの気持ちになって考えたいと思った。」
・「マリではこんな学習はできないし、日本で当たり前のことが、他の国では、当たり前でないことがよく分かった。水プログラムをやってよかった。」
・「学校でユニセフぼ金とかあるけどあまりやったことがなかったから今度から積極的に活動に取り組もうと思いました。」
・「水がないと5才にならないまま亡くなってしまうということが分かった。心にひびいた。」
・「日本というステキな国に生まれて幸せだと思った。他の国の人たちも自分の国に生まれて幸せだと思って欲しい！」。

　日本で生活をしていると見えない世界の現実がある。水の問題もその１つである。安全な飲料水へのアクセスの改善は世界の課題である。水の問題は、衛生の問題、就学の問題にも影響を及ぼす。マリの水不足に目を向けることで、子どもたちは一様に「日本では水が当たり前にあることが世界では当たり前でない」ことに気づいた。マリ共和国以外にも水不足で困っている国は何処なのか、水以外にはどんな問題があるのかなど問題を一般化している。「なぜ雨が降らないのか」、「水の将来はどうなっているのか」のようにさらなる探求心にもつながっている。「心にひびいた」という言葉からは感性が育っていることがうかがえる。

　また、今まで気にもとめなかった水の大切さに気がつき、日本で水が使えることの有難さを感じるとともに自分たちでできることは何かを考えるきっかけとなった。日本ユネスコ国内委員会は、ESDの学び方・教え方として「『関心の喚起→理解の深化→参加する態度や問題解決能力の育成』を通じて『具体的な行動』を促すという一連の流れの中に位置付けること」と記している。「具体的な行動」を促すことはしなかったが、DVDに触発され、子どもたちは何かをしなければいけないという気持ちに駆り立てられたようだ。ユニセフの募金に協力したいという自発的な解決方法にたどりついた子どもが多かったのはそのためと考えられる。視線の先が世界に広がったと言えよう。

課題

・大きい数字は既習事項だったが、日々の生活にどのくらい水が使われているか推測し、発話する準備段階として復習をした。Listening testの結果、数字のseventy-eight（直後90.3%、遅延90.9%）、ninety-four（直後85.5%、遅延81.3%）、one hundred（直後94.0%、遅延94.8%）については定着していたが、thirteen（直後66.3%、遅延44.0%）、thirty（直後79.7%、遅延51.7%）の定着は悪かった。

　間違いの多くがthirteenを14、thirtyを40と書いており、語彙そのものが習得できていないこともありうるが、[θ] と [f] の聞き取りに混乱があると考えられる。音韻的にも [θ] は母語話者でも獲得が最も難しく、[θ] ができれば、その前段階にある [f] は獲得できていることになる。たくさん聞かせて十分なインプットを与えた後に明示的な指導も必要かと

思われる。
- さまざまな意見の中には、次のような意見もあった。「何とか水を持っていってあげられないか。」、「今年のオリンピックのように人工的な雨を降らせればいいのでは？」、「いどだけでなく水道もつけてあげたらもっと水を使えるからいいと思う」、「日本には、無料でもらえる水とかがあるから、そういう器械を他国に送ったりすればいいと考えました。」自分で考えたことは評価できるが、思考が飛躍している。問題や現象の背景の理解という「体系的な思考力」という点では未熟である。「体系的な思考力」を育てるためには、感想・意見、疑問を書いた後で、ではどうしたらよいのかについて皆で話し合えば、より認識が深まったであろう。学びには責任が伴う。佐島（1995）は、「環境に対する感性を磨き正しい環境認識を深める教育」（p.156）の必要性を問いている。その時間が取れなかったのは残念である。
- ESDでは「つながり」を想像することは大事である。localとglobalを結びつけることはねらいの１つであった。しかし、多摩川の水を江戸に引き入れるために作られた玉川上水により、水が乏しかった小平が恩恵を受けたことに直接結びつけて考える意見はなかった。「なぜ玉川上水が作られたか」に目を向けさせ、玉川上水の価値を再認識させる工夫もした方がよかったとも思う。

5.2.1.4 「四小の給食の良さを地域の人（外国人）に紹介しよう」
(1) テーマ設定の理由
　四小では、「豊かなかかわりをとおして、互いに学び合う子の育成―地域の教育力を生かして」という研究主題のもとで地域参画型教育に取り組んでいる。学校と地域との連携で、「学校外の多様な人々に支えられた学びを教室で実現」（佐藤，1999b）しようとしている。平成23年度（2011年度）からの外国語活動必修化を見据え、本単元の指導案は６年担任（佐藤歩教諭・依田亜希子教諭、2009年当時）が作成し、言語材料に関する部分を津田塾大学（筆者）が担当した。「四小の給食の良さを地域の人（外国人）に紹介しよう」の単元を構想するにあたり、担任は児童の実態を把握した上で、単元の目標を明確にし、活動の意図を明らかにしている。
単元の目標は、次の２つの柱で構成されている。
- 四小の給食の良さを外国の方に伝える方法を自分なりに考え、進んで解決することができる。
- 英語を使って友だちや地域の方と交流することを通して、コミュニケーションを図る楽しさを感じることができる。

(2) 展開の視点
　本プロジェクトは、児童に質の高い学びを経験させるため、いくつかの創意的な挑戦を盛り込んでいる。第一に、５年で学んだ家庭科の栄養素の学習を基に、食育を視野に入れた教

科横断型の内容重視の指導（2.3参照）。次に単元の最後は、学区内に国際寮のある一橋大学の留学生に四小の給食の良さを発表するものだが、そのための課題解決型タスク。さらに、授業は、教師主導型の一斉授業と、グループ活動の2通りの指導形態をとり、活動に幅を持たせている。グループ活動は4人の班単位で行い、各班に支援の大学生が1人ついた。これにより「協同的な学び」と「互恵的な学び（reciprocal learning）(2.1.2.1参照)」を体験する「学び合い」の場をつくっていくことにした。

授業の概要は以下の通りである。

【表3】6年生 「給食の良さを紹介しよう」指導計画

時	指導内容
1	給食メニューを使って、国名と料理を結びつける
2	食材の栄養素の分類
3	選んだ給食メニューの良さを考え、発表の準備をする
4	プレゼンテーション準備
5	プレゼンテーション準備
6	留学生への発表

(3) 成果と課題

成果

まず、「給食の良さを伝えよう」で四小の給食の良さを考えたことは、食育の点から意味のある投げかけであった。グループごとに食材を栄養素ごとに分類する作業では知識を駆使して思考力を高めた。処理の過程での新たな発見に新鮮な驚きを覚えている。児童の反応は、ほとんど「むずかしかったけれど楽しかった」というものであった。

・「こんなに頭をつかったのは久々でした。」
・「今日は1年生レベルのべんきょうじゃなかったからおもしろかった。」
・「ふつうに食べていた給食を調べてみるとたくさんの具材が入っていたり工夫されていることが分かった。野菜の名前などの食べ物の名前を一つ一つ言っていったから食べ物の栄養が改めて分かった。」
・「今日この学習で本当に栄養士さんたちはバランスを考えてくれているんだなと思いました。」

給食のよさを考えている過程で、地元でとれた新鮮な野菜が多く使われている、旬のものが使われていることに気づいていった。地産地消への意識が高まったと言える。

近年協同学習が注目を集めている。英語学習においても楽しいと思う理由は、「高学年では、『教えてもらう』から『仲間で学ぶ』というところに重心が移っている」(瀧口, 2006: 35)。

本プログラムでも発表に向けてグループごと（3〜4人）に分担を決めて取り組んだが、自分の分担の箇所を全員が責任を持って発表するようにしたため良好な協力関係が生まれた。

・「全員の言う英語を覚えていたので友達が言えない時フォローしてあげたりしました。」

　さらに、グループ活動では、一斉授業では見落とされがちな学習のプロセスが重視され、主体的な学習が引き起こされる。これからの時代の学びとして、教師中心から学習者主体の授業形態への転換が求められているが、学習者任せの活動では主体的・能動的な学習は保障されない。教師に代わり、大学生の支援によりグループ活動に取り組むことで、一人ひとりの主体性が養われ、生かされることにより学習が促進される。また、3時間目に栄養素の分類を発表するためのグループごとの発表練習では、発表する側、聞く側双方が知識の共有を通して学びあった。

　大学生の支援には情意的な面と技能的な面の2つの側面がある。情意的な面では、英語に対する不安を取り除き、さらに、児童の良かった点を評価することで、児童に自尊感情や達成感を与えることを狙いとしている。技能的にも、英語の知識、運用など言語面での支援で学生は本プロジェクトの重要な要素である。栄養素は5年の家庭科の既習事項であり、給食もなじみのある題材で背景知識の活用は容易であるが、児童の語彙、文法知識は非常に限られている。食材の語彙は、普段からなじみの深いものもあれば、聞いたこともないようなものもある。また、給食の良さを表現するモデル・ダイアローグは指定されていないため、一人ひとりの関心に応じた語彙や表現を指導し、英語を使うタスクの遂行を助ける。

　佐藤（1999b）によれば、日本の教室では一斉授業と個人学習は多いが、協同学習、特に「教師の指導する協同学習」が非常に少ない。本プロジェクトでは、英語力が限られる児童のみでは推進することは難しい課題解決型の授業において、「学生の指導する協同学習」で一人ひとりを生かし主体的に学ばせることが可能となった。サポートシステムとしての学生の担う役割は大きい。ここでは、学生の活用が足場づくり（scaffolding）の有効な手段となっており、Vygotsky（1978）のいう最近接発達領域（ZPD: Zone of Proximal Development）（2.1.2.3参照）を作り、学生が支援者として関わる学びの場をつくっていると言えよう。

　最終目標である留学生への発表に対しては、以下のような記述があった。

・「英語で本格的に話したことは今までありませんでした。」
・「外国の方は普通に英語を話していて、私はスムーズに英語を話している人をあまり見たことがないので、英語の正しい発音の仕方みたいなのも分かりました。」

　英語をうまく言えたこと、最初は言えなくとも何度も複数の留学生に発表を繰り返すうちにだんだん上手になり、3回目か4回目には思うような発表ができたこと、発表できた達成感と、それを聞いてくれる相手がいることはすべて、本物の（authentic）状況が用意された中

でのことだったためと言える。Savignon（1997）によれば、学習者の「伝達能力の発達は、文型練習に費やした時間よりも、むしろ現実生活に近い環境で、意味のある情報を解釈し、伝え、やり取りする機会によることの方が大きい」。また、「コミュニケーションへの自信は、コミュニケーション能力を引き上げる」とも述べている。今回の授業での目標である、留学生への発表は子どもたちの動機づけに大いにつながっただけでなく、コミュニケーション能力が向上したことも示唆している。また、ALT（外国語指導助手）以外では外国人と話すのは初めての児童も多かった。留学生の出身国はさまざまでほとんどが非英語圏出身だが、お互いに英語でコミュニケーションを図っているのを目の当たりにして、英語を学ぶ意味を実感する貴重な経験となった。

担任が行った意識調査の結果では英語活動に好意的な児童が増えている。児童の実態を踏まえた授業デザインや「学生が主導する協同学習」により、児童の「学び合い」が活性化していったと考えられる（小平市立小平第四小学校紀要, 2010）。 しかし、コミュニケーションへの「関心・意欲・態度」を育てる指導の結果、「スキル」の育成にもつながったかどうかを、学習者が習得した知識や技能の視点から測定することも必要であると考え、授業の有効性を検証するため、担任の評価とは別個に、言語と内容に特化して Listening Test（事前・事後２回）と Speaking Test（事後２回）を行った。

Listening Test は、内容に関するものは、栄養素の定義３問、食材の分類４問、どの国の料理かを問うものが３問、語彙に関するもの４問の計 14 問である。Speaking Test は、食材の分類が３問、どこの国の料理かを問うものが１問、給食の良さについて１問の計５問である。ここでは、結果の詳細には触れないが、事後直ちに行った Speaking Test では、「四小の給食の良さ」についてかなりの児童が発表した表現を言うことができた（0-2 点の３段階評価で２点：74.3%、１点：14.3%、０点：11.4%）。 授業内だけでは十分練習する時間が取れなかったため、発表当日になっても苦労していた子どももいたが、目標があるためにかなり自分でリハーサルをしたことがうかがえた。認知的労力がかかった分だけ習得につながったと言える。Speaking Test の事後テストでの成績が良かったことから授業内のタスクが留学生への発表というゴールにつながったことで動機づけられ、効果はあったと思われる。Listening Test では多くの項目で有意差が見られ、本単元の内容・言語面での有効性は大いに認められる。

課題

CBI を有効にするには、学習者の習得につながるようなインプットを与え英語接触量を増やすことが必要となる。FL 環境における CBI の良さは質量ともに十分なインプットが保証されることである。本プロジェクトは、綿密な準備の下に実践され評価される点が多かったが、量的に十分な英語のインプットが与えられたとは言えない。次回からは担任自身がモデルとして英語を使うことを自覚する必要があろう。担任が、授業内容と教室英語のいずれでも楽しんで英語を使用する姿は、学習者に良い影響を与えるはずである。

アウトプットに関しては、学習者の英語力を考えると少し急ぎすぎたきらいがある。児童があげた四小の給食の良さは、なるべく簡単な英文で表現しようと留意したが、児童は能力や意欲にばらつきがあり、すべてが無理なく英語を使えたわけではない。どうしても自分が言いたいことを英文にしたくて難しい表現に挑戦する児童もいる一方で、一語を発音するのにつまずいている児童もいる。Speaking Testの結果は良かったが、最終日に留学生へ自信を持って発表するためには、授業内でのリハーサルの時間をもっと取る必要があった。

また単元の目標の一つは「コミュニケーションを図る楽しさを感じることができる」であるが、発表の際、覚えた表現は言えても、留学生から質問されて真のコミュニケーション場面になると、戸惑ってパニックに陥り楽しさを感じる余裕がなくなる児童も観察された。英語で表現でき、相手に通じたと自覚できることが大切であるが、せっかくの生きた言語を使用する機会に、実際に使えたという感触がないため成就感を味わうことができなかったと考えられる。「課題解決型タスクを最も効果的にするのは、認知的努力と情意のバランスである。タスクは刺激的でなければならないが、実行可能であり、努力を必要とするが、満足を与える必要がある」(Robinson, 2001)。planned task（事前準備を伴うタスク）は成功しても、予測されない質問に対応するunplanned task（事前準備を伴わないタスク）がうまくいかず、そのために達成感が得られないこともありうる。本単元の目標は、「興味・関心・態度」の育成という情意的なものに限定されており、英語の技能には重点が置かれていない。今後英語への接触量が増えた時の課題としたい。

5.2.1.5 生き物たち

(1) テーマ設定の理由

Handa's Surprise (Browne, 1994) は、ケニアに住む少女Handaが、果物がいっぱい入った籠を持って隣村の友人のAkeyoをたずねる話である。Curtain and Pesola (1994) によると、物語には多くの価値が詰まっており、外国の文化の中で現に生活している子どもたちと共通の文化体験を味わわせてくれる。さらに、特に外国語の授業においては、絵本は言語面だけでなく文化面のインプットも与えてくれる。本プログラムでは、絵本を、言語、文化面だけでなく、理科と関連させる。6年では「食物連鎖」、「生物と環境」の単元があり絵本の題材となっているサバンナにはどんな植物が生え、どんな動物が住んでいるかを出発点に、生息地と食物連鎖へと展開させる。今まで、「水プログラム」で学んだ語彙をリサイクルして使用できる。最後のゴールは、動物クイズ 'Who are they?' をグループで作り発表することで学習者に主体性を持たせる。

(2) 展開の視点

1. *Handa's Surprise*は、アフリカをテーマにしていることが多文化の視点を与え、世界を広げる。ストーリーも意外な展開があり、最後まで読まずに、「次にどうなるか」をグループごとに推測させたり、'surprise'の意味を皆に問うことで、物語の流れや作者が伝えよう

としていることをつかませる。これにより絵本を集中して聴くことができる。

2．チャンツ "We all live on the earth!"（町田・瀧口, 2010: 70）を軸に用いる。savanna/forests/ocean/wetlandとそこに生息する生き物の語彙は、チャンツに含まれているものが多く、毎回1スタンザ（連）ずつ増やすことで最終日には5スタンザまで全部言えるようにする。

3．CBIでは他教科との関係で、より深い授業が可能となる。理科の既習事項である、生息地と食物連鎖を扱う。理科の授業では、森や湿地は出てきたが、サバンナや砂漠、海は新規の知識である。6年の認知にふさわしい考える授業を目指す。

4．「水プログラム」で水の大切さと環境に目を向けたが、生き物たちも環境と深く関わりながら生きていることを考えるきっかけとする。「水プログラム」で出てきた語彙も多く、題材はつながっていることを認識させる。

5．"Who are they?" のクイズでは、目標の構造である下記の文の他、動詞（walk/run/swim/fly）、形容詞・副詞（big/small/little/tall/short/long/soft/hard/fast/slow(ly)/sharp/scary）とbody partsの名詞を提示した。

 They live in _____.
 They eat _____.
 They are _____.
 They have _____.

クイズ作成の参考になるよう、次の例を与えた。

 They live in the savanna.
 They eat snakes and elephants.
 They have sharp teeth.
 They run fast.

6．授業計画

【表4】6年生「生き物たち」の指導計画

時	指導内容
1	*Handa's Surprise* の読み聞かせ、果物と動物のマッチング、文化的背景
2	2動物の生息地
3	食物連鎖
4	クイズ作成の準備、目標構造、形容詞・副詞・動詞・体の部位の名詞
5	クイズ作成
6	クイズ発表

(3) 成果と課題

成果

・事前、事後（直後・遅延）2回のListening testを実施した。事後テストは1回目が終了10日後、2回目は約1か月後であった。保持を図るためならもう少し時間を置いた方が望ましいが、卒業寸前のためやむを得なかった。

テストは語彙を問うもの9項目、生息地を問うもの4項目、食物連鎖を問うもの5項目、地図でアフリカが分かるかを問うもの2項目から成る。

語彙に関しては、正答率が高い項目はduck（事前：90%、直後：99%、遅延：99%）、zebra（事前：78.5%、直後：98.5%、遅延：97.4%）、bat（事前：65.8%、直後：97.1%、遅延：92.1%）の3つであった。逆に正答率の低い項目は、fern（事前：11.4%、直後：58.8%、遅延：60.5%）、whale（事前：25.3%、直後：63.2%、遅延：67.1%）、seaweed（事前：19.0%、直後：61.8%、遅延：60.4%）であった。正答率が高いものは普段から馴染みがある語だが、低い項目は今回初めて耳にするものが多い。但し、seaweed（海草）は「四小の給食の良さを地域の人（外国人）に紹介しよう」でメニューの食材に入っていたグループもあった。また、*Handa's Surprise*に出てきたが、チャンツには入っていないparrot（事前：15.2%、直後：69.1%、遅延：77.6%）は、チャンツでくり返し発話して強化された語彙とさほど変化はなかった。毎回絵本を読んでいたことも効果的であったと言える。

生息地に関しては、各項目を3問正解、2問正解、1問正解、0の4段階に分けて集計したが、そのうち3問正解は、What lives in the savanna?（事前：16.5%、直後：58.8%、遅延：69.7%）、What lives in the forests?（事前：12.7%、直後：52.9%、遅延：50.0%）、What lives in the ocean?（事前：24.1%、直後：67.7%、遅延：71.6%）、What lives in the wetland?（事前：0%、事後：52.0%、遅延：55.3%）であった。既習語彙のforests/oceanと未習語彙のsavanna/wetlandは事前テストでは正解者が少なかったが、プログラム後は大体同じになった。2問正解1問正解も加えれば相当数となる。

食物連鎖に関しては問題の絵だけからでも解答が可能なため、事前テストでも回答率が高かった。savannaとdesertは未習事項（Camels eat cactuses/Elephants eat baobab trees）だったため事前の結果はそれほどよくない。eatについては、frogsを中心にFrogs eat dragonflies.（事前：59.5%、事後：58.8%、遅延：69.7%）とSnakes eat frogs.（事前：57.0%、直後：88.25%、遅延：80.2%）の下線部を問うた。捕食—被食関係が主語・目的語に反映されるため、主語・目的語の文法関係に気づくかどうかも測った。児童の振り返りの中に「～eat～の言い方が分かった。日本と言葉の順序がちがっていいづらかった」との記述があるが、形式と意味と機能の関係（form-meaning-function connection）が身についていくプロセスが分かる。文脈がはっきりしている状況での文の使用によりインプットがインテイクにつながり、文法を獲得できることが示された例と言える。

アフリカに関する項目は、Handaの出身国がどこにあるかを問うものだったが、正答率

が低かった。明示的に指導しないと定着しないこともあるが、設問に問題があったことは反省材料である。

　概して、遅延テストの成績が良く、中には直後より向上したものがあるが、テスト効果の他に理科の授業で関連した内容を扱っていたためと考えられる。インストラクターの大学院生は、「やはり最終ゴールが興味深いものでこれからの改良点も残されているが良いプログラムだった」との意見を寄せている。

　クイズの作成には予め構文を与えていたが、子どもたちの発想はクイズの解答やヒントにも表れている通り、予想を超えて豊かで創造的だった。「学習したことを使ってみよう」という活動には終わらなかった（高島，2005）点が評価できる。

　クイズの答えは、授業で習ったもの（dragonflies/ducks/frogs/fish/parrots/snakes/zebras/elephants/ants/bats/beetles）もあるが、授業で出てこなかったもの（seals/crows/meerkats/squirrels/squid/whale sharks）もある。

　ヒントにもユニークなものがあり、子どもに教えられるものも多かった。分からない言語材料はインストラクターが教えたが、くちばし（beak）とでっぱ（リス）（big teeth）に関する質問が多く、次回は body parts に追加してもよい。

・squirrels（They have acorns in their cheeks.）
・ducks（They have a big beak.）
・parrots（They are colorful. They can memorize people's languages.）
・frogs（They are colorful.　They are poisonous.）
・seals（They have whiskers.）
・crows（They eat garbage. They're [said to be] the survivor of dinosaurs.）
・meerkats（They eat scorpions. They have a long body. They stand on two legs.）
・squid（They eat plankton. They have long legs/tentacles.）

以下は、児童の振り返りである。

「本の続きと班のヒントを考えるのが楽しかった。」
「［発音は］フルーツっていつもつかってるのとたいしてかわらない!!　どうぶつはそうとうちがうことを知った。」
「seaweed がでてきたけど、海草のことかな？」
「何か、全部にスペル s' がついている！　なんで？」
「〜eat〜の言い方が分かった。日本と言葉の順序がちがっていいづらかった。」
「ラクダはサボテンを食べるのは初めて知ってびっくりしました。動物は、時に自分より大きなものを食べることを勉強しました。アリはトンボをたべる！」
「3つ目のチャンツまでやった。次の4つ目が楽しみ。」
「［クイズは］いうのがすごく難しかったけどすごく楽しかった。」
「今日は発表した。今まで勉強したことがいかせて発表できた。」

「[クイズは] 5人で協力してできたと思います。」

　子どもたちの感想は、言語に関するもの、内容に関するもの、クイズに関するものが多かった。言語面では、日本語と英語の違いに気づいている児童や、上記のテスト結果に述べたように、言語活動を分析して、宣言的知識（言葉で説明できるような知識）も身につけている児童もいる。クイズは考える過程が楽しく、動機づけを高めたり、協同学習で学ぶ成果も見られる。ヒント作りに工夫が見られる点を担任は評価しており、それが子どもたちの達成感につながっている。

　プログラム後学習した理科の単元「生物と環境」では、「水の循環」や「食物連鎖」が出てくる。担任は、「英語でやったよね〜！」と確認しながら、授業を進めている。担任も、「水プログラム」と「生き物たち」の2つの英語の授業は、6年生にふさわしい授業であったことを再認識しているようだ。

課題

　本プログラムは5時間で設定したが、クイズの作成と発表が駆け足だった。アイディアを出し合い英語で表現するだけでなく、発表の仕方も工夫するような自主的な取り組みをするにはもう1時間必要となり6時間に変更した。さらに、内容面でより充実させるには、理科のカリキュラムと連動させ実施時期や授業展開を練る必要がある。この点を改善することでより効果的なプログラムになると思われる。

（秋山道子）

5.2.2 小平市立小平第十五小学校―担任とJTEの学習および協働教育―

5.2.2.1 平成13年（2001年）度から平成22年（2010年）度までの歩み
～小平市立小平第十五小学校との英語活動における連携～

はじめに

　津田塾大学が位置する小平市は、学園都市として知られ、現在、本学をはじめ6つの大学があり、19の公立小学校がある。その一つである小平市立小平第十五小学校（以下「十五小」）と本学は、英語活動を通して10年以上の連携を築いてきた。両校の英語を通じての交流は、平成13年（2001年）度の秋から本格的に始まったが、きっかけは本学の学生自主フォーラム「小学生英語のひろば」にあることは、「ひろばの始まり」（5.1.1）を参照されたい。

（1）小平第十五小学校との英語活動連携の概要

　英語教育活動実施の経緯

　津田塾大学と小平第十五小学校との英語活動に関する連携事業の始まりは、総合的な学習の時間を主に利用して行われた。英語活動に関する連携事業が本格的に開始された平成13年（2001年）度以降、平成22年（2010年）度に至るまでの実施概要は、以下の通りである。

平成12年（2000年）度
十五小で学生ボランティアをしていた本学の学生が6年生のクラスで授業を試みる。
（授業内容：マクドナルドで買い物）

平成13年（2001年）度：英語活動実施に関する連携開始
- 取り組める学年で実施――3年・5年・6年まで総合的な学習の時間に実施
- 津田塾大学「小学生英語のひろば」の学生アシスタントによる授業実施

平成14年（2002年）度：総合的な学習の時間の年間の活動計画に位置づけ授業実施
- 3～6年で実施―3年・4年・5年・6年まで総合的な学習の時間に実施
- 津田塾大学「小学生英語のひろば」の学生アシスタントによる授業実施

　平成13年度と14年度については、平成15年度に開催された津田塾大学シンポジウムにおいて、「小学生英語のひろば」実践報告の中で発表されている。
　この間、英語活動の実施にあたっては、学生アシスタントの募集や指導内容・教材等、外部初等英語教育関係者、および、津田塾大学「小学生英語のひろば」から他の講師の協力も仰ぎながら進められた。また、英語活動連携の開始にともない、平成13年（2001年）度に、十五では、「英語クラブ」が創設され、小学校担任を顧問として津田塾大学「小学生英語のひろば」の学生たちが中心となり、放課後を利用した児童のさらなる英語学習の充実を図った

試みが始まっている。

平成15年以降（2003〜2006年）度：英語活動の総合的学習の時間での実施の継続
- 3〜6年で実施——総合的な学習の時間の年間の活動計画に位置づけ授業を実施することを継続
- 津田塾大学「小学生英語のひろば」の学生アシスタントによる授業実施
- 大学での授業の実践活動の一環として、津田塾大学「初等英語教育概論」（担当：小堀）履修生による授業実施

平成15年度以降は、総合的な学習の時間に沿った津田塾大学と連携した英語活動の位置づけが徐々に定着し、「レッツ・スピーク・イングリッシュ」として、3年生から6年生まで実施可能な学期での授業展開が可能になった。

この間、平成17年（2005年）度より、筆者の津田塾大学で担当する「初等英語教育概論」（平成15〜16年度まで「初等英語教育入門」）の授業の実践活動の一環として履修生による英語活動指導の参加方式を導入し、履修科目の授業内容の充実を図るとともに、指導に当たる学生たちの指導に関する共通の理解を深め、小学校での英語活動のさらなる発展を試みている。また、これにより、学生アシスタントの募集に関する人数の問題も少なからず解決され、定期的にある一定数の学生たちが小学校での英語活動に従事できるようになった。

また、英語活動の実施されない学期中には、小学校担任、および他の講師、津田塾大学「小学生英語のひろば」に所属する学生が主に担当する他の英語活動プログラムが展開され、「はらぺこあおむし」を用いた授業や、「ハワイアン・プログラム」、「オーストラリア・プログラム」等の異文化理解に関する英語活動が実施された。また、クラブ活動においても、「英語クラブ」を「異文化体験クラブ」に改名し児童の英語学習をさらに推進させる方向づけがされた。

平成19年以降（2007〜2009年）度：文部科学省研究指定校認定にともなう英語活動実施
- 3〜6年で実施——総合的な学習の時間の年間の活動計画に位置づけ授業を実施することを継続
- 津田塾大学「小学生英語のひろば」の学生アシスタントによる授業実施
- 大学での授業の実践活動の一環として、津田塾大学「初等英語教育概論」履修生による授業実施

平成22年（2010年）度：総合的学習の時間と英語活動必修化にともなう変更に沿って実施
- 3〜6年まで総合的な学習の時間の年間の活動計画に位置づけ授業を実施することを継続し、2011年度以降は、小学校での英語活動導入にともないその状況に応じて実施（詳細は、5.2.2.2参照）

- 津田塾大学「初等英語教育概論」履修生、および、津田塾大学「小学生英語のひろば」の学生アシスタントによる授業実施

(2) 英語教育活動実施カリキュラム概要

英語活動のカリキュラムに関しては、連携活動の開始当初より毎年若干の指導内容の刷新等を行っている。その導入方法・指導方法においては、児童英語教育に関して理論的に妥当とされているテーマ設定や内容設定による教授法に関するシラバス作成指針に基づき検討・設定し（Cameron, 2001; 文部科学省, 2001）実施学年全体、および、各学年の担任との事前の打ち合わせを通して児童の状況を踏まえて決定した。英語活動の指導目標に関しては、学年を問わず以下の大きな共通事項を設定しその実現に専念した。

- 体験的に英語に親しませ、関心をもって英語を学ぼうとする意欲を育てる。
- 英語の初歩的な技能を身につけさせ、コミュニケーション能力を養う。

以上をふまえて指導体制を整えた。

(3) 小平第十五小学校との英語活動連携を振り返って

英語活動の時間について児童のアンケート結果について

英語活動の実施にあたっては、平成13年（2001年）度に十五小との連携が開始された当初において、英語活動を最初に行った5年生児童（75名）を対象に4時間の英語活動プログラムを体験する事前と事後で、特に児童の英語学習動機づけの変化に関するリサーチを行っている。当時の研究手法としては、外国語学習に対する興味・関心、および、将来の英語の必要性についての項目に関して、プログラム終了後の方が、外国語学習に肯定的な姿勢を示す児童が増えており、また、将来英語が必要だと感じる児童の割合も増加しているなど、プログラム終了後にこれらの項目が著しい伸びを示していることが知見として上げられ、本プログラムについて、ある一定程度の成果があったことがうかがえる（Kobori, 2003）。

また、その後も、関連して、担任の協力を得つつ、随時児童の反応をアンケートにして英語活動後に回収することが行われたが、回収にあたっては、活動時間内に指導者が直接回収する、あるいは、授業後に担任より回収してもらう方法がとられた。ここでは、上記の統計的資料に加え、英語活動に参加した学生アシスタントによりまとめられた統計的な資料と児童の要望・意見・感想等の一部も紹介したい。

1. 英語活動の時間が「とても楽しかった」、「楽しかった」の項目を合わせて、以下のような結果を見て取ることができた。概ね、歌やゲーム等の活動が楽しく英語活動を学ぶ手立てとして肯定的に受け入れられているということができる。

| 3年生－95% | 4年生－78% | 5年生－98% | 6年生－95% |

2. 自由記述による児童からの要望・意見・感想等
- 英語をもっと習いたい。英語をもっとしゃべりたい。文字を覚えたい等。（3年）
- クリスマスパーティーとかパーティーをしたい。（3年）
- もうちょっと時間を延ばしてほしい。早口でなくもっとゆっくり話して。（4年）
- 発音の練習をしたい。みんなで楽しく英語を学びたい等。（4年）
- 英語の劇をやりたい。英語の文字を習いたい。（5年）
- パーティーをしたい。（6年）
- 外国（英国・米国・カナダ等）のクリスマスとかを知りたい。（6年）
- 自分で英語の本が読めるようになりたい。（6年）

　十五小で英語活動に携わった学生アシスタントからは、「どうしたら、英語活動に意欲をもたせることができるだろうか」、「子どもの英語活動への取り組みをもっと積極的にさせたい」、「英語活動に興味がない子どもがいる」等、率直な疑問・感想等が頻繁に寄せられた。このような問題に関しては、上記のような指導に関わる児童からのフィードバックが不可欠であると思われる。

　Spinath & Spinath (2005) による年齢の低い学習者を対象にした研究報告では、ドイツの4校の小学校より、低学年から高学年までの789名の児童を対象に、2年間かけて調査を行い、児童の「学校での学習に関する (school-related) 学習動機」と「自己の学習能力についての信念 (competence beliefs)」との関連を研究している。結論としては、児童の「自己の学習能力に関する信念」と彼らの「学校での学習に関する学習動機」には関連性があるという報告がなされているが、この研究報告で興味深い点は、児童の学年が上がるにつれて、彼らの「自己の学習能力についての信念」と「学校での学習に関する学習動機」の双方が顕著な下降線を示している、つまり、自己の学習能力について自信を失い、学習動機も失ってゆくという点である。その理由としては、低学年の時期には、学習過程において楽観的な自己に関する観測ができているが、年齢が上がるにつれ次第に現実的な自己認識をするようになり、自己の学習能力に関しても、今までのように楽観的な判断をしなくなるということが他の研究事例も含めて上げられている（Newman, 1984）。このような、児童の一般的な学習に関する事例等を踏まえ、英語活動に関わる各児童の実態を的確に捉えるということが、児童にとって英語活動をより一層有意義な時間とするための、最初の重要なステップとなるということができるのではないだろうか。

英語活動の時間に支援者として参加した学生アシスタントの状況
　十五小との英語活動における連携では、筆者とともに津田塾大学「小学生英語のひろば」、および筆者が担当した「初等英語教育概論」の講座から多くの学生アシスタントが参加した。学生たちは、楽器を自ら演奏したり、自作の教材を持ち寄ったりなど思い思いに小学校での英語活動に向けて授業の工夫をし、児童との有意義な英語活動の時間を過ごすことができた。

学生アシスタントの活動については、他の履修科目に支障をきたすことのないように、主に前期中に英語活動支援に向けてのグループ編成を調整し、小学校での毎時間の授業に、3〜4名のメンバーで参加できるようにした。例えば、平成17年（2005年）度の「初等英語教育概論」の履修生14名については、2年生から4年生まで多様な背景を持つ複数の学部生が在籍し、指導に関しては幅広く意見交換等できる環境にあった。

　学生アシスタントにとっては、「教える」という貴重な体験が、自分を成長させていく原動力となったことを確信したに違いない。そのような環境としての学校教育の場で、直接、英語活動に関われる機会となり、学校のニーズ、教職員・保護者の要望、子どもたちの期待に応えられるように積極的な姿勢で臨む体験ができたことは非常に貴重である。また、毎時間に、授業に参加できるグループ編成・指導案作成・各学年の教材教具の検討と下準備等に関して、支援者としての意義を見出すことができたことも大きい。また、十五小教職員の方がたおよび、子どもたちから、英語活動の支援を通して学ぶことが多くあり、中には自分自身が体験したことをテーマとして卒業論文に生かす学生もいる。

　外国語指導者のあり方の重要性に関しては、他の要因と比較すると、学習者に与える影響が少ない事例も見受けられるということが示唆されてはいるが (Dörnyei & Ushioda, 2010)、児童の外国語学習動機に大きな影響を与える一因として、外国語指導者の存在があるということはできるであろう。特にそれは、外国語学習者との関係性の中でその存在が検証されており、Clark (1995) の研究報告によれば、学習者の外国語学習への態度に最も影響を与える要因が指導者と学習者の関係にあるということが上げられている。このような指導者に関する研究事例からも分かるように、十五小において、本学の学生が支援者として英語活動に積極的に関わる姿勢は、児童の英語活動に対する意欲・関心を引き出す原動力となっていると考えられる。人間力・指導力の研鑽の場として、教員養成の好機ととらえたい。

（小堀真知子）

5.2.2.2 平成23年(2011年)度からの活動概要

筆者は、平成23年(2011年)度4月からそれまで10年以上続いている津田塾大学の十五小への英語活動[1]推進支援活動(5.2.2.1参照)を引き継ぎ、JTE (Japanese Teacher of English) として十五小の英語活動に携わっている。

平成23年度以降の活動概略を述べる前に、平成23年度からの活動方針との違いを明確にするために、それ以前の十五小の英語活動の取り組みを簡単に振り返る(5.2.2.1参照)。

JTE主導・プログラム型授業〈平成13年度〜平成18年度〉

「出張授業」という形で津田塾学生がJTEの役割を担い、総合的な学習の時間に英語活動を行った。
- 平成19・20年度:「小学校における英語活動等国際理解活動推進事業拠点校」として津田塾大学と連携して研究を進め、文部科学省の小学校学習指導要領改訂(平成20年)に沿った担任中心の英語活動のための「指導計画・指導案集」を完成する。

担任主導・プログラム型授業〈平成19年度〜22年度〉

『英語ノート』(文部科学省, 2009) の言語材料やトピックを基に作成した「指導計画・指導案集」を用いて担任中心の英語活動を総合的な学習の時間に実践。津田塾大学の学生は、担任のアシスタントとして活動をサポートする体制を目指した。
- 平成23年度から全国の公立小学校5・6年生で年間35時間の外国語活動が必修化。

担任とJTEの協働・プロジェクト型授業〈平成23年度〜現在〉

担任が中心となる英語活動の必修化に伴い、平成20年度作成の「指導計画・指導案集」を基に、より担任の他教科での知識や日頃の経験を活かすことができる、しかも児童・担任がともに英語活動に主体的に取り組め学習効果を実感できる活動を目指す。そのため、プロジェクト学習を重視したカリキュラムを担任と筆者 (JTE) が実践を通して開発し、協働で英語活動を行っていく中で修正・改善を行っている(プログラム型・プロジェクト型については、2.4.3参照)。

以上のように、平成13年度からJTE主導〈プログラム型〉➡担任主導〈プログラム型〉➡担任とJTE協働〈プロジェクト型〉へと連携の形態を変えながら英語活動を推進してきた。平成23年から開始したプロジェクト重視の英語活動では、5年生・6年生の年間35時間と3年生・4年生の年間4時間(平成26年度現在)、すべての英語活動を担任とJTEのティーム・ティーチングで行い、担任とJTEによる協働学習[2]及び協働教育を目指している。このティーム・ティーチングに年間、5・6年生は10時間、3・4年生は4時間ALT (Assistant Language Teacher) も加わる活動形態である。

5.2.2.3 英語活動カリキュラム概要
(1) プロジェクト重視の英語活動カリキュラムとは

　十五小の英語活動では、活動概要で述べたように、児童・担任がともに英語活動に主体的に取り組め、学習効果を実感できる活動を目指し、「プロジェクト重視の英語活動カリキュラム」を開発・実施している。「プロジェクト重視の英語活動」とは、いわゆるプロジェクト型（2.4.3参照）と呼ばれるプロジェクト・ベイスト・アプローチ（Project-based Approach, 以下PBA）[3]に基づく英語活動である。そして、このPBAを中心としたカリキュラムがプロジェクト・ベイスト・カリキュラム（Project-based Curriculum, 以下PBC）であり、特に十五小のPBCを「プロジェクト重視の英語活動カリキュラム」と呼んでいる。

　以下に理論的背景を簡単に説明する。PBAは、20世紀初頭の教育家、John Dewey（2.1.2.1参照）の経験主義教育に基づく（Beckett, 2006; van Lier, 2006）。Dewey（1938/1997）は、「なす事によって学ぶ（learning by doing）」ことを提唱し、経験することを教育プロセスの中心に置いた。1990年代になると、Fried-Booth（1986）がDeweyの理論に基づきPBAをEFL（English as a foreign language）に初めて導入した。EFL学習者は、プロジェクト学習を通して意味中心の目的のある言語使用が可能となり、最終成果物（end-product）をつくり出すという目標に向けてタスクに協働で取り組む過程で言語スキルが向上し、自信や自律心が養われると唱えた（Fried-Booth, 1986, 2002）。また田中（2009, 2011）は、EFL学習におけるプロジェクト型を整理しdiscussion, research, presentationの3つの活動要素が含まれると説明している。よって、EFL学習者にとってPBAは、これら3つの活動を含み経験学習や協働学習を活かしたアプローチであると考えられる。

　これらの理論的背景を土台にPBAを中心としたカリキュラムとしてプロジェクト重視の英語活動カリキュラムはいくつかのプロジェクト学習で構成される。児童が、各プロジェクト学習のトピックで繋がっている複数のタスクを達成することで、プロジェクト学習終了時には最終成果物を発表したり、最終成果物を介して社会に貢献したりすることを目指す（Blumenfeld et al., 1991）。さらに複数のプロジェクト学習からなるPBCは、各プロジェクト学習の成果を有機的に繋ぎ、カリキュラムの効果を高める。EFL学習に限らずこの特徴を活かしたさまざまなPBCの実践例が、世界の国々で報告されている（Blumenfeld et al., 1991）。PISA（Programme for International Student Assessment）の調査でその優秀性が証明されたフィンランドの初等教育でも、このPBAを中心としたカリキュラム（PBC）と協同学習[4]が実践されている（佐藤, 2005）。

(2) プロジェクト重視の英語活動を取り入れた小学校英語活動

　上記のPBAの理論に基づくプロジェクト重視の英語活動を小学校英語活動に取り入れた場合、主に4つの効果が考えられる。

意味中心の目的のある言語使用が可能になる

　タスクを完成するという目的のため意味のあるコミュニケーションが起こる (Fried-Booth, 1986, 2002; Haines, 1989)。Cameron (2001) によると、外国語を学ぶ子どもたちのためのタスクとは、トピックから活動あるいは結果まで一貫性があり、取り組むべき明確なゴールと意味を持ち、認知的領域を含む課題達成を目指す活動である。現実世界のタスクと直接繋がっていなくても、プロジェクトを達成するために学習者がタスク活動の中で質問したり、意味を確認したりすることで、理解を共有するための本物のやり取り、つまり"interactional authenticity" (Ellis, 2003) が生まれる。PBA教室のEFL学習者として児童は、このように意味のある文脈で何とか英語で互いに自分の気持ちを伝え合おうとし、学習の可能性が高まると推測される。

児童の自律性と教師の支援の適切なバランスを保つことができる

　Fried-Booth (2002) は、最終成果物をつくり出すという目標に向けて、タスクに協働で取り組む過程で、言語スキルが向上し、自信や自律心が養われると唱えた。PBAを実践する教室の児童たちは、プロジェクト達成のために何をどのように行うか自分たちで選択・決定する機会を与えられ (Fried-Booth,1986)、主体的にプロジェクトにかかわる一方、EFL環境にある児童たちは、教室外で英語に触れる機会がまれであるため、教師の言語的サポートが重要となる。PBAでは、児童が教師の支援を得て学習できる範囲、つまりVygotsky (1978) の最近接発達領域 (Zone of Proximal Development) (2.1.2.3参照) 内で、教師が児童に足場づくり (scaffolding) を与えることによって、教師の支援と児童の自律性の適切なバランスを保ち (Henry, 1994)、学習の可能性を高めると考えられる。

多様な児童の能力・技能を引き出すことができる

　プロジェクト学習内のタスクを完成するために、英語だけではなく絵を描いたり、計算したり、調べ学習やインタビューをしたりといったさまざまな知識や能力、技能を発揮することが個々の児童に求められる (Haines, 1989)。そのため、英語のレベルの異なる児童たちは、英語だけの学習よりプロジェクト達成に貢献できる機会が増える (Ribé & Vidal, 1993)。たとえ活動中日本語も使用したとしても、それで自己関与 (self-involvement) が増えれば、児童の自己有用感や学習意欲は高まるであろう (湯川, 2010)。よって、PBA教室では、たとえ英語学習に苦手意識を持つ児童でも英語以外の得意な分野でプロジェクト達成に貢献できる機会が増えるため、学習にも興味が持てるようになり、学習意欲向上の機会も増えると推測される。

プロジェクト学習ごとにトピックに沿った語彙をスパイラル的に学習できる

　プロジェクト学習のトピックが、プロジェクト学習全体を構成するタスクの一貫性を高めるため、児童たちにとっては、タスクが提供するさまざまな文脈でスパイラル的に関連既習

語彙に出会い（Haines, 1989）、多くのインプットの中から文脈に合わせて有意味に既習語彙を使う機会も増える。よって、英語の語彙習得の可能性も高まるであろう。

(3) 十五小プロジェクト重視の英語活動の特徴

前述の英語学習を促進するプロジェクト重視の英語活動の4つの効果に基づいて実践される十五小のプロジェクト重視の英語活動は、3つの柱で構成されている。

・明確な目標

プロジェクトのゴールが児童に明確なため、何をすべきかはっきりしているので、児童は主体的に活動に参加し、協働学習に取り組むことができる。また、ゴールがはっきりしているので、児童の達成感につながりやすくなる(Fried-Booth, 1986, 2002)。

・担任とJTE/ALTのティーム・ティーチング

担任とJTEが中心になり、十五小の英語活動はすべてティーム・ティーチングで行っている。これにより、担任が児童に他教科の知識や日頃の指導経験を活かした興味づけができる。また、担任とJTE（5・6年生の場合は、年間10時間はALTも加わる）の協働により、的確な言語的サポートを行うこともできる。

・意味のやりとりを重視した活動

タスクによって文脈が与えられるため、活動の意味が推測しやすくなる（Cameron, 2001; Fried-Booth, 1986, 2002; Haines, 1989）。また、プロジェクト学習内で行う調べ学習もプロジェクト学習の内容を深める。さらに、担任とJTE/ALTが協働することで、児童が言いたいことをその児童に適した英語表現で発表できるようサポートできる。多少難しくても、発表に必要な英語や自分に意味のある英語を学ぶことは、児童の知的充足感をみたし、英語の習得の可能性も高める（Cameron, 2001）と考えられる。

(4) 十五小プロジェクト重視の英語活動の目標

十五小のプロジェクト重視の英語活動では、文部科学省の外国語活動の目標（文部科学省, 2008）に沿いながら、前掲のPBAの理論（5.2.2.3参照）を基に言語的・認知的・情意的側面から4つの目標を掲げている。

・児童の英語で聞く力を向上させる
・児童の英語で話す力を育成する
・児童の英語への興味を継続させる
・児童の英語でコミュニケーションする（主に聞く・話す）自信を高める

5.2.2.4 十五小プロジェクト重視の英語活動カリキュラム詳細
(1) 十五小プロジェクト重視の英語活動カリキュラム構成と特徴

十五小プロジェクト重視の英語活動カリキュラム（白土, 2013）は、プロジェクト重視の英語活動の理論とその期待できる効果に基づき、担任とJTE/ALTが協働で活動に取り組み、

十五小の英語活動目標達成を目指してカリキュラムを開発し、改善を重ねてきた。

　本カリキュラムの枠組みは、年間3～4のプロジェクト学習からなり、各プロジェクト学習には2～3の単元を配置している（表1）。各単元は、トピックで繋がる複数のタスクで構成される。各タスクは、相互に関連し合い有機的に繋がって言語的・認知的・情意的側面から、児童の英語学習の効果促進を目指す。カリキュラム内のトピックと言語材料は、『英語ノート』（文部科学省、2009）や『*Hi, friends!*』（文部科学省、2012）に基づき、児童の認知的発達や興味・関心、そして学校での学習内容を考慮し、特に児童が自分に引き付けて考えやすい「興味のある身近な話題」から、調べ学習や協働学習を通してより「社会的・創造的・認知的な力を必要とする内容」へ広げている。また発表形態は、各学年の1学期「個人発表」から2学期以降の「グループ発表」へ発展させる。各プロジェクト学習では、調べ学習や協働学習を経て、クラスメートや下級生、そして保護者、さらには外部のリソース活用として津田塾大学の留学生を招いた交流会で、その成果を最終成果物として発表する。発表時に聴衆から得るコメントや、授業中の教師やクラスメートからのフィードバック、そして毎時間終了時に児童が授業の振り返りを書くという作業を通して、各児童が達成感を得たり、課題を見つけたりできるよう配慮する。そして、2年間の英語活動のまとめとして、各プロジェクト学習で学んだ表現・発表スキル・学習内容を活かし、6年生の3学期に英語劇を下級生や保護者に発表し、中学校の英語学習に繋げる（白土, 2013）。

【表1】十五小プロジェクト重視の英語活動カリキュラム

学年	トピック	単元1（単1）・単元2（単2）・単元3（単3）
5年-1	自分の好きな動物を発表しよう	単1：みんなにあいさつしよう 単2：自分の好きな動物➡クラス/学年発表
5年-2	自分たちのオリジナル絵本を作ろう	単1：みんなで絵本を楽しもう 単2：オリジナル絵本を作ろう➡学年発表
5年-3	みんなでクイズ大会をしよう	単1：スリーヒントクイズを楽しもう 単2：オリジナルクイズを発表しよう➡クイズ大会
5年-4	世界の料理を紹介しよう	単1：世界を知ろう 単2：世界の料理を紹介しよう➡学年発表
6年-1	自分の行ってみたい国を紹介しよう	単1：誕生日を加えて自己紹介しよう 単2：自分ができることを伝えよう 単3：行ってみたい国を紹介しよう➡留学生に発表
6年-2	留学生に学校案内をしよう	単1：好きな教科は何ですか 単2：学校案内をしよう➡留学生に学校案内
6年-3	英語劇を発表しよう	単1：英語で物語を聞こう 単2：英語で物語を楽しもう 単3：みんなで英語劇をつくろう➡下級生に英語劇発表

（白土, 2013）

(2) 十五小プロジェクト重視の英語活動カリキュラム：5年生

本カリキュラム（表1）のプロジェクト内容を平成26年度までの実践を基に5年生 - 1から順に説明する。

5年生-1：「自分の好きな動物を発表しよう」

目標

- 4年生までで学んだ表現を基に、進んで先生や友だちに自己紹介やあいさつができる。
- 絵本、*Today Is Monday* (Carle, 1997), *Brown Bear, Brown Bear, What Do You See?* (Martin, & Carle, 1992)（以下*Brown Bear*), *Polar Bear, Polar Bear, What Do You Hear?* (Martin, & Carle, 1991)（以下*Polar Bear*）を楽しみながら、英語特有のリズムや表現に親しむ。

＊主な言語材料：*Hi, friends! 1* のLesson 1 & 2＋曜日・動物・What do you see? 等

手順

単元1：みんなにあいさつしよう
① 新しい友だちやALTと4年時に学んだ表現を使って自己紹介し合う。
② *The Hi Song* (Graham, 1994) [歌] と "How are you?" "I'm～." のあいさつに親しむ。
③ "How are you?" の問いに、"I'm～." とさまざまな表現で自分の気持ちを答える。
④ 1回目から聞いている曜日表現を *Today Is Monday* [絵本] で楽しみながら確認する。

単元2：自分の好きな動物
⑤ *Brown Bear* [絵本] の読み聞かせを楽しむ。
⑥ *Brown Bear* [絵本] のリズムを楽しみながら一緒に言ってみる。
⑦ *Polar Bear* [絵本] でいろいろな動物の名前を知る。
⑧ *Brown Bear* [絵本]、*Polar Bear* [絵本] を楽しみながら、自分の好きな動物を選びその特徴を調べ、発表内容を考える。
⑨ 発表用ポスターを作成。班で発表の練習をし、アドバイスし合う。
⑩ クラス発表をし、先生や友だちからフィードバックをもらう。
⑪ 学年発表会で発表し、他の先生や友だちからフィードバックをもらい振り返りをする。

発表内容モデル〈自分で描いた絵やジェスチャーを使って初めて英語で行う個人発表〉

> Hello. My name is（名前）. This is a white dog（好きな動物）.
> I like white dogs（好きな動物）because（理由は日本語で良い）.

成果と課題

- 英語の発表を通して発表スキルを学ぶ

多くの児童にとって英語での発表は、初めての経験である。他の授業でも、ポスターや

ジェスチャーを使って分かりやすく伝えるという発表スキルを学ぶ機会はあまり多くない。そのため「すごく緊張した」(平成23・24・25・26年度5年生児童振り返り) 等の感想が多かった。しかし、班で練習し、クラス発表、学年発表と段階的に発表の目標を高めながら、毎回教師や友だちからアドバイスをもらうため、最終発表ではどの児童もそれまでで最も良い発表ができた (平成24・25・26年度5年生担任の評価)。そして、発表時の担任やALT/JTEとクラスメートのコメントから、各児童が達成感や次回への課題を見つけることができた。例えば、「みんなの前で発表できて、うれしかった」「次は、もっと大きな声で言いたい」「練習したジェスチャーがうまくできなかった。今度はうまくやりたい」(平成24・25年度児童の振り返り) というコメントに、達成感や次回への課題といった児童の気持ちがよく表れている。

5年生-2:「自分たちのオリジナル絵本を作ろう」

目標
- *The Very Hungry Caterpillar* (Carle, 1987) (以下 *Hungry Caterpillar*)［絵本］を楽しみながら、曜日、食べ物、数の表現に親しむ。
- *Hungry Caterpillar*［絵本］を基に、班でオリジナルストーリーを考え、発表する。
  *主な言語材料:『*Hi, friends! 1*』のLesson 3 & 4 ＋ 色・食べ物・What did he eat? 等

手順

単元1:みんなで絵本を楽しもう
① *Hungry Caterpillar*［絵本］のチャンツや読み聞かせを楽しむ。
② *Hungry Caterpillar*［絵本］で数や食べ物などの表現に親しむ。
③ 英語のリズムを活かして *Hungry Caterpillar*［絵本］をみんなで言ってみる。

単元2:オリジナル絵本を作ろう
④ *Hungry Caterpillar*［絵本］を基に、班で他教科の知識や調べ学習の情報を参考に絵本の一部のオリジナルストーリーを考える。
⑤ 班でオリジナルストーリー用のポスターを作成する。
⑥ 班ごとに発表練習をした後、他の班と見せ合ってアドバイスし合う。
⑦ 班ごとにクラスで発表をし、先生や友だちからフィードバックをもらう。
⑧ 学年発表会で他の先生や友だちからフィードバックをもらい振り返りをする。

発表内容モデル〈チャンツのリズムで児童と発表班が問答形式のやりとりを楽しむ〉

> 聞いている児童: What did he eat? What did he eat? Watch carefully.
> 発表班: On Monday he ate through one …, but he was still hungry. On Tuesday….
> (絵本の月曜日から土曜日までの食べ物を好きなものに入れ替えて発表する).

成果と課題

・**協働学習を通して準備や発表をする**

　班発表は、このプロジェクトが初めてだったが、オリジナルストーリーやポスターを作る時、一人で勝手に決めたりせず、話し合って自分たちで手順を決めたり役割を決められるようになってきた（平成24・25・26年度5年生担任の評価）。児童も「絵をかくとき班の人と話し合いながらていねいにかいた」「班のみんなと発表の練習をするのが楽しかった」「班でやったから、一人より大きな声でジェスチャーしながらできてうれしかった」「班のみんなで声をあわせて話すところが大変だったけど、みんないっしょうけんめいやった成果が表れて、うれしくて楽しかった」（平成23・24・25・26年度5年生振り返り）と、班活動の良さを実感しているのが分かる。

・**班同士発表を見せ合ってアドバイスする**

　担任/JTEは、児童が互いに良いところを認めると同時に、さらに良くなるようなアドバイスをすることを大切にした。最初はなかなか難しいところもあったが、徐々にプロジェクトの練習や発表時に、以前より各児童が言葉を選んでコメントできるようになってきた（平成23・25年度5年生担任の評価）。児童の振り返りでも自分のことだけではなく友だちについても「みんな、練習の時より声が大きかった」「他の人の発表で知らない食べ物のいい方を聞いてこうやって言うんだと分かった」（平成23・25年度5年生の振り返り）と気づきや評価ができるようになってきている。

・**発表スキルを養う**

　半数以上の児童にとって、発表時の声の大きさ、アイコンタクト、姿勢や顔の表情（笑顔）、分かりやすいジェスチャー等は、さらに今後の課題といえる。発表後の児童のコメントにも「オリジナルのお話を作るのがおもしろかった」「ジェスチャーをつけて相手に伝えるのが前より上手くできた」「アイコンタクトは難しいけど、発表は楽しかった」「私は英語が今まで苦手だったけど、みんなの前で言えて自信ができた」「みんなの発表を聞いて、前を向いて大きな声で少しゆっくり言うと聞きやすいことが分かった」「班のみんなと英語で発表すると楽しかった。もっと英語を上手に使えるようになりたい」（平成23・24・25・26年度5年生振り返り）と達成感や発表方法についての気づきや次回への課題が表現されていた。

5年生-3「みんなでクイズ大会をしよう」

目標
・スリーヒント・クイズのやり方を知り、班で協力してクイズに英語で答える。
・既習の表現や語彙を使い班で協力してスリーヒント・クイズを作り、工夫して出題する。
　*主な言語材料：『*Hi, friends! 1*』のLesson 7＋スポーツ・乗り物・文房具 等

手順

単元１：スリーヒント・クイズを楽しもう

① 既習語彙を復習し、スリーヒント・クイズを英語で出題し答える方法を知る。
② 班でスポーツのスリーヒント・クイズに答えながら、英語の語彙をひろげる。
③ 班で乗り物のスリーヒント・クイズに答えながら、英語の語彙をひろげる。
④ 班で文房具のスリーヒント・クイズに答えながら、英語の語彙をひろげる。

単元２：オリジナルクイズを発表しよう

⑤ 既習語彙を使い班で協力してスリーヒント・クイズを作り、答えの絵を描く。
⑥ クラスで班ごとにスリーヒント・クイズを出題し、他の班のクイズに答える。
⑦ 学年クイズ大会ではクラス対抗でクイズを出題し答える。振り返りをする。

発表内容モデル〈英語でクイズ形式のやりとりを楽しむ〉

> 出題班：Please tell us what this is. Hint No. 1, 〜. Hint No. 2, 〜. Hint No. 3, 〜.
> 　　　　［〜はヒント］
> 他の班：英語で答える
> 出題班：The correct answer is 〜. （答えを示す絵を見せる）

成果と課題

・**既習の表現や語彙を総動員して英語でスリーヒント・クイズに答える**

　班対抗でクイズに答えるため、楽しみながら意欲的に友だちと相談し考えることができた。また、児童の頭の中で学んだ語彙や表現がクイズのヒントで繋がり、思い出したり、口に出して繰り返し言ったりすることで、定着が促進された（平成23・25・26年度担任の評価）。児童も「習った英語からスリーヒントを自分たちで作るのが楽しかった」（平成24・25年度５年生振り返り）と、既習語彙は少なくても、認知的作業過程の楽しさを評価するコメントをしている。

・**１つの答えを導くためのスリーヒント・クイズ作成の困難さと面白さ**

　一方、既習語彙や表現がまだ多くないため、答えが一つに絞れるような児童全員が納得するクイズのヒントを作るのは難しい。そこで、解答の範囲を事前に既習語彙のみと児童全員に示すなど条件をつけることも必要になるだろう（平成24・25年度担任の評価）。この点に対し児童の発表後の振り返りでは、「スリーヒント・クイズの問題を自分たちで考えて発表するのは、緊張したけど、終わってみんながちゃんと答えてくれた時すっきりして気持ちよかった」（平成24年度５年生児童）と、少し難しい課題であった分、発表後に達成感が湧き上がっている様子がうかがえる。また、ある児童は「同じベースボールが答えのクイズにも、いろいろなヒントがあって面白かった」（平成25年度５年生児童）と一つの単語でもさまざまな角度からヒントを出せる面白さに気づいている。

『生きる力を育む初等英語教育―津田塾大学からの提言―』

5年生-4「世界の料理を紹介しよう」

目標
- 世界のいろいろな国名、場所、国旗を知り、英語を通して世界へ視野を広げる。
- 世界の国々の有名な料理の味・食材などを調べ、その国の情報と繋げて分かりやすく発表する。

　　＊主な言語材料：『Hi, friends! 1』のLesson 9 ＋国名・食材・味・料理名・Where is it?
　　　　　　　　　　It's here 等

手順

単元1：世界を知ろう
① クイズ形式で答えながら、世界のいろいろな国名とその国旗を知る。
② 世界地図で国の場所を確認し、日本で人気の世界の料理名を英語で知る。
③ 世界の有名な料理に使われているさまざまな食材や味の表現を知る。
④ 学習してきた国名、国旗、場所、食材、味を「世界の有名な料理」で繋げる。

単元2：世界の料理を紹介しよう
⑤ 班ごとに紹介したい世界の料理を決めて、国名、食材、味を調べる。
⑥ 班ごとに既習の語彙や表現を使って発表内容を決め、発表用ポスターを描く。
⑦ 班ごとに練習し、他の班と発表を見合ってアドバイスし合う。
⑧ クラスで発表し、先生や友だちからフィードバックをもらう。
⑨ 学年発表会で発表し、他の先生や友だちからフィードバックをもらい振り返りをする。

発表内容モデル〈発表班と聞いている児童の英語での双方向のやりとりを楽しむ〉

> 発表班：Hello. This is [国名].（国旗の絵を見せる）
> 他の児童：Where is it?
> 発表班：It's here（地図で場所を示す）. It's famous for [料理名].（料理の絵を見せる）
> 　　　　It tastes [味覚]. We chose [料理名].
> 他の児童：Why?
> 発表班：Because we like ○○ and △△.（○・△は料理に使われている食材）
> 　　　　Because we like □□ food.（□は味覚で□foodで「〜な食べ物」を表現）
>
> ＊Because以下は、基本的に班でどちらかを選び理由を表現する。それ以外に自分たちで考えた理由があれば、進んで教師にアドバイスをもらい発表する。

成果と課題

- 世界の料理から世界の国々の情報を知る

　児童にとって身近な世界の料理（例えばハンバーガーや餃子）を世界のさまざまな国名や場所や国旗と結びつけることで、興味をもって世界へ視野を広げることができた（平成23・24年度担任の評価）。児童の振り返りから、「世界の料理のみんなの発表を聞いて、

知っている食べ物がどこから来たのかが分かって面白かった」「いつも食べている食べ物や味を英語で言えるようになってうれしい」と学習内容への興味や「自分で今まで英語だと思っていた言葉が別の国の言葉だと分かった」「日本語に似ている発音の英語がある」「『すし』みたいに日本語にしかない言葉は英語でも同じだ」「英語はいろんな国の人たちも使うから英語が話せればより多くの人と友達になれると思う」（平成23・24・25年度5年生児童）と英語という言葉から、世界の言語や文化そこに住む人々へと関心を広げていることが分かる。

・料理の味覚には、個人差があることを伝える

料理に使う食材や料理の味覚は、地域や個人によって違うことも学習の中で伝えていくことで、子どもたちに、人と違う感じ方があるのは当然でそれを尊重することも必要だと伝えることができた（平成23年度担任の評価）。学年末の児童の振り返りでは、「みんなと協力して発表を成功させられてうれしい」といった協働学習や「世界の料理の発表でいろいろな料理を調べるのが楽しかった」といった調べ学習の良さを実感したコメント、さらに「気づいたらすごく多くの英語が分かるようになった」「英語は何を言っているかわからなくても想像していっしょうけんめい聞くことが大切だと思った」（平成23・24・25年度5年生児童振り返り）といった1年間の英語活動での気づきも書かれていた。

6年生-1「自分の行ってみたい国を紹介しよう」

目標
- 12か月の表現を基に、誕生日を加えた自己紹介ができる。
- 身近な話題について自分のできることを英語で伝えられる。
- 他教科の知識や5年生で学んだ世界の情報を基に、自分の行きたい国を調べ、その国の特徴と行きたい理由を加えて自分の行きたい国を英語で発表する。

*主な言語材料：『Hi, friends ! 2』のLesson 2, 3 & 5＋スポーツと国名の復習・6大州・
　　　　　　　　Where are you from?/ I'm from～. I want to go there, because .... 等

手順

単元1：誕生日を加えて自己紹介しよう
① 12か月の表現を基に、誕生日を加えた自己紹介をする。
② ゲームを通して、クラスメートの誕生日を尋ね合う表現に親しむ。

単元2：自分ができることを伝えよう
③ スポーツを題材に「～ができる/できない」と自分の気持ちを伝え合う。
④ 班対抗の"I can～."を用いたスリーヒントクイズを楽しみながら、「～ができる」のさまざまな表現を聞く。動作や動物の鳴き声の表現にも親しむ。
⑤ 身近なクラブ活動で自分のできることを英語で表現してみる。

⑥ 友だちにインタビューして、友だちのクラブでできることを調べる。

単元3：行ってみたい国を紹介しよう

⑦ 5年生で学んだことを思い出しクイズ形式で世界の国々の情報を復習する。

⑧ 6大州の英語表現を使って、世界の国々の場所を示す。

⑨ *Where are you from?*（吉村, 2001）［歌］で世界の国名、国旗、6大州を結びつける。My name is～. I'm from～. Where is it? It's here. の表現を復習する。

⑩ 身近な生活と結びついている世界の有名な食べ物、スポーツ、文化を調べ学習や友だちの発表を通して知る。

⑪ 英語のリズムでさまざまな "I want to go to～." に親しむ。前時の情報を基に自分の行きたい国を決め、発表内容を考え、ポスターを作成し練習する。

⑫ 発表練習後クラス発表をし、先生や友だちからフィードバックをもらう。

⑬ 学年発表会で発表し、他の先生や友だちからフィードバックをもらい、振り返りをする。（平成24・25・26年度は、津田塾大学の留学生との交流会で発表を行った。）

発表内容モデル〈ポスターを使った個人の発表形式〉

> Hello. My name is［名前］. My birthday is［誕生日］. I can［得意なこと］.
> I want to go to［行きたい国］. It's in［6大州から］. It's famous for［有名な物・事柄］.
> I want to go there because［既習表現を使って行きたい理由を述べる］. Thank you.

成果と課題

・既習知識や他教科の知識を活かす

　5年生の3学期の学習から繋がっているトピックなので、既習知識や他教科での学習を基に、児童は興味をもって調べ学習を行い、内容をより深めることができた（平成23～26年度担任の評価）。児童も「5年の3学期に学習した国の名前や料理の名前が出てきて、すぐ分かって楽しかった」「6年生の最初の英語の授業だったけど、知っている英語だったので安心した」（平成24年度6年生児童振り返り）と繰り返し復習し、確認する楽しさをコメントしている。

・教室の活動を外の世界とつなげる

　平成24・25・26年度は、地域のリソースの活用という視点で津田塾大学の留学生との交流会を開き、そこで最終発表を行った。「留学生は、日本語があまり分からないと思ったから、下手でもがんばって英語を話した」「留学生に発表するので、何回も練習して自信をもって言えた」「留学生がうなずいて聞いてくれてとても安心した」「初めて外国の人と話せて楽しかった」「留学生が自分の発表や絵をほめてくれてうれしかった」「目の前に留学生がいてくれるのでしっかりアイコンタクトができてよかった」（平成24・25・26年度6年生児童の交流会アンケート）と、英語を使う自然な環境で留学生からフィードバックをもらうことで児童の意欲や達成感が増したことが分かる、と6年生担任（平成24・25・26年

度）も観察・評価している。特に「普段なかなか接することのできないさまざまな国の人と交流し、良い意味で衝撃を受けたようだ。留学生とのコミュニケーションを通して、自分たちとの文化の違いや類似点を認識できる貴重な機会にもなった」（平成24・25年度6年生担任）。児童も、「国によって、食文化や風習がぜんぜんちがう」「外国の人も日本食が好きなようで、とてもうれしい」「他の国の人と話が合うと、他の国でも一緒なのだと思って、楽しかった」（平成24・25年度6年生児童の交流会アンケート）とさまざまな気づきから異文化への理解を深めたことが推測できる。

・留学生との双方向の交流

　日本語を学ぶ留学生を外国語学習者モデルと捉え、留学生に日本語（漢字）や身近な日本文化を教えることで、児童の自己有用感が増し、一方的に英語学習で児童がサポートされるというより、留学生と双方向の交流をすることができたという満足感が児童の学習意欲を高めた。「留学生が、給食時などに一生懸命日本語で話している姿を見て、児童は驚いていた。自分たちの英語が通じたという感動を覚えるとともに、外国語学習者モデルとして留学生を身近に感じ、留学生の学びの役に立つことができたという思いを抱いていた」と6年生担任（平成24・25・26年度）も観察している。児童の振り返りでも「留学生は、日本語をマンガやアニメで覚えていることが分かった」「留学生も日本語をすらすら話せていて、すごいと思った」「自分も、英語を話せるようになりたいし、なれるかもしれない」（平成24・25・26年度6年生児童の振り返り）と外国語学習者モデルとして留学生を捉えていることが分かる。

・個人発表へのサポート体制

　クラス発表前の班練習だけでなく、個人練習を家庭でしている児童が多く、完成度の高い発表をする児童が多かった。一方、授業内だけの練習では、発表準備が十分ではない児童もいた（平成25年度6年生担任の評価）。教師や班内でのサポート方法を見直し、どの児童も自信をもって発表できるよう準備することがその後の達成感や学習意欲向上に繋がるであろう。

6年生-2「留学生に学校案内をしよう」

目標

・好きな教科や食べ物を友だちや先生に尋ね、その内容を他の人に発表できる。
・留学生に英語で学んだ表現を活かして学校案内し学校の良さを伝えることができる。
　　*主な言語材料：『Hi, friends! 1』のLesson 5, 6 & 8・『Hi, friends! 2』のLesson 4 & 6
　　　　　　　　＋教室名等

手順

単元1：好きな教科は何ですか

① 教科名の英語の言い方を知り、自分の好きな教科を伝え合う。
② 好きな教科や食べ物等を尋ね、その内容を他の人に紹介する。
③ 既習表現を使って先生にインタビューした結果をクラスで発表する。

単元2：学校案内をしよう

④ 英語の教室名や学校案内の表現を知る。
⑤ 留学生に学校案内する準備として、教室を案内するさまざまな表現を学ぶ。
⑥ 前時の学習を活かし友だちに学校内を案内し、教室の説明をしてみる。
⑦ 自己紹介や留学生に好きな教科や食べ物、学校や友だちなどについて、今までの学習を活かして質問する準備をする。リハーサルをする。
⑧ 留学生を招いて交流会を開き、班で協力して学校案内をし、自分が考える学校の良さを英語で伝える。授業終了後、児童・留学生・ボランテア学生を交え交流給食を行う。交流会終了後振り返りをする。

発表内容モデル〈個人とグループ両方での留学生とのやりとりを楽しむ〉

自己紹介： Hello. My name is［名前］. I'm from［出身地］. I like［教科名］.
（個人） I like this school because［自分の学校が好きな理由］. Nice to meet you.
学校案内： We are going to［案内する教室名］. Please go straight, turn left/right,
（グループ） go up/down. It's next to〜. Here we are. This is［案内した教室名］.
In this room［教室の特徴や教室で行う学習内容などを述べる］.

成果と課題

・**学校の良さとコミュニケーションの大切さを児童が再認識する**

　６年間学んだ学校やその良さを留学生に紹介するため、児童は学校の施設やそこでの生活や先生、友だちとの思い出を振り返る良い機会となった（平成24・25年度6年生担任の評価）。また、「自分で考えた質問にていねいに面白く答えてくれた」「たくさん質問できたし、質問するときあいづちをうってくれて、たくさん話せて楽しかった」（平成23・24年度児童の交流会アンケート）と、留学生と英語を使って交流することで、コミュニケーションの楽しさや大切さを実感できた。

・**各児童が班内で責任をもって活動する**

　班で学校案内や教室説明をする場合、一部の児童だけが頑張りすぎないよう、班内で分かりやすい案内や説明の工夫や当日の役割分担を事前にしっかり話し合っておくことが大切である。平成25年度は前回の反省を活かした事前準備をしたため、「発表や学校案内は、緊張したけど、分担して上手く案内できたし、説明も言えた」（平成25年度6年生児童の交流会アンケート）といった感想を書いている児童が多かった。また、班活動を通して協力して学校案内の練習をすることで「私は今まであまり英語をみんなの前で話せなかったけど、前回からワクワクして参加できるようになった。それで、今まで分からなかった英

語が分かるようになってきた」(平成 25 年度 6 年生児童の振り返り) と協働学習を通して英語への自信が高まっている様子がうかがえる。

6年生-3「英語劇を発表しよう」

目標
- 5、6年生の外国語活動のまとめとして、2年間の既習表現・既習語彙・発表スキルなどを活かし、5〜6の昔話を中心とした英語劇に取り組む。この時、プロジェクト重視の英語活動の特徴を活かして、調べ学習で各劇の内容を深め、台本の一部を児童がアレンジし、児童が自分たちで作り上げる意識をもって主体的に英語劇に取り組む。
- クラスを超えて劇ごとに活動グループを作り、今までの協働学習の経験を活かし、下級生に分かりやすく演じる工夫を考えて英語劇を発表し、その活動経験を中学校での英語学習に繋げる。
- *主な言語材料：『Hi, friends!2』の Lesson 7 + 既習表現を含む英語劇に出てくる表現等

手順

単元1：英語で物語を聞こう
① 絵本を見ながら、英語劇の物語を英語で聞いてみる(storytelling)。
② 班ごとに物語のシーンを選び、体を使いイメージを静止画で発表する。

単元2：英語で物語を楽しもう
③ 班ごとに体を使って英語劇に出てくるキーフレーズを表現してみる。
④ 英語劇に出てくる対話形式の台詞を使って英語らしいリズムに慣れる。
⑤ 英語劇に出てくる登場人物や場面を想像してジェスチャーゲームを楽しみながら、どうやったら相手に伝わるか体験し、次回からの活動に活かす。

単元3：みんなで英語劇をつくろう
⑥ 英語劇(平成25年度：*Peach Boy, The Three Little Pigs, The Moon Princess, Urashima Taro, The Gigantic Turnip*) の配役を決める。
⑦ 話し合って台本のアレンジを考える。劇ごとに台詞の練習をする。
⑧ 劇ごとにアイコンタクトを大切にしながら、体を動かし台詞の練習をする。
⑨ 劇ごとに話し合い小道具を作成する。小道具や衣装を身につけ舞台で練習し、劇ごとに見合って互いにアドバイスし、アドバイスを活かして改善していく。
⑩ リハーサルを行い、先生や他の人たちからフィードバックをもらい修正・確認をする。
⑪ 劇ごとに協力して工夫を凝らし、下級生へ英語劇の発表を行う。
⑫ 発表会後下級生や先生方からコメントをもらい、クラスで振り返りをする。

発表内容モデル　英語劇台本は『プロジェクト重視の英語活動プラン集』(白土, 2013) 参照

成果と課題

・**英語劇を通してクラスを超え学年で協力し合う体験**

　クラスを超えて児童の希望を活かした劇ごとのグループを編成し、約3か月間練習をした。最初は児童たちの協力体制を築くのが困難に思えたグループも、担任やJTE/ALTだけでなくボランティア学生の継続的なサポートに支えられ、グループ内で繰り返し話し合いながら練習を重ね、他のグループの発表からの刺激も得て、英語劇を下級生に発表できた。「観客にアピールする演技をすると、英語でも伝わることが分かった」「大きなカブをやって、一緒にやったグループみんなの心が一つにつながった」「みんなで英語のセリフを練習したので、難しいところも努力できた」「ジェスチャーをつけていっしょうけんめい伝えようとしたので多分下級生にも伝わったと思う」「最初は男子と女子が分離していたけど、だんだんみんなで協力できるようになって、小道具を作ったり、演技のアイディアを出し合って最後には最高の演技ができた」とさまざまな児童のコメント（平成23・24・25年度児童の振り返り）からも、英語劇の体験が児童の達成感や自信に繋がったと推測できる。

・**津田塾大学の院生や学生との互恵的関係**

　通常の英語活動にも増して、英語劇では劇ごとのグループ活動が中心となるため、ボランティア学生のサポートが重要になってくる。平成23年度以降も、それまで同様津田塾大学の院生や学生のサポートは、大きな力となった。平成23年度は、英文学科だけでなく英語科指導法履修の国際関係学科の学生も活動に参加してくれた。平成24年度からは、津田塾大学・吉田真理子教授の指導のもと、院生や吉田ゼミ学生のサポートを得て英語劇プロジェクトに取り組んだ。児童は、「身近なお姉さん先生」から分からないところをすぐにサポートしてもらえるという安心感を得ることができた。一方、活動に参加した大学院生・大学生にとっても、児童をサポートすることで身近な実践の場が得られ、相互により豊かな活動体験をすることができた（平成24・25年度参加した院生・学生の活動報告より）。

・**2年間の小学校英語活動の集大成**

　それまでにプロジェクト重視の英語活動で学んだ英語の語彙や表現・学習内容・発表スキルに加え、毎年の学年目標や担任の要望を考慮して、演じる英語劇の題材や台本を改善してきた。特に、平成24年度から吉田教授の指導のもと、ボランティアの院生やゼミ学生の協力を得て、6つの英語劇の台本全体の見直しを図り、2年間の小学校英語活動の集大成として6年生児童にとって取り組みがいのある活動内容にすることができた（白土, 2013参照）。また、プロジェクト学習の経験を活かし、児童たちが協力して台本の一部をアレンジしたり、必要な衣装・小道具を自分たちで考え作成したり、休み時間に下級生に英語劇の内容を絵本で読み聞かせするなど、担任/JTE/ボランティア学生のサポートを得て、児童たちは下級生へ発表するためのさまざまな工夫を考え、最後まで主体的に英語劇

プロジェクトに取り組むことができた。

・より言語的学習プロセスにも目を向ける

　２年間の小学校英語活動の集大成として中学校英語に繋げていくためにも、個々の児童の状況に合わせて英語的リズムや発音など、より英語そのものに特化したサポートが英語劇の練習でできるよう、活動方法や手順の見直しなどさらなる改善を図っていくことが今後必要になると考える。

5.2.2.5　考察

　十五小の目標に基づき、平成23年（2011年）度からの取り組みを担任やJTEの観察、担任や児童の振り返り等の質的データや聞くことクイズや口頭発表評価、児童の自己評価アンケート等の量的データ（Shirado, 2012, 2014）を基に考察する。

・児童の英語で聞く力を向上させる

　児童の聞く力を調べるため、最終口頭発表と同じ構成内容で「聞くことクイズ」を作成し、各プロジェクトの事前事後に実施した。その意図は、単語を聞き取れるかというより、むしろ既習語句や表現を手掛かりに文脈から発話内容を推測し答えられるか、というコミュニケーションに必要な聞く力を調べることであった。まず、プロジェクトのゴール内容を反映した「聞くことクイズ」を平成23年1学期、6年生に行ったところ、分析（t検定）結果は有意に高まった (Shirado, 2012)。平成24年度1学期も6年生に平成23年度と同じクイズを実施し、同様の結果となった。平成24年度以降は、5年生にも「聞くことクイズ」を実施した。5・6年生とも平成24年度1学期以降、プロジェクトごとのゴールを反映した「聞くことクイズ」の結果は、それまでと同様有意に高まった (Shirado, 2014)。

　質的調査でも、担任は「トピックに繋がる言葉を同じプロジェクトの中で何度も聞くうち、子供たちは自信をもって言うことができるようになっていった。」（平成23年度6年生担任）、「少しずつ聞く力、話す力がついて、自信につながっているようだ。」「児童の聞く力、話す力や自信の高まりが活動の中でみられる。」（平成24・25年度6年生担任）と評価している。これらの結果や筆者の観察から、十五小の児童の英語で聞く力が向上しつつあり、聞く力の育成が英語でコミュニケーションしようとする児童の意欲に良い影響を与えていると解釈できる。

・児童の英語で話す力を育成する

　平成23年度1学期、6年生の最終口頭発表用のルーブリック（観点と尺度から成る学習到達度を判断する評価基準表）を作成し、児童のパフォーマンスを評価した。ルーブリックの観点は、小学生用のrating scale for classroom speech of student's oral presentation (Nitko & Brookhart, 2011, p. 253) のパフォーマンス評価を十五小児童の英語活動の現状

に合わせて修正し、発表内容と非言語的要因である発表方法や態度（アイコンタクト、声の大きさ、話し方、ポスターの提示やジェスチャー）の２つの項目に分けた。尺度は、公立小学校の通知表と同じく３段階で評価した。どちらも到達度を％で数値化し、評価者間信頼度（inter-rater reliability）をピアソン積率相関係数で確認した。その結果、平成23年度１学期、６年生の児童の発表内容は90％近い到達度を示した（Shirado, 2012）。平成24年度以降は、５、６年生ともに同様の方法で調査した。その結果、どのパフォーマンス評価もその内容と非言語的要因は、共に80％以上の到達度を示した（Shirado, 2014）。

　数値だけでなく、留学生との交流会では「日頃接する機会がない留学生と触れ合うことで、外国人への抵抗感が減り、英語が話せるという自信や伝えたいという意欲が高まった」（平成23・24年度６年生担任）、「留学生と自信を持って積極的にコミュニケーションしていた」（平成25年度６年生担任）と児童が自信を持って自分の気持ちを伝えようとしていたことが担任のアンケートや筆者の観察からも確認できた。これらの評価結果や日頃の指導者らの観察や振り返りから、十五小の児童の話す力はプロジェクト重視の英語活動を実践する中で養われていると考えられる。

・児童の英語への興味を継続させる

　平成23年（2011年）４月から平成25年（2013年）２月までの約２年間、Willis (1996)らの理論を基に作成した同じ７つの質問項目で構成された自信に関するアンケート（４件法）を、同じ児童に継続的に実施した。その長期的データの各質問項目に注目すると、質問項目「英語で話すことは楽しい」は、６年生２月でも５年生の英語活動開始時とあまり変わらず80％以上の児童が楽しいと答えている（Shirado, 2012, 2014）。英語活動では、聞き・話す活動が中心であることを考えれば、児童の英語への興味がずっと衰えず持続されていることを示している。また、「英語を話せるようになりたい」という意欲を示す質問項目と併せて分析すると、「楽しい」意識が下がった時も「話せるようになりたい」意欲はそれほど変わらず高いままであった。担任も「子供の興味関心の深いトピックなので、意欲的に参加できた」（平成23年度５年生担任）や「発表を自分で考え、その発表に合わせてポスターを描くので、愛着をもって頑張っていた」（平成24年度５年生担任）、「ゴールが明確で調べ学習等の知識や学んだことを活かせる場があるため、児童が意欲的に活動に取り組み達成感を持つことができた」（平成24年度６年生担任）と観察している。この長期的データからプロジェクト学習を通して十五小の児童たちは英語への興味を継続的に持ち続けていると推測できる。

・児童の英語でコミュニケーションする（主に聞く・話す）自信を高める

　前述した自信に関するアンケートの長期データを見ると、質問項目「英語で友達と話すことができる」の割合が活動開始時より高くなっていた。一方、質問項目「友達と協力して英語で活動できる」は、最初からかなり高く途中少し下がることもあったが、平成25年

の6年生3学期には90%以上に達している (Shirado, 2012, 2014)。これについて、担任は「子供たちが英語で自分の気持ちを伝え合おうとするには、英語活動の時間だけでなく日頃の学級活動も重要だ」（平成24年度担任）とコメントしている。平成24年度以降も、5・6年生に実施した同じ自信に関するアンケートで、十五小の児童が英語で聞く・話す活動において自信を高めていることを示す結果となった (Shirado, 2014)。さらに、平成23年度6年生担任からは、「社会科見学で外国の方に話しかけたり、多くの子供が英語劇のフレーズ "I've got it." "I can do it." を教室で使ったりしていた」と6年生の3学期に習った英語を使おうとする姿が授業以外で見られたと報告があった。これらのことから、児童は、英語活動以外にもさまざまな刺激を受けて学んでいるため限定することは難しいが、プロジェクト学習が児童の英語への興味を継続し自信を高めるのに、概ね良い影響を与えていると考えられる。

　以上の結果を総合的に見てみると、プロジェクト重視の英語活動カリキュラムは、児童にとって効果的なカリキュラムの一つと考えられるだろう。本カリキュラム全体に対する実践者である担任の評価も高まっている。「最後に発表があるので消極的な子も目的をもって取り組んでいた」（平成23年度6年生担任）、「学習したことがすべて最後の発表に活かせるのが良かった」（平成24年度5年生担任）、「発信の機会があることは、自分の意見を伝えようとする大切な学習だ」「タスクで徐々に表現を加えていくので無理なくレベルアップできた」（平成24年度6年生担任）、「繰り返しの学習と新しい表現の学習が組み合わさっているので色々な子供が自分なりの目当てをもって取り組んでいた」（平成25年度6年生担任）とさまざまな角度から評価している。

　よって、プロジェクト重視の英語活動カリキュラムを積み重ね、相互に関連づけていくことで、児童の英語学習の可能性を高めると同時に、児童の英語への興味を継続させ、コミュニケーションに対する自信も高めていくことができるのではないかと考える。

5.2.2.6 おわりに

　平成23年度から約4年間、担任とJTE/ALTの協働学習および協働教育をめざして継続してきたプロジェクト重視の英語活動は、児童の言語的・認知的・情意的側面から大変期待できる教授法であることが分かってきた。また、5・6年生の担任だけでなく、十五小の多くの先生方もその効果を認め、「十五小の先生にインタビューしよう」のタスクでは、児童の英語でのインタビューに全ての先生が快く応じてくれた。また、英語を使って調理実習を行うなど他教科での試みにまで広がり始め、学校全体の取り組みに発展しつつある。

　今後、一層プロジェクト重視の英語活動を広め、より多くの先生方の理解を得て実践に繋げるには、やはり解決すべき課題もある。例えば、十分な英語のインプットの確保とそのための的確な言語的サポートを行うために、担任とJTE/ALTの協働体制をどのように構築し発展させていくかは、重要なポイントである。そのための十分な研修も必要となるであろう。また、留学生との交流会のように、地域のリソースを活用し外部の人々に児童の最終成果物

の発表を行い、さまざまな人々からフィードバックを得ることで、児童に英語を必要とする環境を与え、教室での学びを外の世界と結びつけ、児童が英語をコミュニケーションの道具として捉えられるような場を工夫することも大切である。今後も、十五小の先生方のご理解とご協力の下、この取り組みをより発展的に進めるとともに、より広い視野でプロジェクト重視の英語活動の改善を目指していくことが必要であると考える。

　同時に必修化されて3年（平成26年度現在）、いよいよ2020年には5・6年生の英語の教科化と3年生からの英語活動の開始が予定されている。しかも、2020年の実施計画では、中学校の英語の授業を原則英語で行うこととし、高校へ繋げることも検討されている（文部科学省, 2013）。このように、ますますコミュニケーション活動を重視した指導が小中高で繋がることが重要となり、小学校英語のダイナミックな改善が期待される。一方、今後教科化になっても、児童の発達段階や個々の児童を最も身近に理解している担任の果たす役割は大きいだろう（樋口, 2013）。これは、児童にとって外国語を学ぶという不安を和らげ、安心した学習空間をつくり出す（泉, 2007）ことにも繋がる。よって、これからの6年間は、JTEと担任が協働でより質の高い小学校英語活動を目指す必要がある。そのため、このプロジェクト重視の英語活動を内容（content）と英語（language）の両面からより一層児童の言語的・認知的・情意的発達に適した取り組みとなるよう精査していくことが大切である。同時に、小中連携強化に向けて地域に根差した津田塾大学の初等英語教育の果たす役割は、今後ますます重要性を増し、その可能性をより一層広げていくことであろう。

注

1. 本稿では、「外国語活動」という名前で実質「英語活動」が行われている公立小学校の現状に合わせて、「英語活動」と呼ぶ。
2. 本稿の「協働学習」とは、Dooley (2008) やOxford (1997) に基づき、共通のゴールに向けて自律的にかつ支援や協力し合いながら作業を行う中で互いの学びに責任を持ち、新しい価値を創造していく活動と考える。
3. プロジェクト学習をコアとするこのようなアプローチには、さまざまな名前がつけられているが、本研究ではそれらの代表としてPBAを用いる。
4. 佐藤 (2010) はcollaborative learningを対話的実践の学びの遂行と解釈し「協同学習」と訳している。

（白土厚子）

5.2.3　東京都新宿区戸塚第一小学校 ── HRTが主導となる外国語（英語）活動を目指して

5.2.3.1　外国語活動の歴史

　新宿区戸塚第一小学校では、平成12年（2000年）度より平成14年（2002年）度まで国際理解教育の一環として、「小学校における英語活動」の研究をし、平成16年（2004年）度から平成18年（2006年）度の3年間、国語科でコミュニケーションの研究を行ってきた。さらに、平成19年（2007年）度からは、文部科学省「小学校における英語活動等国際理解活動推進事業」拠点校および新宿区教育委員会研究発表校として、担任教員が主導となり英語活動を工夫改善するための研究活動を展開してきた。また、平成21年（2009年）度からは、文部科学省「外国語活動における教材の効果的な活用及び評価の在り方に関する実践研究事業」研究校として任命を受け、引き続き研究をし、その後も、母語である日本語と学習言語である英語の相互作用について、研究を重ねてきた。

　本セクションでは、このように一貫してコミュニケーション教育について関心を寄せてきた戸塚第一小学校の平成19年（2007年）度から20年（2008年）度に行われた英語活動の研究と実践についてJTE（英語活動改善アドバイザー）として参加した筆者の眼を通して報告する。

5.2.3.2　戸塚第一小学校の環境（外国語とのふれあい）

　戸塚第一小学校は、明治9年に開校され、創立135年を迎える小学校である。高田馬場駅から徒歩15分程度のところに位置し、学区域には早稲田大学を含んでいる。周囲には、多様な国籍の店舗が立ち並び、行きかう人たちもまたさまざまである。さらに、在籍する約400名（2009年度）の児童のうち外国籍を有する児童が約1割、また、保護者が外国人である児童も複数いる。

　このような環境の中で、戸塚第一小学校では国際交流を校内行事などに多く取り入れてきた。例えば、外国籍の保護者の協力を得て、その国の文化（料理や衣装など）について紹介する「韓国ウィーク」や「タイウィーク」などの行事を実施し、クラスの中にいる外国籍の児童たちの背景にある文化を共に学ぶようにしてきた。

　また、近隣との交流も盛んで、学区域にある早稲田大学との連携で、「World Week」を平成19年（2007年）より実施したり、早稲田大学に在学している留学生や近隣にある新宿日本語学校の学生たちと年に1～2回日本語と英語を交えながら、楽しく交流している。

　一方、政府の要請で2008年には、「青年の船」のASEAN（東南アジア諸国連合：Association of South-East Asian Nations）の方たちの訪問を受けたり、内閣府青少年国際交流事業の一環として、2009年にカンボジア、ドミニカ、ラオス、ラトビアから15名の青年たちの訪問を受けており、その都度児童たちは歓迎会を開き、英語活動、給食、遊び等を通して、外国人と交流している。以上のように戸塚第一小学校の児童たちは他の小学校に比べ、その環境を生かし外国人や外国の文化に親しむ機会を多く持っている。

5.2.3.3 研究授業に至るまで
(1) 戸塚第一小学校のこれまでの英語活動と担任教員の実態

　平成18年（2006年）度までの英語活動は、派遣会社が作ったプログラムを外国語指導助手（ALT）がT1となって行う授業と、戸塚第一小の児童の保護者（ボランティア）と担任（HRT）との連携での英語活動の2本立てで行われてきた。では、当時の戸塚第一小学校の英語活動はどのようなものであったのだろうか。まず、ALTがT1となって授業を進めている英語活動では、派遣会社が作成した（戸塚第一小学校のみを対象にしたものではない）アクティビティを小学1年生から6年生までどの学年も同じように行っていたようである。また、HRTと保護者が連携して行われた英語活動は、まだ英語活動の教員研修がほとんど行われておらず英語活動用教材（『英語ノート』など）もない頃であったので、HRTが主導となって英語活動を作り上げていくことは難しく、ボランティアとして参加した保護者の経験と提供してもらった教材などに頼って行われてきたようである。保護者の多くは英語圏からの帰国者が多く、インターナショナル・スクールや現地校にてわが子の英語学習を見守ってきた経験があったということである。しかしながら、その経験をそのまま日本の公立小学校に生かすことはなかなか難しく、例えば、戸塚第一小学校に寄附のあった絵本は、文字が多く、日本の小学生に理解することは困難であり、英語活動に活用するには難しかったようである。これは、ESL（English as a second language、第二言語としての英語）の環境と日本のようなEFL（English as a foreign language、外国語としての英語）の環境ではインプットの量もことばを使用する必然性も異なり、同じ年齢の子どもであっても、ESLの環境にいた子どもとEFLの環境にいた子どもとでは、理解できる絵本のレベルも相当異なってくるからである。

　このように当時のALTが行う派遣会社のプログラムも保護者の協力による英語活動のどちらも、戸塚第一小学校の実態に合わせたものとは言い難く、児童もHRTも英語活動を楽しめていなかったようである。というのも、筆者がJTEとして戸塚第一小学校に通い始めた2006年度（文科省拠点校になる前年）当時にHRTとの話し合いを数回持った折に、「なぜ英語を学習するのか」「なぜ英語教育の専門家でない小学校教員が主導になるのか」など質問を受けた。その話し合いから筆者が分かったことは、担任教員たちの

・英語力不足による教えることへの不安
・英語教育の必要性の意識の欠如
・多忙

であった。現在教員である人たちの中には、学生時代に英語の教授法を学んだものは少なく、ほとんどは大学1・2年次の教養課程で英語科目を学習したのみであろう。よって、英語を教える方法も分からず、また、自らの英語力で小学生に教えることに不安を持つことは当然であると思われる。さらに、所属している東京都内で日本語で行うことが暗黙の裡に原則となっているHRTにとって、英語を使って生きていく、仕事をしていくことを直接的に実感できる人はそう多くはないであろう。実際、教員との話し合いの中で、「一生英語を使うことなんてありませんよ」という発言もあった。また、小学校の教員がかなり多忙であるために、

英語活動のために必要な研修を十分に受ける時間をとることが難しいという事実も分かってきた。他校に比べ英語活動をいち早く導入し、その研究を推し進めてきた戸塚第一小学校でも、文科省学習指導要領にある「学級担任の教師又は外国語活動を担当する教師が行う」(文部科学省, 2008, p.15) ことについてはかなり難しいと予想された。

(2) 研究推進委員会の発足

文科省研究拠点校として研究が始まる平成19年（2007年）度当初に研究推進委員会が発足した。当委員会では、研究主題、構想、組織について話し合いが行われた。委員会は、各学年のHRT各1名ずつ、さらに校長、副校長で構成され、筆者も英語活動改善アドバイザーと命名されたJTEとして参加した。

研究主題は、前年度から引き続き「自ら輝き、ひびき合う子」、副題（仮）は「英語活動を通して国語力の向上をはかる」とした。英語活動と国語力の向上を結びつけたのは、英語活動では、英語での活動を通して潜在的なことばの力を刺激し、それが国語の能力へも影響すると想定され（1.1.1参照）、子どもの認知力の発達には欠かせない国語力の向上はさまざまな分野から研究される必要があると想定されたからである。

委員会発足当初議論されたことは以下の通りである。

第1回　・なぜ英語活動を国語に結びつけなくてはならないのか。
　　　　・結びつけることに意味はあるのか。
　　　　・国語力とは何か。
第2回　・国語力とは、相互に理解するための発話力、理解力と捉えてよいのか。
　　　　・英語教育の意義とは
　　　　　－英語を国語の異形態と捉えることができる。
　　　　　－国語の授業でできないことができる。
　　　　　－異文化に気づくことができる。
　　　　　－コミュニケーション教育の一貫として態度・姿勢について学ぶことができる。

第1回委員会では、一般的に教員間で使用される「国語力」とは一体何をさすのだろうか―「国語力を向上させる」ということは、一体何を向上させることなのであろうかなどという意見が出された。この時委員会に参加している一人一人の教員が、当たり前だと思っていた「国語」という教科への取り組みの見直しと、安直に使用していた「国語力」ということばの定義の検討が始まったのである。

第2回委員会では、1回目の疑問に答えるように、HRT自らのことばで国語力を定義し、また、英語教育の意義についての考えを積極的に深めていったようである。委員会に参加し意見交換することにより、通常無意識に使用している「国語力」に対して客観的に見直し、またことばの成長について考えたのであった。筆者も研究メンバーとして話し合いに参加し、第二言語習得における目標言語と母語との関係についてCummins (1984) のiceberg theory

を紹介・説明した。（1.1.1参照）
　一方、研究推進委員会の下に設置された、低・中・高学年の各分科会において、研究授業についてのテーマや授業の組み立てについて具体的に検討された。分科会では、それぞれの研究授業に向けてテーマを絞り込むことになっていたが、これまでの英語活動を外部の授業計画に頼っていたために、HRTたちは、テーマさえも抽出してくることが困難であるようであった。やはり英語は「別物」と思い、他教科の授業計画を応用して英語活動の授業案を指導的に計画していくことは不可能とさえ思っているようだった。その一方で、HRTはクラスの実情、児童の興味、関心に関しては精通しており、また、児童に自主的に活動させるための方策など他教科で使用しているやり方を持っていることに筆者は感心させられた。

5.2.3.4　研究授業計画とHRT

　以上述べたようにこれまでの戸塚第一小学校のHRTの英語活動への関わりと、研究推進委員会や分科会から見えてきた担任教員の実態を踏まえ、筆者は英語活動改善アドバイザーとして、どのように授業計画を進めるべきであるか、またHRTが英語活動にどのように関わればよいのかを探求した。

(1)　授業形態 ―― HRT、ALT、JTE　3者で支える授業（1.1.1.2参照）

　戸塚第一小学校における英語活動は、HRTとJTE、ALTの3者が毎時授業に参加することが最も特徴的である。では、この3者それぞれにはどのような特徴があるのであろうか。
　まずALTは、
・英語を母語としているか、あるいは日常生活に使用している人である
・日本の学校教育を見据えた英語教育に精通しているとは限らない

　ALTの長所は、英語に精通しているので児童に英語のインプットを十分に与えることができるということであろう。しかしながら、英語教育についての知識があるとは言えず、その多くは英語活動や日本の公立小学校のカリキュラムなどの知識については雇用されている会社の研修を受けた程度に過ぎない。つまり、文科省の指導要領に沿って児童の実態に合わせた指導案を作成できるほどではない。
　JTEは主に中学高校の英語教員免許を有する日本人教員であるので、
・目標言語運用の手本を示すことができる
・子どもの発音、イントネーションを訂正できる
・目標言語が、実際の日常生活でどのように使われているのかを、効果的に子どもたちに示せる
・目標言語の言語的文化的文脈の知識がある
・目標言語の構造を広範囲にわたり把握した上で、授業を計画し、実行し、評価できる
(Sharpe, 2001)

　しかしながら、

・小学校で馴染みのある方法や、小学校にある文化や気風に根付いていない
・常時、小学校にいるわけではないので、子どもとの間に、深く豊かな関係を築くことは難しいと思われる
・英語をカリキュラム全体と結びつけたり、子どもの学校生活の中に、英語を組み入れたりできない

HRTは、
・一日中児童と一緒にいるので、深く豊かな関係を築くことができる
・全教科を担当しているので、英語を子どもの学校生活全体に組み入れることができる
・小学校教育を専門としているのでカリキュラム全体の中に英語学習を統合していくことができる

(Sharpe, 2001)

しかしながら、
・英語に十分に精通していない
・自発的に日常生活で英語を使用したりすることは難しい
・英語使用のモデルになることは難しい
・児童の発音やイントネーションを直したりすることは難しい
・言語的機能や構造を把握した上で、外国語活動の計画を立てたりすることは難しい

(Sharpe, 2001)

つまり、JTEとHRTの特徴は相補関係にあると言える。また、Sharpe (2001) によれば、一般に、JTEの授業は、導入、アクティビティ、教科（統合）の構成がはっきりしているが、その指導案に固執し、言語獲得のための訓練にこだわりがちになり、歌やゲームが不足しがちになる。一方、HRTの授業は、全体的に流動的であり、アクティビティと教科が一緒になり、評価でさえも、授業の過程の中に織り混ぜられたりする。つまり、指導案そのものより、実際の子どもの到達に重点を置いているので、多種多様なゲームの中で、語彙やフレーズを繰り返し使うことになり、その結果、特に英語専門の教師の悩みの種である、学力の低い子どもたちが、自信を持って楽しみながら参加できる授業を作ることができる。さらに、山田 (2007) によれば、HRTとJTEのペアワークはHRTにとってそのまま研修の場となるとしている。

以上のことを踏まえるとHRTを中心に ALTとJTEが補い合い支え合って英語活動を作り上げることが、英語活動をより充実化させ活性化させるより良い体制と言えるのではないだろうか。つまり、戸塚第一小学校においても、ALTは本物の英語使用者として英語と児童を直接つなぎ、JTEは英語教育という視点から効果的に英語活動を計画し、それらをまとめてHRTは児童の実態に合わせて英語活動を計画し、カリキュラムに組み込み実施することが良いと思われる。筆者もJTEとしてHRTと共に授業計画をし、授業への参加を通して、JTEとしての役割を果たすことにした。

(2) 外国語活動における母語使用 —— HRTがT1になる

　戸塚第一小学校では、文科省の拠点校となってからHRT主導の英語活動を作り上げることを目指してきた。上記のようにHRTは児童の実態をよく理解し学校のカリキュラムに英語活動を取り込んでいくことはできるが、ALTやJTEと異なり英語に精通しているとは言えない。では英語活動の実践の場ではどのような働きが望まれるのであろうか。

　コミュニカティブな外国語学習における母語使用は足場かけとして有効であると言われている。吉田・柳瀬（2003）は外国語学習における母語（ここでは日本語）の使用について、EFLの環境を考慮に入れ、「生徒が少なくともある一定のレベルの英語力に達するまでは、コミュニケーションや意味理解、構文理解の助けとして、日本語を有効に使うことも視野に入れなければならない」(p. 37)と述べている。また、「teacher talkを英語で行う代わりに、生徒に分かりやすい日本語で行うほうがよい場合がよくある」(p.40)とも述べ、次のように説明している。

> 　Cumminsの共通言語能力からもわかるように、CALPレベル（2.2.1参照）の内容は日本語と英語で共通している可能性が高いので、日本語でうまく説明することによって、内容理解、そしてゆくゆくは英語でCALPレベルの話をするための基礎作りをすることが可能だと言えるのである。(p.46)

　つまり、小学校の高学年における外国語活動では、児童の知的レベルにあった題材や内容を取り上げると、どうしても児童の第二言語（英語）能力のみで行うことは難しいが、それを補うためにHRTが適切に日本語を使用することはかなり効果的と思われる。特に、吉田・柳瀬（2003）によれば、コミュニカティブ・アプローチ（第2章参照）の特徴に日本語を介在させることで、以下の場合に活動をスムーズにさせ、学習を促進するという。

・抽象度の高い説明や、知的作業が必要な場合
・使われる教材、交わされる会話などがauthentic（本当のこと）であるが学習者の理解できる程度を超えている場合
・すべて英語で伝達するのは、学習者にとって負担であり不可能な時、伝達できずにコミュニケーションが止まる可能性がある場合
・学習者が自分の事を表現したいという欲求を押さえ込んでしまいそうな場合

　以上のことから、日本語を英語活動において適宜使用することは、児童が授業の内容を理解できないために起こる不安を解消し、授業に参加しようとする意欲を増すことができる可能性もあるのではないだろうか。

　年間35時間、週に1時間の英語活動において、英語のみで活動を行うと活動自体が限定的なものになったり、知的レベルを下げてしまったりする可能性がないとは言えない。日本語を適切に使用することで児童の認知レベルにあった活動を行うために、児童を十分理解して

いるHRTが英語活動中効果的に日本語を使用し活動を補助することは、活動を活性化させるであろう。また、英語を使用し指導することに慣れていないHRTにとって、英語活動に日本語を効果的に使用する役割を担うことは、活動中の自身の立場を理解し、自信を持って活動に参加できるようになるはずである。つまり、児童の実態を知っているHRTが活動自体を広げたり深くしたりする原動力になることができると思われる。戸塚第一小学校の英語活動の授業計画においても、効果的に日本語を使用するような場面をつくりHRTがその役割を担うことで、さらに充実した英語活動を実践できると思われた。

(3) 単元間の関連性と他教科との連携

現行の指導要領では、英語に慣れ親しむことが外国語活動における目標となっており、第1に、4技能の育成を目指しているわけではない。一方、コミュニケーションを積極的に図ろうとする態度の育成も目標の一つに掲げられている。後者を育成するためには、活動自体に児童が主体的に関わらなければならないものと思われる。そのためには、コミュニケーション活動の時に、英語の目標文一つ一つを正確に言えなくても、ある程度何を言われているのか、また何を言うべきであるかを自ら認識していなければならない。つまり前者の「英語に慣れ親しむ」という目標には、ある程度英語を用いてやりとりをしようとし、できるという意味合いが含まれていると解釈してよいのではないだろうか。

しかしながら、日本のようにインプットが量的に少ないEFLの環境において、1週間に一度しか行われない学習活動では、学習者に学習言語のある程度の定着を図ることはとても難しいと思われる。まして、各単元のテーマに関連性が欠如していたり、言語材料が新出のものばかりであると学習者の知識や既出の学習項目を応用しにくく、児童が自主的に活動をすることは困難であると思われる。言い換えれば、既習と新出の学習事項に関してテーマや言語材料に関連性を持たせる。その結果、児童の記憶に活動内容や言語材料が留まり、積極的にコミュニケーションを図ることができるようになると思われる。同様に、他教科とテーマ・内容を関連づけることで、内容の理解を深めたり、興味・関心を引き起こすことになるであろう。(2.2参照)

単元間の言語材料を関連づけることは、英語教育の専門家であるJTEが行えるが、児童の実態に合わせて単元間のテーマを関連づけたり、カリキュラム全体を見渡し、適宜単元のテーマや内容を他教科と関連づけることができるのはHRTであろう。この点においても、HRTはシラバス作成において重要な役割を担うことが明白である。

以上のことから、戸塚第一小学校では担任主導型の英語活動にするために、以下3点を考慮に入れ英語活動をプランすることが望ましいと考えた。
・HRT、ALT、JETの3者の特徴を生かし活動を作成すべきである
・HRTは英語使用でのイニシアティブを取るのではなく、児童の内容理解やコミュニケーションを促進するために、効果的に日本語を使用しながら活動を補助運営すべきである

・HRTは、児童の実態に合わせた単元の設定や関連および他教科と関連づけるようなシラバスを作成する役割を担うべきである

5.2.3.5　戸塚第一小学校研究主題および研究概要

　戸塚第一小学校の平成19年（2007年）度からの研究主題は「自ら輝き　ひびき合う子 ── 英語活動を通してことばの力を育てる」と設定された。外国語活動を通して、児童が自ら目標を持って取り組み、相手との有意味なやりとりを通して課題を解決できるようになることを掲げ、そのやりとりの中で「ことばの力」が伸びることを目指している。

　このような研究主題を設定した背景には3つの理由がある。第1に、2006年度に行った児童の意識調査において、英語活動をあまり楽しく思わなかったり動機づけが薄かったりする5～6年生の児童が多くみられると報告があり、さらに、HRTの観察においても児童の中に英語活動の成果がどのように表れているのかを認識することができないという報告があったからである。

　第2に、2006度までの国語科の研究の結果として、「自分の学びを自覚し自信をもつこと、友達を思いやったり良さを認めたりする力をさらにつけていきたいという課題があげられ、日常生活レベルでのコミュニケーションの足りなさも実態としてあげられ」（戸塚第一小学校平成20年度紀要）たからである。

　最後に、2003年のPISAの結果において日本の子どもたちの無答の多さ、つまり、記述問題に対して書かない（考えない）ことが多いという実態が明らかになり危惧されていること、さらに携帯電話やインターネットの書き込み等に、ことばではなく記号で自分の気持ちを表現したり、単語だけしか言わなかったりする状況が多く見られるという現状がある。これらのことから、自分の気持ちや考えをもち、相手に伝わるように表現する力、自分以外の人の気持ちや考え（自分と違っていても）を尊重する態度、ことばを通して理解し合う力の育成が求められているからである。

　よって、2007年度からは、外国語学習においても総合的な「ことばの力」を育てるということが主題として設定されたのである。

　当校の研究の概要の詳細については紙面の都合上、戸塚第一小学校のホームページをご覧いただきたいが、ここでは、「ことばの力」の定義と研究仮説について触れておきたい。当校では、「ことばの力」を捉えるために、「ことばの力」は「理解する力」（ことばを通して知識を増やしたり理解したりする力）、「考える力」（自分の考えをつくる力）、「表現する力」（相手に伝わるように表現する力）、「聞く力」（相手の伝えたいことを理解しようとしながら聞く力）、「メタ言語への気づき」（言語自体について気づく力）から成り、前者4つの力（「理解する力」、「考える力」、「表現する力」、「聞く力」）の根底には言語自体に気づく「メタ言語への気づき」が存在するという2層構造になっていると定義した。つまり、前者4つの力が言語活動や教科活動その他日常生活を通して、互いに影響しあいながら発達していくわけであるが、その4つの力を支えているのが「メタ言語への気づき」の発達であるとした。

さらに、Cummins（1984）のthe Interdependence Hypothesisを理論的背景とし、「外国語（英語）およびその文化に接し、日本語およびその文化との類似点や相違点を意識することで、無意識に使用していた日本語に注意を向けることができ、日本語力も向上する」と仮説を立てた。つまり、第二言語である英語の活動で認知的学問的能力（CALP: cognitive/academic language proficiency）を使用し発達するように授業をデザインすれば、第一言語能力と第二言語能力の深層レベルに存在する共通言語能力を刺激し、第一言語である日本語の能力の発達にも役立つであろうと仮定したのである。

5.2.3.6 カリキュラム・シラバス作成上の留意点

各学年とも1つのテーマをもとに複数単位時間からなる単元を設置し、それぞれの単元はテーマや言語材料で関連するように構成した。1つの単元内に、
- 英語のインプットを導入する部分を設置すること
- グループ活動を活動の基本的形態とすること
- 発表の場を設置すること

を原則的要素と考え、単元の前半の活動には「英語に親しむ活動」を行い、後半には「創り出す活動」を行った。「英語に親しむ活動」では「創り出す活動」を動機づけることができ、また、使用する語彙を導入でき練習できるような絵本やゲームを多く取り入れた。「創り出す活動」では、児童の認知レベルに合ったタスク（2.4参照）の要素を組み入れた創造的な活動をすることをゴールとした。「英語に親しむ活動」と「創り出す活動」の1単位時間の流れは以下の通りである。

英語に親しむ活動の授業	創り出す活動の授業
1. あいさつ	1. あいさつ
2. ウォームアップ	2. ウォームアップ
3. 英語に親しむ活動 　物語を聞いたり、繰り返したりする	3. 創り出す活動 　1）ねらいの確かめ 　2）グループ活動・発表
4. 振り返り	4. 振り返り
5. あいさつ	5. あいさつ

さらに、活動計画を見通し、各学年の初めには「英語に親しむ活動」の多い単元を、次第に「創り出す活動」の多い単元を設置した。さらに、6年間の系統性のあるカリキュラムとしていくために、低学年では、「英語に親しむ活動」の多い単元を、高学年になるにしたがって「創り出す活動」の多い単元を設置した（表1）。

【表1】単元のスタイルと実施量

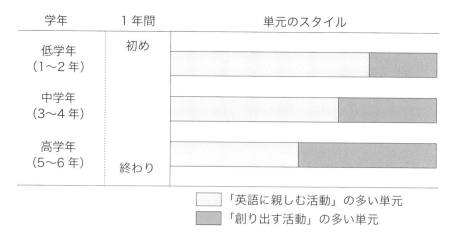

また、テーマに関しては、児童が主体的に取り組み、意味のあるコミュニケーションを生むために、
- 児童の教科の学習に密接なもの
- 日常生活に密接なもので児童の興味があるもの
- 創造性のあるもの
- 児童一人一人に個人化できるもの

とした。さらに、児童自身が、活動を自律的に行うために、
- 学習者である児童自身が、その単元のゴールと見通しを理解していること
- 自分の学びを自覚したり、友達同士が認め合えるようにしたりすること
- 児童の気づきを引き出すようにすること

に留意した。

5.2.3.7 単元紹介

本セクションでは単元間の関連性や他教科との連携、およびHRTの日本語使用について焦点を当てて高学年の単元を紹介する。なお、本セクションで紹介する単元は2010年度に実施されたものであり、戸塚第一小学校が2009年度に研究発表会を行った時のものとは異なる。

(1) 5年生

5年生の活動では、児童が1年生から4年生までにさまざまなインプットに触れてきたこと、そして6年生の最後の単元「自分をみつめて」において6年間の集大成をするという目標を見据えて、生活と人に焦点を当て4つの単元を組んだ。

1学期
(1)「オリジナル米を紹介しよう」
「英語に親しむ活動」:米の作り方、世界の米について英語で学ぶ。
1. 社会科で米の作り方を学ぶ。
2. 米の作り方、世界の米について英語で学ぶ。HRTは児童の様子を見て社会科で学んだばかりのことに日本語で言及し内容理解を深める。

「創り出す活動」:オリジナルのブランド米を考案、発表する。
1. グループでオリジナルのブランド米を考案し、ジェスチャーをつけ米の特徴を英語で表現する。英語の表現の分からないところはALTに聞きながら表現を考えていく。HRTは適宜日本語でグループの話し合いを補助する。
2. クラスで発表する。発表には視覚補助として児童が作成した米袋を用いる。

単元の関連性:社会科との連携

本単元の直前に児童たちは実際に田植えを経験し、イネの成長を楽しみに観察している。英語活動では社会科で得た知識をもとに米の作り方を再度英語で学習し(content-based, 2.3参照)、さらに、世界の様々な米へと学習を広げ、それをもとに自分たちのオリジナル米を考案する創造的な活動を行った。

(2)「『玉川兄弟』物語りを聞いて」
「英語に親しむ活動」:人物について批評する言い方を学ぶ。
1. 児童があこがれの人について日本語で書いた作文を発表する。
2. ALTがそれぞれについてモデル・センテンス "I think s/he is great (kind, cool, hard-working, or courageous) because..." を用いて感想を述べる。
3. 児童は、ALTの感想とHRTが日本語で付け加えた情報(それぞれの人物の行ったことなど)を聞きモデル・センテンスを繰り返す。

「創り出す活動」:紙芝居「玉川兄弟」を聞いて感想を述べる。
1. 児童は4年生の教材である「玉川兄弟について」を日本語で読む。
2. ALTが紙芝居「玉川兄弟」を英語で読む。
3. 児童は "I think they (Brother Tamagawa) were great (kind, cool, hard-working, or courageous) because...(日本語で)" という指定されたモデル・センテンスに従い感想考える。
4. それを発表する。HRTは日本語で児童の発表した理由について質問したり、さらなる説明を促し、具体的な理由を述べるように促す。

単元の関連性:前単元のテーマ「米」に関連、6年生の単元(8)「伝記を読もう」に言語材料が関連

本単元では、前単元のテーマである「米」から発展し、米の栽培に必要な水を江戸に供給した「玉川兄弟」をテーマにし東京の今昔に触れる。また、6年生で行う単元(8)

「伝記を読もう」において使用する語彙や言い回し、また授業形態に触れることも目的としている。

2学期
　2学期は英語のドラマ教育を専攻している津田塾大学英文学科の吉田ゼミ4年生が実習に入った。以下はゼミ生と筆者との共同で制作した単元である。
　(3-1)「『三匹のクマ』をチャンツで歌おう」
　　「英語に親しむ活動」:「三匹のクマ」をチャンツで歌う。
　　　1. 絵本「三匹のクマ」の読み聞かせを英語で聞く。
　　　2. 内容に関しての質問に英語で答えたり、感情を表すことば(angry, happy, surprised, sad)が当てはまる場面を物語からグループで抽出し、演劇手法である「Still-image」(それぞれの場面で登場人物や周りのものが抱いている感情を表現する)を作る。
　　　3. ゼミ生が先導し、ジェスチャーをしながら物語をチャンツで歌いあげる。

　(3-2)「『赤ずきん』の結末を演じてみよう」
　　「英語に親しむ活動」:「赤ずきん」を英語で聞き親しむ。
　　　1.「赤ずきん」を英語で聞く。
　　　2. ゲーム「買いものごっこ」(おばあさんのお見舞いに持っていくものを買う)をする。
　　　3. 買ったものと買った理由を発表する。
　　　4. 異なる最終シーン「赤ずきん①」・「赤ずきん②」の寸劇を英語で見て相違点を日本語で答える。

　(3-3)「三匹のクマ」のチャンツ、「赤ずきん①」「赤ずきん②」の寸劇のうちいずれかを選んで発表する
　　「英語に親しむ活動」:「三匹のクマ」のチャンツ、「赤ずきん①」「赤ずきん②」を発表する。
　　　1.「三匹のクマ」のチャンツ、「赤ずきん①」「赤ずきん②」の寸劇のうちいずれかを選び、グループに分かれて練習する。各グループに大学のゼミ生が1名程度入り手助けをする。
　　　2. それを発表する。
　　単元の関連性:6年生の単元(9)「自分を見つめて」に関連
　　6年生の集大成として行われる単元「自分を見つめて」のための事前学習として、さまざまな他者になることを体験するためにドラマ活動を導入した。

3学期
　(4-1) 劇「大きなかぶ」
　　「英語に親しむ活動」:絵本「大きなかぶ」を英語で聞く。

1. 絵本「大きなかぶ」を英語で聞く。
2. かぶを抜く場面を英語（掛け声など）で演じる。

「創り出す活動」：「大きなかぶ」を自分のことば（英語）で演じる

1. グループごとにストーリに沿い、英語でセリフを考えながら劇を作る。英語の表現の分からないところはALTに聞きながら表現を考えていく。HRTは日本語で各グループの活動を促す。
2. 発表する。

(4-2) 創作劇「大きなかぶは抜けたかな」

「創り出す活動」：オリジナル劇「大きなかぶ」を英語で創作し発表する。

1. グループで、「大きなかぶ」の最後の場面を創作し、英語劇を作る。HRTは日本語で場面を作る補助をする。英語の表現の分からないところはALTに聞きながら表現を考えていく。
2. それを発表する。

単元の関連性：前単元の学習手法「劇を演じる」6年生の単元 (9)「自分を見つめて」に関連

2学期から引き続き劇を取り入れた単元である。劇の登場人物を演じることで、児童はさまざまな場面を通してことばと深く関わり、ことばを使う楽しさを味わい、全単元同様 (9)「自分をみつめて」のための事前学習として、さまざまな他者になることを体験する。

(2) 6年生

6年生の英語活動では、それまでの5年間の英語活動の体験を活かし、児童の代表として外国人の訪問者に英語で学校案内をしたり、また英語でこれからの自分について語る活動をする。

1学期

(5) ロボットコンテスト

「英語に親しむ活動」：道順を案内する言い方を知る。

1. 碁盤の目で警察と泥棒の二手に分かれて "Go straight. Stop. Turn right/left/around." を用いて追いかけっこをする。
2. ペアを組み、目を閉じている方をもう一方が目的地まで英語で案内する。
3. ペアを組み、目を閉じている方に英語 "Pick up ～. Put it down on the desk/green box." を用いてで指示し、見本の通りに箱を重ねていく。
4. ペアを組み、目を閉じている方が先生になり、もう一方が "Could you please ～?" を用いて英語でお願いしながら、見本の通りに箱を重ねていく。

「創り出す活動」：ロボットコンテスト（2チームごとに対抗戦）

1. ロボット（英語のみ理解できる）に指示し作業場まで案内し、作業（見本の通りに箱を重ねる）させる。対戦チームのロボットは "Could you please 〜?" をつけて指示すると動かすことができるとし、対戦チームと命令数を競う。（命令数の少ない方が勝ち）

単元の関連性：単元（7）「学校案内をしよう」と関連

2学期に日本語学校の留学生への学校案内が予定されていることを踏まえ、道案内を意図して組まれた単元である。

2学期
(6)「自分について」

「創り出す活動」：自己紹介をする。
1. 既習の語彙（"I like 〜. I can 〜. I want to 〜."）を使い、『将来なりたいものマップ』（図3）を描き、自己紹介の内容を考え論理的に組み立てる。HRTは内容が論理的に組み立てられているかどうか児童とで確認する。
2. 指定されたモデル・センテンスにしたがって言う練習する。
3. 発表する。

【図1】将来なりたいものマップ

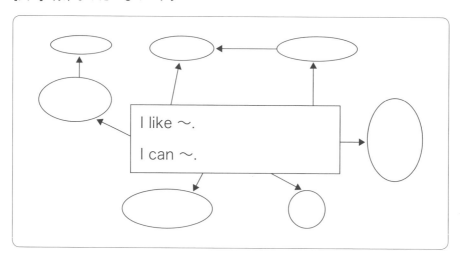

「創り出す活動」：他者紹介クイズを作りゲームをする。
1. 前回に行った自己紹介発表から他者の情報収集をする。
2. 指定されたモデル・センテンス（"S/he likes 〜. S/he can 〜. S/he wants to 〜."）にしたがって他者紹介を作成する。
3. ゲーム「その人は誰でしょう」をする。

単元の関連性：単元（8）「学校案内をしよう」、（9）「自分をみつめて」と関連

2学期に来校する日本語学校の留学生に自己紹介をするために組み込まれた単元である。また、3学期に予定されている単元 (9)「自分をみつめて」にも言語材料が使用される。

(7)「学校案内をしよう」（日本語学校の留学生に英語で学校案内をする）

「英語に親しむ活動」：英語で学校案内を経験する。

ALTやJTEと共に英語で学校の各教室を回り案内の仕方や教室・科目などの英語名を知る。

「創り出す活動」：留学生に学校案内をする。

1. 『My Memory Map』(図4)を作成し、案内時に留学生と話す自分の思い出を決める。HRTは適宜行事などに言及しながら、児童が学校生活で行ってきたことを思い出させる。
2. 自己紹介と思い出を英語で表現し練習する。英語の表現が分からないところはALTに聞きながら表現を考えていく。
3. 留学生を案内する。

【図2】My Memory Map

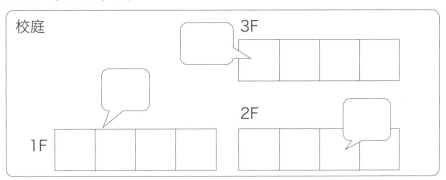

単元の関連性：前単元 (5) ロボットコンテストと (6)「自分について」と関連、(9)「自分をみつめて」と関連

前単元 (5) ロボットコンテストと (6)「自分について」、また (9)「自分をみつめて」と言語材料で関連しているが、特に自己紹介部分はこれまで5年間で触れてきた英語の語彙や言い方、さらに相手への伝え方などすべての学習事項を活用する。

3学期

(8)「伝記を読もう」

「英語に親しむ活動」：人物について批評する言い方を学ぶ。

1.「イチロー」「マザー・テレサ」「野口英世」「梯剛之」の伝記を予め日本語で読む。
2. 3枚の絵（子どもの時、目標を達成した時、目標に向かっている時）を見ながら英

語でそれぞれの人物（「イチロー」「マザー・テレサ」「野口英世」「梯剛之」）のモデル・スピーチを英語で聞く。
3. ALTがそれぞれについて"I think s/he is great (kind, cool, hard-working, or courageous) because..."を用いて感想を述べる。HRTはそれぞれの人物の行ったことなどに日本語で言及する。
4. 児童は、ALTの感想とHRTが日本語で付け加えた情報（それぞれの人物の行ったことなど）を聞きモデル・センテンスを繰り返す。

「創り出す活動」：人物について感想を述べる。
1. 上記のそれぞれの人物のスピーチを聞きながら、感想シートに気づいたことについて書き込みまとめる。
2. 指定されたモデル・センテンス"I think s/he is great (kind, cool, hard-working, or courageous) because（日本語）"にしたがって感想を考える。HRTは適宜補助する。
3. 発表する。

単元の関連性：単元（2）「『玉川兄弟』物語りを聞いて」と（9）「自分をみつめて」に関連、総合学習「仕事について考えよう」「職業体験をしよう」「あこがれの職業について考えよう」に連携

　単元（2）「伝記『玉川兄弟』を聞いて」と本単元の直後に設置されている（9）「自分をみつめて」に使用する言語材料を本単元で導入している。また、総合学習でこの期間に行われている「仕事について考えよう」「職業体験をしよう」「あこがれの職業について考えよう」では間接的に連携を取っている

(9)「自分をみつめて」
「創り出す活動」：「将来の夢」についてスピーチをする
1. 20年後になりたい自分を考える。
2. 3枚の絵（現在の自分、20年後の自分、目標に向かっている自分）を描く。HRTは適宜補助する。また総合学習で行ったことに言及し、関連づける。
3. 「将来の夢」についてのスピーチを英語で考え、グループで練習する。
4. 発表する。また、聞き手として発表者に対し、"I think you are great (kind, cool, hard-working, or courageous) because（日本語）"を使用し感想を述べる。

単元の関連性：単元（6）「自分について」および（8）「伝記を読もう」と関連、総合学習「仕事について考えよう」「職業体験をしよう」「あこがれの職業について考えよう」と連携

　言語材料は、6年生で経験してきた単元（6）「自分について」および（8）「伝記を読もう」に直接関連しているが、5年間で触れてきた英語の語彙や言い方、さらに相手への伝え方などすべての学習事項と関連した応用である。また、総合学習において一連の学

習（「仕事について考えよう」「職業体験をしよう」「あこがれの職業について考えよう」）の集大成でもある。（図3）

【図3】6年生3学期総合学習と英語活動の連携図

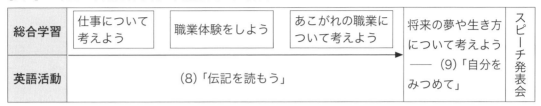

5.2.3.8 単元間の関連性および他教科との連携

以上見てきたように戸塚第一小学校の5〜6年生で扱うそれぞれの単元は言語材料やテーマで関連するように作られている（図4）。このように、言語材料やテーマを単元間または他教科とで関連づけることで、児童は既習の言語材料を使用して主体的に活動できたり、テーマに合わせて英語以外の知識を持ち込み広げながら活動できたりするのである。

【図4】5〜6年生単元関連図

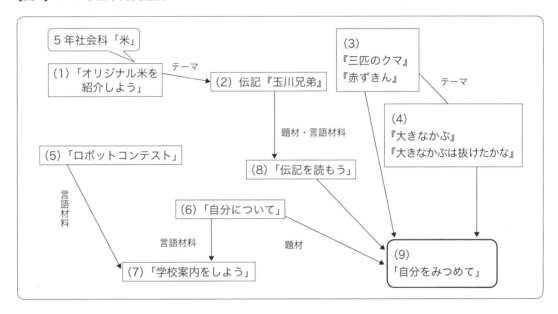

さらに、5〜6年生の外国語活動は個々の単元間が関連しあっているばかりでなく、直接的間接的に6年生の最後の単元である(9)「自分をみつめて」を補完するように作られている。5年生では、「自分をよく知り、将来の自分の探索のために先ず他者を知る」をテーマに、(2)「『玉川兄弟』物語りを聞いて」、や(3-1)「『三匹のクマ』をチャンツで歌おう」(3-2)「『赤ずきん』の結末を演じてみよう」さらに(4-1)「劇『大きなかぶ』」(4-2)「創作劇『大きなかぶは抜けたかな』」を行い、文脈の中にいる人物に注目した。

215

また6年生では、「自分の現在と将来について考える」をテーマに、(6)「自分について」、(7)「学校案内をしよう」、さらに (8)「伝記を読もう」、(9)「自分をみつめて」を行い、6年間の小学校生活を振り返り成長する自分に注目した。また、総合学習と連携して行われた (8)「伝記を読もう」と (9)「自分をみつめて」では、HRTの綿密な計画のもと、総合学習と英語活動の内容の連携が両活動にとって効果的に行われることができた。

5.2.3.9 HRTによる日本語使用

戸塚第一小学校では、児童が内容を理解し、主体的に取り組むために、活動の中に適宜日本語を使用している。例えば、5年生の単元 (1)「オリジナル米を紹介しよう」では、ALTの説明にHRTが社会科で学習したことを日本語で追加し、児童の活動内容への理解を深めることに役立っている（吉田・柳瀬, 2003）。また、単元の中で自分のあこがれの人について日本語で作文を書いたり（(2)「『玉川兄弟』物語りを聞いて」）、『将来なりたいものマップ』((6)「自分について」) や『My Memory Map』((7)「学校案内をしよう」) などに日本語で書きこむ際に、HRTの細やかな日本語での介助が行われ、児童一人ひとりが主体的に英語活動に関わることができるようにしている。さらに、(2)「伝記『玉川兄弟』を聞いて」や (8)「伝記を読もう」の冒頭の「英語に親しむ活動」では、HRTのみが児童と日本語の教材を共有しており、HRTはその児童との共有した経験を利用し英語を聞き取るための効果的なヒントなどを日本語で提供できている。さらに、最終単元である (9)「自分をみつめて」では、ずっと児童をみつめてきたHRTの適切な声掛け（日本語）で児童自身が「現在の自分」「将来の自分」を客観的に見つめることができたのである。

5.2.3.10 おわりに

戸塚第一小学校では担任主導型の英語活動にするために、HRT、ALT、JTEの3者の特徴を生かし活動を作成してきた。特に、HRTは児童の内容理解やコミュニケーションを促進するために、「英語に親しむ活動」において背景知識を日本語で導入したり、「創り出す活動」において、児童の作業を日本語で補助してきた。その結果、児童たちは活動内容をより深く理解し、積極的に活動に参加できたようである。また、HRTがシラバス作成に積極的に関わることで、それぞれの単元が互いにテーマや言語材料を直接的間接的に関連させたり、他教科と連携させることができ、小学校全体のカリキュラムに組み込むことができた。このことにより、児童の既知の知識や方法を活用させることができ、児童にとっては英語活動が学校生活から切り離されたものではなく、その一部として認識され身近なものとなったことと思われる。

文部科学省の拠点校としての2年目には、HRTは主導としてHRTである特徴を生かし、自主的に授業計画について考え、独自の授業展開を授業案（細案）に書くようになり、積極的に授業で動き英語も発するようになってきた。つまり、研究実践の中でHRT自身の授業への関わり方や視野が大きく変わったと思われる。英語活動を突然HRTに任せることは、HRTの

負担を大きくするばかりである。しかし、戸塚第一小学校のように段階を踏み、HRTが自らの特徴を認識し生かすことで十分に小学校の実態に合わせた活動を作り出すことが可能であることが分かった。

　戸塚第一小学校の実践より、HRT、JTE、ALTがそれぞれの特徴を生かし、3者が協力することでより児童の実態に合わせた外国語活動を作り上げていくことを提言したい。

（執行智子）

5.2.4 東京都新宿区立愛日小学校 ──『*Hi, friends!*』を土台に繰り返しを大切にした外国語活動

5.2.4.1 愛日小学校の概要

　新宿区立愛日小学校は、東京都新宿区牛込神楽坂駅近くにある創立132年を迎える東京で3番目に古い小学校である。学区域は、花街であった神楽坂からは300〜400mのところにあり、大きな出版社が立ち並ぶ一角と昔ながらの風情のある商店街と閑静な住宅地を抱えている。繁華街として有名ではあるが、その一方で、何代にもわたって穏やかに暮らしている人が多いようである。そのため在籍している児童たちも、最近の公立小学校には珍しいほど、教室内ではおしゃべりをあまりせず静かに授業を聞いており、落ち着いて学習に取り組む姿が見受けられる。また、新宿区に位置しているにも関わらず外国籍の児童はあまり多くないが、保護者の仕事や長期休暇などで、海外生活・旅行を経験している児童が多く、海外と繋がって生活していることが特別なことではないということも愛日小学校の特徴の一つとして挙げられる。

　愛日小学校では、国語、特に暗唱を重視しており、児童はそれぞれの学年の目標の暗唱課題を休み時間に校長先生の前で披露し、認定証をもらう。暗唱課題は小学校唱歌から百人一首まで幅広く、児童たちは日本語のリズムに乗せて歌うように暗唱する。また、平成24〜25年（2012〜2013年）度新宿区教育委員会教育課題研究校として、研究課題を「言語活動─自分の考えを深めて伝え合う力を育てる言語活動の工夫」とし研究を進めている。

5.2.4.2 愛日小学校の外国語活動の運営

　愛日小学校の外国語活動は、通常、担任（HRT）と外国語活動を担当している非常勤講師（新宿区から加配、JTE）、外国語指導助手（ALT）、そして外国語活動アドバイザー（筆者）の4者で作られる。JTEは、外国語活動の計画、準備、実践において中心的な役割を果たしているが、計画の段階では、外国語活動アドバイザー（筆者）と、時にはHRTを交えて、綿密に打ち合わせをしている。その後JTEが細案を作り、ALTの派遣会社へ連絡をする。授業実践では、ALTが主に児童への指示をし、HRTが適宜英語や日本語で補助しながら児童一人ひとりの学びの過程を大切にしながら活動を作っている。HRTは時に学習者のモデルとして、時にクラスのまとめ役として、適宜参加している。外国語活動アドバイザーは、授業を観察し、授業後にJTEにフィードバックを行っているほか、授業中にHRTに活動の内容を確認したりしながら、活動がスムーズに進むようにしている。このように複数の教員が授業の計画段階から関わりに参加することで複眼的な視点で児童と授業を見守り、より良い外国語活動を作っていこうとしているのである。

5.2.4.3 外国語活動カリキュラム

　高島（2005）は、「教室における言語活動を、言語形式（文法構造）の指導により重点を置

いたものと、意味内容（メッセージ）の伝達により重きを置いたものとに分けることが考えられる」(p.7)とし、言語活動は両方（言語形式と意味内容の伝達）が明確に分けられて指導されるのではなく、連続的に、また「焦点の度合い」の違いによって指導されるとしている。さらに、東野・高島（2011）は、小学校の外国語活動においても、ゴールに向かって調べ学習をしたり創作活動をしていく内容に焦点を当てたプロジェクト型の活動（2.4.3参照）と、歌やゲームを通して英語の音声・語彙・表現に慣れ親しむ、つまり言語形式を重視したプログラム型の活動を含んでいることが、潤滑な言語活動を引き起こすことを可能にしていると述べている。

　高橋（2003）は、コミュニカティブな活動をめざし、その前段階として模倣反復練習し、その後、目標センテンスの定着のために、学習者にとって「現実的な意味を伴った」(p.38)練習をすべきであると述べ、模倣反復によるインプットと繰り返しの学習活動の重要性を主張している。Yamaoka（2006）においても、インプットの少ない環境では、模倣や繰り返しは、意味と形式を結びつけ、その結びつきを強固にしていくと述べている。Yamaokaによれば、模倣や繰り返しは、2つの種類に分けられる。1つは、全く同じ言語材料を繰り返しながら意味と形式の関係を認識していく役割があり、もう1つは、状況に応じて多少変化させ繰り返すことで、特定の文脈の意味と形式の関係を抽象化する役割がある。前者は教師のあとについて全く同じ言語材料を繰り返したり、ペアワークで定型ダイアローグを練習する活動などを指し、後者は、目標センテンスを一言入れ替えて練習したり、ペアワークで相手の言ったことに対して選択肢から選んで返答するなどの活動を指すと思われる。前者後者の両活動ともが、言語を真に意味伝達のために使用する活動のためのレディネス（準備）として重要な活動となるのである。

　以上のことを踏まえ愛日小学校の外国語活動では、プロジェクト型の活動を行うためのレディネスを作る活動に注目し、1年生から4年生までの外国語活動では、英語のリズムを体感し、音声に慣れ親しむことを中心に、英語の表現や語彙に触れる活動を主に行い、5～6年生では、『Hi, friends!』や『英会話たいそう』（松香, 2000）[注]を活用し英語の音声・語彙・表現に慣れ親しみ、模倣や繰り返す活動を行い、それらの言語材料を土台に、自ら工夫して言語を使って課題に取り組む「プロジェクト活動」を年に2～3回程度取り入れている。

　現在は、年間1～2年生10時間、3～4年生15時間、5～6年生35時間、特別支援学級10時間の外国語活動を行っている。

5.2.4.4　外国語活動の授業例
(1) 1～4年生

　愛日小学校の1年生から4年生までの外国語活動では、プロジェクト型の活動を行うためのレディネスを作るために英語のリズムを体感し、音声に慣れ親しみ、英語の表現や語彙に触れる活動を行っている。単元の多くはテーマ中心で構成されており、児童の身の回りにある事柄や学校行事に関連した事柄について取り上げている。各単元の導入では、児童たちが

外国語（当校では英語、以下英語とする）に自然に慣れ親しめるように絵本や歌、チャンツを用いて「目標センテンスなどを聞く活動」を、展開1ではそれらを聞いて身体を動かす活動や手遊びを用いて「目標センテンスを聞いて動くおよび目標センテンスを模倣する活動」を、さらに、展開2では導入と展開1で慣れ親しんできた「目標センテンスを目的に合わせて一部変えたり選択したりしながら発話する活動」を行っている。各学年の単元と授業展開は以下の通りである。

1年生

単元	導入	展開1	展開2	言語材料
「遠足で見た動物を紹介しよう」	歌："Hello Song" 活動： 1. *Brown Bear* を聞く 2. 動物の名前を知る	・Gesture Game （聞いて動く・目標センテンスを模倣する）	遠足で行った動物園で、見た動物の絵を描き見せながら、目標センテンスを一部変え発表する "I see a panda."	I see 〜. bear, bird, dog, cat, frog, horse, duck, sheep, goldfish
「Five Little Monkeys をやってみよう」	歌："London Bridge" 活動： 1. *Five Little Monkeys* を聞く 2. 動作の語彙を知る	・Simon Says Game （聞いて動く） ・物語に沿い、それぞれの役に合わせて動作する（目標センテンスを模倣する）		stand up, sit down, run, jump, swim, fly, sing, walk. one, two, three, four, five
「ハロウィーン」	活動： 1. ハロウィーンの紹介 2. Halloween に因んだ語彙を知る	・Simon Says Game （聞いて動く） ・Missing Game （目標センテンスを模倣する）		pumpkin, ghost, black cat, bat, witch, jack-o'-lantern
「クリスマス」	歌："We Wish You a Merry Christmas" 活動： クリスマスに因んだ語彙を知る	・Keyword Game （聞いて動く） ・Christmas Basket （目標センテンスを模倣する）		star, snowman, bell, socking, reindeer, cake, Christmas tree, present, candy cane
「じゃんけんバス」	歌："Wheels on the Bus" 活動： 1. じゃんけんの言い方を知る	・じゃんけん列車ゲーム（じゃんけんで負けた人が勝った人の後ろにつく）（じゃんけんをする）		rock, scissors, paper, round, swish, honk, up and down

2年生

単元	導入	展開1	展開2	言語材料
「遠足で見た動物を紹介しよう」	歌："Hello Song" 活動： 1. *Brown Bear* を聞く 2. 動物の名前を知る	・Gesture Game（聞いて動く・目標センテンスを模倣する）	遠足で行った動物園で、見た動物の絵を描き見せながら、目標センテンスを一部変え発表する "Yumi, Yumi, what do you see?" "I see a panda."	Brown Bear, Brown Bear, what do you see? I see 〜.
（発展単元）「Swimmyになろう」	活動： 1. *Swimmy* を聞き、内容の確認をする 2. 海の生き物の名前を知る	Swimmyに出会った動物を聞き、ALTが答えた生物のジェスチャーをする、また、"A big fish!" と聞いたらHRTの所へ行く		Swimmy, Swimmy, what do you see? eel, tuna, lobster, seaweed
「Monsterを作ろう」	歌："Head Shoulders" 活動： 1. *From Head to Toe* を聞く 2. 体の部位の言い方を知る	Monster Says Game（Simon Says Gameと同じ、間違えるとMonsterに食べられる）（聞いて動く）	Monsterの顔を作り、目標センテンスの一部を選択しながら紹介、はそ発表する	head, shoulder, eye(s), ear(s), mouth, nose, one two, three, four, five Our monster has 〜.
「クリスマス」	歌："We Wish You a Merry Christmas" 活動： クリスマスに因んだ語彙を知る	・Keyword Game（聞いて動く） ・Christmas Basket（目標センテンスを模倣する）		star, snowman, bell, socking, reindeer, cake, Christmas tree, present, candy cane
「じゃんけんバス」	歌："Wheels on the Bus" 活動： 1. 歌の擬音部分を模倣し歌う 2. じゃんけんの言い方を知る	・じゃんけん列車ゲーム（じゃんけんで負けた人が勝った人の後ろにつく）（歌の擬音部分を模倣し歌う）	・バスに乗った時にどんなものがどんな音を出すか考える（JTEとALTで替え歌を作る）、歌う	rock, scissors, paper, round, swish, honk, up and down

1年生と2年生の単元名が一致しているものが多いが、2年生では上記に示した通り、展開2の目標センテンスを目的に合わせて一部変えたり選択したりしながら発話する活動を含んでいるものが多かったり、使用する言語材料がやや多くなっているものがある。例えば、1年生では、単元「遠足で見た動物を紹介しよう」以外の単元では展開1で単元を終了しているが、2年生「クリスマス」以外の単元（「遠足で見た動物を紹介しよう」「Monsterを作ろう」）において、目標センテンスを目的に合わせて一部変えたり選択したりし発表を行っている。（単元「じゃんけんバス」では、目標センテンスに入る部分の擬音を考え、それ以外の部分はJTEとALTが歌詞を作り直し、それを歌うことを単元の最終としているので展開2の通常の活動とは異なる。）

また、単元「遠足で見た動物を紹介しよう」では、1年生の発表における目標センテンスは、自分の描いた絵を見せながら "I see a/an (動物名)." だが、2年生の発表では、発表者に対してその他の聴衆である児童達が "(発表者名), (発表者名), what do you see?" と問いかけ、発表者が自分の描いた絵を見せながら "I see a/an (動物名)." と答える形で発表する。

この違いは、2年生の方がよりことばによる相互交渉を活動の中に取り込み、ことばの機能を意識させるためである。このように徐々に英語を自分らしく使うことができるように学年ごとに計画を立てているのである。

3年生

単元	導入	展開1	展開2	言語材料
「サラダを作ろう」	歌："Hello Song" 活動：クイズ "What's in the bag?" クイズの出し方を確認し、野菜の名前の言い方を知る	・買い物に必要な言い方を知り、模倣する	サラダを作るため目標センテンスの一部を選択しながら買い物をし、自分のサラダを発表する	Please～dollars. Here you are. Thank you. This is my salad, ～, ～, and ～.
「私たちの絵本『The Very Hungry Caterpillar』を作ろう」	歌："Are You Hungry?" 活動： 1. The Very Hungry Caterpillar を聞き、内容の確認をする 2. 食べ物の言い方を知る	・Bingo Game（目標センテンスを聞いて動き、模倣する）	目標センテンスの一部を選択しながら、オリジナル The Very Hungry Caterpillar をALTと共にストーリーテリングする	apple, pear(s), plum(s), strawberry(ies), orange(s)
「The Very Busy Spider をやってみよう」	歌："Spider Song" 活動： 1. The Very Busy Spider を聞き、内容の確認をする 2. 動物とその鳴き声を知る	物語に出てくる動物の鳴き声を模倣する	役割に分かれてクラス全員でchantし物語を語る	Let's play together. No, I'm very busy.
「クリスマス」	歌："We Wish You a Merry Christmas" 活動： クリスマスに因んだ語彙を知る	・Keyword Game（聞いて動く） ・Christmas Basket（目標センテンスを模倣する）		star, snowman, bell, stocking, reindeer, cake, Christmas tree, present, candy cane
「これなんだ」	クイズ "What's this?" を楽しみ、目標センテンスの言い方を知る	クイズ作成のために目標センテンスを模倣する	折り紙でtrickを作り、互いに楽しむ	～ please. What's this? It's～. That's right/wrong.
「身体の部位」	歌："Head Shoulders" 活動： From Head to Toe を聞き、体の部位の言い方を確認する	・Simon Says Game（聞いて動く）		head, shoulders, neck, arm(s), hand(s), chest, back, hip, knee(s), leg(s), foot(feet)
（発展単元）「Hokey Pokey」	活動： 歌 "Hokey Pokey" を聞く	歌に沿って体を動かしながら歌う	歌詞を変えて歌いジェスチャーをする	in, out, right hand, left hand

3年生の単元は、1年生や2年生に比べて、展開2を多く設置し、児童一人一人が単元の目標に合わせてセンテンスを一部変えたり選択したりしながら、言語を使用する場面をより多く取り入れている。例えば、2年生の展開2では、文の中の一部分を言い換える（単元「遠足で見た動物を紹介しよう」や発展単元「Swimmyになろう」）のみであったが、3年生の単

元「サラダを作ろう」では、サラダを作るために必要な材料を買うために英語を使用したり、単元「これなんだ」では、描かれている絵を推測するためのヒントを見せてくれるよう相手に伝えるために、英語を使用してやりとりをすることで、ことばの機能面をより実感できるように目標センテンスの繰り返しを行っている。一方、「私たちの絵本『The Very Hungry Caterpillar』を作ろう」「The Very Busy Spiderをやってみよう」の単元は、チャンツを用いたストーリーテリングを通して英語の言い回しや英語特有のリズムや音声に触れる活動であり、児童が繰り返しを楽しめるように作成されている。

4年生

単元	導入	展開1	展開2	言語材料
私の絵本『The Very Hungry Caterpillar』を作ろう」	歌："The Days of the Week" 活動： The Very Hungry Caterpillarを聞き、内容の確認をする	物語を聞きながら、目標センテンスを模倣する	The Very Hungry Caterpillarに沿い、グループで好きな食べ物を入れて絵本を作り、目標センテンスの一部を選択しながら発表する	On Monday, he ate～. Tuesday, Wednesday, Thursday, Friday, Saturday, Sunday
「面白い顔を作ろう」1	歌："Head Shoulders" 活動： 1. 体の部位の名前を確認する	・Simon Says Game（聞いて動き、目標センテンスを模倣する）	・福笑いゲーム（目標センテンスの一部を選択し相手に伝えてゲームを行う）	head, eyes, eyebrows, nose, ears, mouth, up, down, right, left
「面白い顔を作ろう」2	歌：Bingo 活動： 1. From Head to Toe 体の部位の名前を確認する 2. 形の言い方を確認する		・Information Gap Game（ペアで互いに描いた顔を目標センテンスの一部を選択しながら伝え合う） A nose is heart. Eyes are stars.	head, eyes, eyebrows, nose, ears, mouth, circle, triangle, star, square, diamond, heart
「スポーツ」	活動： 1. Guessing Game（各教員が好きなスポーツを推測する） 2. スポーツの名前を確認する	・Missing Game（聞いて動く）	・Sign Game（どのスポーツが好きかを目標センテンスの一部を選択しながら聞き、ワークシートにサインをもらう）	volleyball, soccer, baseball, table tennis, basketball, tennis, swimming
「数」	歌："Seven Steps" 活動： 1. 1～20の数え方を知る	・Clapping Game（手をたたいた数を模倣しながら数える） ・Missing Game（聞いて動く）	ペアビンゴゲーム（ペアをみつけじゃんけんで、勝った人が目標センテンスの一部を選択しながら自分に必要な数を言う）	one, two, three, four, five, six, seven, eight, nine, ten, eleven, twelve, thirteen, fourteen, fifteen, sixteen, seventeen, eighteen, nineteen, twenty
「Three Little Pigsをチャンツで歌おう」	活動： 1. Three Little Pigsを聞く	・Pig Basket Game（聞いて動く） ・Chantのリズムに合わせて模倣しながら歌う	各パート、シーンに分かれてやりとりの形でchantし、一つの劇に仕上げる	

4年生では、単元のすべてにおいて展開2まで行う。例えば、単元「私の絵本『The Very Hungry Caterpillar』を作ろう」では、目標センテンスを一部言い換えて発表したり、単元「面白い顔を作ろう」1、「面白い顔を作ろう」2、「数」では、ペアワークで必要に応じて選択肢から選んでやりとりを行っている。各単元のこれらの活動は、ある条件の下での言語使用練習であり、児童が模倣や繰り返しを有意味に行うための手立てとして用いている。また、単元「Three Little Pigsをチャンツで歌おう」では、ジャズ・チャンツのリズムにのせたクラス全体で行うストーリーテリングであり、英語特有のリズムやイントネーションと共に、本物の英語そのままに繰り返しながら親しむようにしている。

以上のように、1年生では、導入の「聞く・模倣する活動」と展開1「聞いて動くおよび目標センテンスを繰り返す活動」から成っていた単元がほとんどであったが、2年生、3年生、4年生と学年を追うごとに展開2「目標センテンスを目的に合わせて一部変えたりしながら発話する活動」まで発展する単元が徐々に多くなっている。これは、児童の認知的発達に沿わせ、活動中の目標センテンスを使用する場面を徐々に多くさまざまにすることで、目標センテンスの繰り返しに意味を持たせ、自分らしく適宜使用できるためのレディネスを作るのである。愛日小学校では、このような4年間の外国語活動の上に、5～6年生の外国語活動が行われるのである。

(2) 5～6年生

5～6年生の外国語活動は、1年間に2～3回程度行われる「プロジェクト型の活動」と、そのためのレディネスを作る「英語の音声・語彙・表現に慣れ親しむ活動」からなる。前者では、それまでに行われてきた全活動で触れた表現を児童たちが自ら工夫して言語を使用する問題解決や創作的に活動することを目的としている。そのために、後者では、言語材料を様々なアクティビティを通して組み入れ模倣や繰り返しをするため『Hi, friends!』と『英会話たいそう』（松香、2000）を活用している。『Hi, friends!』においては、原則的にLessonの若い方から使用しているが、年間計画において「プロジェクト型の活動」の目標に沿って適宜入れ替えて使用している。『英会話たいそう』にある3文から5文を組み合わせての対話型のやりとりでできたDansinglishは、毎回の外国語活動の前半に帯活動として導入している。取り上げるモデルの会話は、1年間で5～7組ほどであり、どのモデルも文脈がわかりやすい。児童は、モデルになる会話を模倣し、5～7分程度ペアワークにて練習し、"Show Time"で数名のペアが発表する。モデルの会話の中に自分なりの表現を入れ替えたり加えたりすることもあり、児童たちは楽しんでDansinglishを行っている。以下、5～6年生で行われる『Hi, friends!』とDansinglishの言語材料とそれを利用したアクティビティである。

・5年生

	Hi, friends! 1	Dansinglish	Activities
1学期	**Lesson 1** Hello. My name is ～. Nice to meet you. Japan/Australia/Korea/Russia/France/ China/India/Finland/America/Kenya/Brazil 国名	- Where are you from? - I'm from Japan.	国名チャンツ マッチングゲーム
	Lesson 2 How are you? I'm happy/sleepy/hungry/fine.	How are you? - I'm hungry. - Here you are. - Thank you.	伝言ゲーム
	Lesson 4 I like apples. cherries, apples, strawberries, lemons, bananas, pineapples, peaches, grapes, oranges, melons, kiwi fruits, ice cream, milk, juice 食べ物	- Do you like sushi? - Yes, I do. How about you? - Me too.	Banana & Monkey Game Game "Who am I?"
	プロジェクト「Let's have lunch」3単位時間		
2学期	**Lesson 6** What do you want? apple, book, baryon, drum, egg, fish, gorilla, hat, ink, jet, king, lemon, monkey, notebook, orange, pig, queen, rabbit, sun, tree, umbrella, violin, watch, box, yacht, zero Alphabet letters: A, B, C, D, E, F, G, H, I, J, K, L, M, N, O, P, Q, R, S, T, U, V, W, X, Y, Z	- Ouch! - Are you all right? - Yes, I'm all right.	「クラスの旗をグループでつくろう」
	Lesson 5 What do you like? pink, black, white, light blue, green, orange, purple, orange, colorful, heart(s), triangle(s), star(s), circle(s) 形		
		- Hi. Are you ready? - Not yet. - Hurry up. - Wait. Bye.	「劇・大きなかぶ」
	プロジェクト「Make a story, "What are you pulling?"」5単位時間		
3学期	**Lesson 7** What's this? It's a/an triangle/ fish/recorder/notebook/eraser/glove/beaker/bird/textbook/piano/mat/bat/cap/map/apple/ruler/tomato/globe/fring pan/cup/microscope/eggplant/brush/flower/dog/guitar	- Excuse me. - Yes. - What's this? - It's a *durian*.	

Lesson 8 I study Japanese. Sunday, Monday, Tuesday, Wednesday, Thursday, Friday, Saturday Japanese, science, English, P.E., math, social studies, music, calligraphy, arts and crafts, home economics 教科	- What's your favorite food? - I like natto. - Why? - I don't know.	Missing game
プロジェクト「Make a story, "Four Blind Mice"」5単位時間		

　5年生では、おおよそ『Hi, friends!1』のlessonに沿って外国語活動を進めている。さらに、Dansinglishにおいても『Hi, friends!1』で使用されている言語材料におおよそ適合した2～3回のやりとりからなる会話を取り上げ、ペアワークを通して言語材料に慣れ親しむようにしている。さらに、アクティビティでは、それらの言語材料を使用するゲームをしたり、クイズや劇を作ったりするが、模倣や繰り返しを目的とするものであり、「英語の音声・語彙・表現に慣れ親しむ活動」とみなすことができる。

　一方、各学期の最後にはそれまでの「英語の音声・語彙・表現に慣れ親しむ活動」で学習した言語材料をもとに、「Let's have lunch」(1学期)、「Make a story, "What are you pulling?"」(2学期)、「Make a story, "Four Blind Mice"」(3学期) の「プロジェクト活動」を行っている。以下、各プロジェクトの詳細内容である。

・プロジェクト「Let's have lunch」
　目標：Do you like～?を埋め込み、ストーリー性のあるダイアローグを作り発表する
　活動：1. クラスでDansinglishで学習したモデル会話を復習する
　　　　2. ペアでDo you like～?を埋め込んだストーリー性のあるダイアローグを作る
　　　　3. ジェスチャーを交えて練習をする
　　　　4. 発表する
・プロジェクト「Make a story, "What are you pulling?"」
　目標：オリジナルの物語 "What are you pulling?" をグループで作り、劇にして発表する
　活動：1. 前単元の「劇・大きなかぶ」で使用した表現を復習する
　　　　2. グループで「引っ張るもの」を決め、ストーリーを作る
　　　　3. 2で決めたストーリーに沿い、動作をしながら英語のセリフを考え練習する
　　　　4. 各クラスで練習する
　　　　5. 全クラスでそれぞれのグループの劇 "What are you pulling?" を鑑賞する
・プロジェクト「Make a story, "Four Blind Mice"」
　目標：オリジナルの物語"Four Blind Mice"をグループで作り、紙芝居にし、低学年に読み聞かせにいく
　活動：1. 英語の絵本Seven Blind Miceを聞く
　　　　2. モデルの物語を聞き、どのような物語（何を触るか）にするかを決める

3. 英語の絵本 *Seven Blind Mice* の構成と表現を利用し、紙芝居に使用する絵の構成と英語のセリフを考え練習する
4. 各クラスでそれぞれのグループの紙芝居 "Four Blind Mice" を発表する
5. 低学年に読み聞かせにいく

・6年生

	Hi, friends! 2	Dansinglish	Activities
1学期	Lesson 1 Do you have "a"? one, two…one hundred, penguin, panda, tiger, elephant, bear, monkey giraffe, bird, apple, tree, balloon, ball Alphabet letters: A, B, C, D, E, F, G, H, I, J, K, L, M, N, O, P, Q, R, S, T, U, V, W, X, Y, Z a, b, c, d, e, f, g, h, i, j, k, l, m, n, o, p, q, r, s, t, u, v, w, x, y, z	Oops. - What's the matter? - I forgot my book. - Use this.	ローマ字の練習 名札に名前を書く Song YMCA（体で文字を作る） 聖徳太子ゲーム 身の回りのアルファベットを探す
	Lesson 6 What time do you get up? 1-60	- What time is it? - It's 〜. - I have to go. See you	
	Lesson 4 Turn right/left, go straight, park, school, bookstore, restaurant, police station, convenience store, flower shop, supermarket, department store, hospital, fire station, post office, station	- Excuse me. - Yes. - Where is the telephone? - It's over there. - Thank you.	
2学期	Lesson 3 I can swim. Can you 〜? play baseball/soccer, table tennis/kendama/badminton/basketball ride a unicycle play the piano/the recorder, cook	- I can play the piano. - Wow. - How about you. - No, I can't.	Who am I? クイズ
	プロジェクト「Future Store」6単位時間		
	Lesson 5 Let's go to Italy. This is 〜. pyramid, the Sphinx, Egypt the Great Wall, China Ayers Rock, Australia the Statue of Liberty, America Mont Saint Michel, France Iguazu National Park, Brazil I want to see 〜. Where do you want to see/go?	-Atchoo. - Bless you. - Thank you. Pass me the tissues. - Here you are.	国旗クイズを作る

3学期	世界七大陸 My name is 〜. I'm from 〜. It's 〜 o'clock in the afternoon. It's fine. Here in 〜, you can 〜. Please come to 〜. Thank you. Sydney, Australia, Sao Paulo, South America, Gondar, Africa, Jakarta, Asia, New York, North America, Oslo, Europe		マッチングゲーム 大陸パズル
	プロジェクト「World Report」6単位時間		

　6年生においても、5年生同様『Hi, friends!2』とDansinglishで使用されている言語材料にペアワークなどを通して慣れ親しみながら模倣や繰り返しができるようにしている。さらに、アクティビティでは、児童がそれらの言語材料を有意味に繰り返すことができるようにゲームやクイズ作成を取り入れている。一方、6年生では5年生に比べ「プロジェクト活動」にかける時間が多くなっているため、この「英語の音声・語彙・表現に慣れ親しむ活動」は、やや少なくなっている。また、これら「英語の音声・語彙・表現に慣れ親しむ活動」と学期末に行われる「プロジェクト活動」は言語材料において、おおよそ関連している（Dansingishにおける最終モデル会話 "Atchoo", "Bless you.", "Thank you. Pass me the tissues.", "Here you are." は単元の言語材料において関連はない）。また最後から2番目の単元である「世界七大陸」（『英語で国際理解教育』、小学館）は『Hi, friends!2』には含まれていない。

　6年生においては、外国語活動の配当時間割の都合上プロジェクトは2学期の半ばと3学期の2回のみ行われるが、5年よりも聞き手を意識した活動となっている。以下、各プロジェクトの詳細内容である。

・プロジェクト「Future Store」
　目標：100年後に売られている未来の商品を考案し、活動中にお店を開き売る
　活動：1. 100年前の人たちが100年後、つまり現在がどのようになっているかを想像し考案した商品を紹介し、100年という年月の長さを児童たちに実感させる
　　　　2. 100年後の世界を創造し、何があると便利であるかを考え、商品を開発する
　　　　3. その商品があるとなぜ便利なのか、それを聴衆であるクラスメイトに英語でどのように表現したら分かるか考え、売り方をリハーサルする
　　　　4. お店を開き、売る

・プロジェクト「World Report」
　目標：世界各地の地域や天気、名所をグループ内で、リレー形式でリポートする
　活動：1. リポートする場所を選ぶ
　　　　2. 1で選んだ場所について何を伝えたいかを調べ、その国旗を作る
　　　　3. それを聴衆であるクラスメイトに英語でどのように表現したら分かるかを考え、リハーサルする。また、次のリポーターに繋ぐ練習をする
　　　　4. リレー形式でリポートしたものをグループごとにビデオに撮る
　　　　5. ビデオをクラスで鑑賞する

5.2.4.5 おわりに

　愛日小学校の外国語活動では、言語を使って問題解決や創作活動である「プロジェクト活動」を行うためのレディネスを作る活動の重要性に注目し、英語のリズムを体感し、音声に慣れ親しむことを中心にした「英語の表現や語彙に触れる活動」を十分に取り入れている。そのため、1年生から4年生までは、各単元に目標センテンスを聞いて動くおよび目標センテンスを模倣する活動である展開1や目標センテンスを目的に合わせて一部変えたり選択したりしながら発話する活動である展開2を適宜配置し、活動中に目標センテンスに何度も触れ、繰り返しをしている。

　5～6年生では、基本的に『Hi, friends!』に沿い、さらに日常よく使用される決まり文句を組み入れたDansinglishを取り入れ、「英語の表現や語彙に触れる活動」の拡充を図っている。これは、東野・高島（2011）、高橋（2003）、そしてYamaoka（2006）が述べる通り、英語の表現や語彙に触れ、それらの模倣や繰り返しをすることが、内容を伝えるコミュニカティブな活動を支えるために、非常に重要だからである。また、1年生から行ってきた「英語の表現や語彙に触れる活動」で学習してきた表現や語彙を適切に活用する機会である「プロジェクト活動」を年間2～3回程度取り入れ、言語を使って問題解決や創作活動を行っている。プロジェクトはすべてグループで行われ、そこで使用される言語表現は、モデルになるセンテンスは存在するが、どの順序で、どのようにそれを使用するかは、各グループの児童の話し合いによって決められていく。例えば、5年生プロジェクト「Make a story, "What are you pulling?"」では、物語「大きなかぶ」を土台として作っていくが、「UFOが地球に激突して抜かなければならなくなった話」や「空に舞い上がった風船に引きずられた人を助けるためにその人の足を引っ張る話」、また「リンゴに刺したナイフが抜けなくなった話」など児童によって多種多様に話の文脈が拡げられてきた。また、5年生プロジェクト「Make a story, "Four Blind Mice"」では、土台になる絵本 Seven Blind Mice でネズミたちが「象」を触っていたのに対し、児童たちの作り上げた絵本では、ネズミたちは、「スポンジボブ（アニメーション主人公）」、「電話」「扇風機」を触っていたり、"Four Blind Monkeys" と主人公をネズミではなくサルにして、物語そのものを作り上げる工夫に取り組んでいた。

　6年生プロジェクト「Future Store」では、「背が伸びるドリンク」「やる気スイッチ」など、児童自身に密着した商品を開発していた。また、最後のプロジェクトである「World Report」では、内戦中の地域から銃弾をよけながらリポートしていたり、好きなバスケットボール選手を紹介するためにアメリカを選んでリポートしたり、グループで食べ物を特集しリポートしたりしていた。また、プロジェクトに使用された地域も世界各地に及んでいた。「Future Store」での商品開発も「World Report」でリポートすることも、児童は本当のこととして捉え楽しんでいた。

　以上見てきたように、児童のプロジェクトに取り組む姿はとても熱心であり、また活動そのものを楽しんでいる。これは、1年生からALTとJTEが外国語活動に同席するので外国語活動中に十分なインプットがあること、愛日小学校に在校している児童には、渡航経験者が

多く、また海外で仕事をしている保護者が多いことなどが関係していると思われる。愛日小学校の児童たちにとって、英語は実際に自分自身や保護者など身近な人が使用している身近なものなのである。よって、児童たちは、外国語活動中に、日常よく使用される英語の決まり文句に関心を寄せ、積極的にペアワークをしたり、世界のニュースを題材に活動を作り上げたりできるのである。つまり、英語を学習する周辺的な知識と動機づけがしっかりしているということである。

しかしながら、EFLの環境にある日本での外国語学習、特に小学校外国語活動において、自主的な創作活動（タスク活動）を行う場合、どうしても語彙不足や基本的な文構成の知識不足に引きずられ、なかなか思うような言語使用ができないことがしばしば起こる。これを克服するために、「英語の表現や語彙に触れる活動」において基本となるフレーズや語彙を繰り返しインプットしておくこと、模倣や繰り返しの練習を十分にすることで、児童たちが活発な言語使用ができると思われる。そのためにも、児童の実態に合わせたアクティビティを適切に選び行うことが大切であると思われる。

（執行智子）

第6章 中学・高校教員の視点から見た初等英語

本章では、中学校あるいは高校の教員から見た小学校英語を考える。筆者たちはすべて学生時代に、津田塾大学の初等英語「学生プロジェクト」に参加して授業実践を経験した。それぞれがどのように小学校英語と関わり、現在の中学や高校での実践にどのような影響を与えているかを述べながら、経験した者だからこそ言える小学校英語のあり方について提言したい。

6.1 高校教員として小学校英語を考える

6.1.1 はじめに

物心ついたときから漠然と教員になろうと思っていたが、高校教員になろうと具体的に考えたのは、高校生の時だった。大学3年次に、ひょんなことから友人に誘われ小学校英語に関心のある人たちの集まりに参加したことがきっかけで、学生プロジェクトの一つとして、実際に小学生に対して授業を行うことになった。そのうちに小学生の素直な表情やリアクションに魅せられ、小学校英語に関わっていきたいと思うようになっていった。その後、ボランティアとして公立小学校の授業に参加したり、実際に私立の小学校に勤めて教科として英語を教えてみたりもした。そのような経験は、現在の勤務校において、英語教育に対する見方から日々の授業、そして生徒への接し方に至るまで、今でも大きな影響を与えてくれている。ここでは、筆者と小学校英語との出会い、そして実際に小学校での授業を振り返って思うこと、最後に高校の教員として授業を行っていく中で、小学校英語に対して感じることを述べていく。

6.1.2 小学校英語との出会い

小学校英語に出会ったのは、平成15年（2003年）、大学3年生の時だった。大学で夏に5日間、地域で英語に興味のある小学生を対象に行う集中英語プログラムに参加したことが始まりだった。その時は、英語のみで教える先生が一人いて、筆者を含め何人かの学生はいわばアシスタントの立場で参加していた。児童たちをいくつかグループに分け、その1つのグループを任され、日本語で補佐しながらワークシートを埋めたり、最終日に発表するスピーチの練習をしたりした。スピーチの内容は、自分の名前や電話番号、好きなものや嫌いなものの言い方などであった。

この授業は、task-based instruction や content-based instruction のような教授法に基づいてすべて英語で行われるが、そのような指導法を目の当たりにするのは初めてだった。すべて英語で行っても児童たちは指示内容や求められていることを十分理解しているのだということも目の当たりにした。また、児童たちが臆することなく英語を発したり、素直に純粋にインストラクターの英語を真似たりする過程を見て、早い時期に語学を学習することのメリットの一つはここにあるのだと感じた。

　児童たちの反応の中で、今でも鮮明に覚えている場面がある。好きな食べ物や嫌いな食べ物を扱う授業のことだった。子どもが思い浮かべるものと言えば、果物や野菜、魚肉くらいだろうから何とかなるとタカをくくっていた時、ある女の子から「ナメコが嫌いだけど、何て言うのかな？」と聞かれた。全く予想しなかった単語を言われ、英語でどう言うのか知らなかったので、辞書で確認し"nameko mushroom"と言うことを教えた。その子と「英語でもそのまま呼ぶんだね」と笑ったのを覚えている。この出来事は、筆者にとって大変衝撃的な出来事として記憶されている。と同時に、このことから、小学生に英語を教えるということは、自分の知っていることや教科書に書かれていることを教えればよいというわけではないということを学んだ。好きなものの言い方1つとってみても、何を聞かれるか分からないため、自分の語彙力や知識の量を試されているような気がしたが、逆にそこに魅力を感じた。

　児童の反応ももちろんのことだが、task-based instruction（2.4参照）や content-based instruction（2.3参照）のような教授法に基づいてやり方を工夫すれば、全て英語で授業を行っても機能することを確かめたくて、夏期短期講習のような形ではなく、実際の小学校の授業現場を見てみたいと思うようになった。

6.1.3 「学生プロジェクト」の「出張授業」を体験して

　最初に公立小学校の授業にアシスタントとして参加したのは平成15年（2003年）だった。その年は、前年に行われた学習指導要領の改訂に伴い「総合的な学習の時間」が新たに加えられ、その一つに外国語活動を行うことができるようになった年であった。改訂されて間もなかったため、教える人も、内容も、教材も、頻度もまだきちんと確立しておらず、各学校に任されているところが多い状態だった。多くの公立小学校では、学期に3〜4回集中して英語活動の時間が組まれ、担任やALT、日本人英語講師が授業に携わっていた。日本人英語講師は、当時の筆者のような英語を学んでいる学生であったり、英語が堪能な地域の方々や保護者であったりさまざまだった。その中で、地域の小学校から依頼を受けた筆者たちは、各学校が求める授業内容や頻度に合わせて、授業プランを作って授業を行った。学校ごとに雰囲気も違えば、学年も児童の人数も違う。教科書があるわけではないので、教材はすべて手作りである。各学校からのニーズにできるだけ合わせながら、どんなテーマでどんな英語表現を組み込もうか、お互いに意見を交わしながら形にしていった。何が正解なのか分からない中で、絵本をベースにした授業を作ってみたり、歌やダンスを中心にした授業にしてみた

り、劇を取り入れたり、いろいろなことをやってみた。その中で大事にしていたことは、大学生・大学院生だからこそできる独創性を発揮し、インパクトがあり、かつ児童が楽しんで英語活動を行えるようにすることだった。児童にとって、筆者たちは学期に2、3回限りの授業を行うゲスト先生のようなものである。そのせいか、大部分の児童たちは普段とは違う授業スタイルに興味を示してくれ、好意的に私たちを受け入れてくれた。児童の指導に関しては、一緒に授業に参加している担任がすべて行うため、アシスタントの学生たちは児童が英語に対して興味を持てるように、用意してきた授業を行うことに集中できた。

6.1.4 私立小学校における教科としての英語の授業を経験して

その後、私立小学校で非常勤講師として2年間勤める機会があり、4年生から6年生まで担当した。筆者が勤務した学校は、英語が教科の一つとして組み込まれており、ほぼ1週間に1回授業があった。最初は、いろいろなことができると意気込んでいた。しかし、実際やってみると公立小学校への出張授業とはまるで違っていた。例えば、1年間でどんな力をつければよいのか、それをどのように評価をしていけばよいのか、学年ごとにどのようにつながりを持たせればよいのか、英語活動では見えなかった課題・問題が生じてきた。また、勤務校は専科制だったため、公立小学校での出張授業で、担任に任せきりだった児童の指導も筆者がしなければならなくなった。例えば、授業に集中できていない児童がいれば注意をし、ゲームでヒートアップしてけんかに発展した児童たちがいれば彼らをなだめ、移動教室に遅れてきた児童や提出物が出ていない児童に対しては、遅れないように指導をしなければならなかった。このときほど、担任の存在の大きさを痛感するときはなかった。担任は、常にその児童と一番近い距離で関わっているため、注意1つとっても、どんな仕方が良いのか一番よく分かっている。一度、担任を授業に迎え、児童の発表を見てもらう機会を設けた。すると、普段は授業にそれほど真面目な態度を示さない児童も、担任が来るとあって、その日は意欲的な態度で授業を受けた。また担任が一緒に歌を歌ったりゲームに参加したりしている姿を見て、児童は普段と違う表情を見せていた。このことは、児童にとっても、担任が特別な存在であることを示していることを痛感させられた出来事だった。

6.1.5 高校教員として小学校英語を考える

6.1.5.1 音声面でのメリット

現在は、高校教員として英語を教えている。幼稚園から大学院までの一貫校に勤務しており、小学校から上がってくる生徒はすべて小学校時代に英語を履修している生。その生徒たちを見て感じることを書いてみたい。

1点目は、もちろん程度の差はあるが、「英語表現Ⅱ」でのスピーチや英語でのフリートークへの抵抗が少ない。高校生にもなると、文法の間違いを気にしたり、周りの反応を気にし

たりするようになり、英語を発話することに消極的になりがちだ。しかし、早いうちに英語によるインプット・アウトプットを経験しているため、リスニング力や積極的な態度は高い傾向にある。

　２点目は、教師側がcontent-based instructionの視点から組み立てた授業にも柔軟に対応し、英語での教師とのやりとりも臆せずできる。さらに１人１人音読をさせる際に感じるのは、生徒たちの発音が良いことである。これは、小学校時代にフォニックスの授業を受けているため、既に発音の素地ができていると考えられる。

　こうした点から、早期英語教育は高校生となった生徒たちの音声面や態度に、良い影響を与えていると感じる。

6.1.5.2　小学校英語と中学・高校の英語の連携に思うこと

　小学校の外国語活動が必修化され、それに伴って、中学・高校のあり方も変えていかなければならないことは必至である。その中で教え方と共に評価面での連携も見直す必要があると考える。現時点での外国語活動の評価の観点は「コミュニケーションへの関心・意欲・態度」、「コミュニケーションに関心をもち、積極的にコミュニケーションを図ろうとする」こととされている。この背景には、英語学習に必要な十分な素地をつくるためということもあるが、英語嫌いを生みださないようにとの配慮もある。現段階は、必修化がまだ始まったばかりであるため、そのような情意的な評価も外国語学習においては必要な側面である。

　しかしその一方で、中学校との連携において、小学校にも技能面の向上を求める意見が強いのも事実である。中学校では、小学校までの関心・意欲・態度の他に、「外国語表現の能力」、「外国語理解の能力」、「言語や文化についての知識・理解」の新たな観点が加わる。この評価への移行が英語嫌いの生徒が増えたり、落ちこぼれてしまう生徒が出たりする要因の一つとなっている。それを解決するために、小学校英語でも、技能面に焦点を当てた具体的な目標を設定する必要があると考える。現にNHK英語番組では、CEFR（Common European Framework of Reference）に準拠したcan-doリストに基づきレベル設定をしている。CEFRでは、A1レベルからC2レベルまで6段階にわたり、言語熟達度を示す基準を設けているが、小学校段階にあたる『プレキソ英語』（2014年11月現在）というNHKテレビ英語講座では、A0レベルという独自の基準を設定して、「ごく簡単な表現を聞き取れて、基本的な語句で自分の名前や気持ちを伝えられる」という到達目標を設けている。また、ARCLE編集委員会（ECF [English Curriculum Framework] の理念や理論を実証的に研究開発することを目的とした研究組織）の作成した幼児から成人までの英語教育の枠組みでは、年齢やレベルごとに到達目標を設定し、各ステージでどのくらいの語彙数を理解し、どのようなことができるかが細かくリスト化されている。もし、小学校段階で技能面に則した評価がなされれば、小学校から大学まで一貫して４技能による評価がなされることにより、語彙や文法項目など言語材料の数も増え、それらを余裕を持って扱うことができるのではないか。そうすれば、小中の連携もさることながら、急に語彙数・文法項目が増えて難しくなりつまずく生徒が多くな

る高校1年生〜2年生の段階もスムーズにいくことができるかもしれない。

　さらに、現状の日本の英語教育で起こっている問題の一つとして、学習者の認知レベルと運用能力のギャップがある。高校生であれば、他教科では相当高度な内容を学習できるほどに認知レベルが高いにもかかわらず、英語の知識やスキルが認知レベルに見合わない状態が起きている。その背景には、英語のインプット技能とアウトプット技能のギャップが関係していると考える。例えば、高校の読解教材では、地球温暖化や森林伐採などの地球環境問題はよく扱われる内容である。したがって、その題材の中の難しい単語や専門用語は既に学んでいるはずである。さらに、他教科でもそのような題材は扱っているため、生徒たちはそれらの背景知識を基にさまざまな考えを持っている。しかし、その一方でディスカッションやスピーチなどの発話の授業になると、そのような硬いテーマを扱うことがほとんどなく、制服があるほうがよいかないほうがよいか、などのような認知レベルより大分やさしい題材で話すことが多い。加えて、文法においても、仮定法や分詞構文のような難しいものも文法問題や読解の文章によく登場する。しかし、発話となると、中学段階での文法項目で会話が済ませられるため、せっかく習ったそれらの文法も使用する頻度がほとんどなく、発話面で定着する機会が少ない現状がもったいない。

　また、大学入試では難解な英文を読解する力が要求されるために、日本の高校生は母語話者の子どもが早いうちに習得する日常的な語彙は知らず、一方で抽象的な語彙には詳しい、いびつな形での語彙・表現の習得が起こる。小学校段階で英語の日常的な語彙が豊富に導入されれば、発達段階に合わせて具体的なものから抽象的なものへと、もっと自然な形での語彙習得も可能になるのではないだろうか。

　いずれにせよ、今後の外国語活動の動きを見ながら、到達目標や成果、評価法に関して小学校教員のみならず、中学・高校・大学の教員も日本の英語教育が目指す方向性を議論していく必要があると考える。

（相澤美希）

6.2 「小学生英語のひろば」での学生プロジェクトの経験から

6.2.1 はじめに

　平成14年（2002年）の春休みに大学の掲示板で見かけた「春休みこども英語プログラムアシスタント募集」の張り紙をきっかけに、大学を卒業する平成18年（2006年）の春まで筆者は津田塾大学の学生を主体とする自主フォーラム「小学生英語のひろば」（以下「ひろば」）の一員として初等英語教育の活動に携わった。「ひろば」では英語の指導経験豊富なインストラクターのアシスタントとして小学生が英語を学ぶサポートをするだけでなく、実際に学生たちがプロジェクトを計画し、実践する機会が多くあった。個人的に最も印象深く残っているのは、大学生という立場ではありながら、当時筆者が習っていたフラダンス（以下「フラ」）を通じて英語を教えるハワイアン・プログラムというプログラムを立案し、3校の小学校でインストラクターとして英語の授業を行うという経験を積むことができたことだ。ここでは、ハワイアン・プログラムの実践を振り返り、学生時代の「ひろば」での貴重な経験が現在の高校英語教員としての実践にどのような影響を与えているか、また今後の小学校英語と中高の英語の連携について思うことを考えてみたい。

6.2.2 「ひろば」での実践

6.2.2.1 ハワイアン・プログラムの計画・準備

　「ひろば」の活動に携わり始めた平成14年（2002年）頃から、筆者はフラを習い始めた。はじめは運動不足解消程度のつもりだったが、フラについて詳しく知るにつれ、その芸術性だけでなくハワイ文化の誇りとしてのフラ、文字を持たないハワイ語の口承文化としてのフラに興味が湧いた。そしてハワイという土地とそこに暮らす人々が辿った運命的な歴史が、図らずも現在のハワイの文化と言語の多様性を生み出してきたというハワイの言語的な奥深さに惹かれ、言語教育や国際理解教育の題材としても面白いと感じたことがハワイアン・プログラムを実践するに至った経緯である。

　ハワイアン・プログラムは合計3回行った。1回目と2回目は平成15年（2003年）に2校の小学校で1日ずつ行い、3回目は平成17年（2005年）に前回までのハワイアン・プログラムを検証し、卒業論文としてまとめるために1回目と2回目のレッスンプランをハーバード大学のHoward Gardnerが提唱したMultiple Intelligences Theory（以下「MI理論」，2.2参照）を応用したものに修正し、最終的に3日間のプログラムとして実践した。

　最初にハワイアン・プログラムを計画するにあたっては、自分がハワイに興味を持っていたということもあるが、大学の「初等英語教育入門」の授業や「ひろば」でよく耳にしていた、TPR（Total Physical Response）・イマージョン教育（2.3.2参照）・Content-based Instruction（2.3.1参照）・Task-based Language Teaching（2.4参照）といったキーワード

をヒントに、子供に言語として英語を教えるというよりも、英語で何かを学んだり、英語を使って体を動かしたりすることが小学生の第二言語習得には有効なのではないかという漠然とした仮定から、英語で何かを学ぶ経験を小学生に提供したいと考えた。

小学校で実際に授業をする際には、児童のことを最もよく分かっている担任に相談したり、アシスタントとして授業を手伝ってもらう仲間の学生へ協力を要請し打ち合わせを重ねたりしながら、自分のレッスンプランを形にしていったわけだが、教育実習生ではない一大学生の立場で、ここまで主体的に教育現場で英語教育に携われた経験は大きな自信となった。また、プロジェクトの実践を通して教育とはひとりで行うものではなく、チームで協力しながら形にしていく、とても創造的で刺激的な活動であることを学ぶことができた。このことは、筆者が卒業後の進路として教職に魅力に感じた理由の一つである。

6.2.2.2 ハワイアン・プログラムの実践と振り返り

プログラムの最終的な実践内容は以下の通りである。
1) 簡単な挨拶や天気
2) 自己紹介
3) TPRゲームや体を使った英語の歌
4) ハワイアンクイズ
5) フラの練習
6) ハワイについての調べ学習の発表
7) フラの発表会

3日間の実践が終わった後、筆者は児童と学級担任にアンケートを実施した。MI理論を応用した英語授業はどの活動も概ね好意的に受け入れられていたが、活動別にみると9割以上の児童がフラの練習や発表会が楽しかったと解答し、次に7割の児童はハワイアンクイズが楽しかったと解答した。一方、英語を話すことや聞くことが楽しかったと答えている児童は6割程度に留まっていた。英語という言語を練習することに多少の難しさを感じた児童たちが、英語でフラの練習やクイズが行われていたにもかかわらず、あまり抵抗を感じずに楽しみながら英語に接することができたことは、「言語を学ぶ」のではなく「言語で学ぶ」ために内容を重視したハワイアン・プログラムの成果であったと言える。

また授業前と授業後に児童たちに、MI理論で提唱されている8つの知能領域（Linguistic, Logical, Musical, Visual-spatial, Bodily-kinesthetic, Interpersonal, Intrapersonal, Naturalist Intelligences）のうち自分はどれに当てはまるかについてアンケートを実施した。興味深いのは身体に関する能力が高いと答えた児童が増えたことと、対人能力が高いと答えた児童が増えた点である。集団で同じ振り付けを踊ったことと、複数名の学生アシスタントがきめ細かく児童に寄りそっていたことが、児童たちの対人コミュニケーション能力への自信を深めたのではないかと考えている。MI理論を英語授業に応用することにより、言語的な

能力だけでなく児童たちがすでに持っている自分たちのさまざまな能力に気づくきっかけを作ることができたのはないかと考えている。

6.2.3 高校英語教員として

6.2.3.1 「ひろば」での活動と高校教員としての実践との関わり

　こうして自分の大学時代の経験を振り返ってみると、現在の自分の教員としての根幹をなす部分が大学時代の「ひろば」の活動を通して形成されていたのだと改めて気づかされる。ここでは、「ひろば」での活動が現在の高校教員としての実践にどのように影響を及ぼしているか考えてみたい。

　1つ目には、「ひろば」の活動を通じて出会ったMI理論という考え方によって、目の前にいる生徒が、ひとりの人間として多様な可能性を秘めた存在であるということを認識することができた。そのことを念頭に置いて教師としてのスタートを切れたことは自身の教育活動に大きな影響を及ぼしている。筆者は平成18年（2006年）4月から長野県内の公立高校で英語を教え始めたが、当然生徒の中には英語が得意な生徒もいれば、得意でない生徒もいる。英語が苦手な生徒はもちろんだが、得意な生徒であったとしてもことばだけで英語を説明されてすぐに覚えるのは難しい。視聴覚的な補助や、音読練習、時には他の生徒とのペアワークやグループワークなど多様な活動を通じて英語を学んでいく必要があることは、「ひろば」の実践やMIという観点を通して体に染み付いているように感じる。

　そもそも筆者がMIという考え方を初めて知ったのは、卒業論文を執筆中に、多様なアプローチやアクティビティを用いる「ひろば」の実践は言語教育のみならず、包括的な教育として有用であるということの理論的背景を求めていた時だった。高校で教え始めてからも、英語の授業を通じて言語というスキルを習得するだけでなく、英語の授業を通じて国際理解やコミュニケーション能力を身につけられるような包括的な授業を目指しているのは、根底にMIという考え方があるからだと思う。

　2つ目には、訳読や文法の読解に終始する英語の授業ではなく、「ひろば」で目指していた"learn by doing"を高校でも行うよう心がけ、特に少人数での授業ではプロジェクトと発表を中心にした授業を行っている。ALTに自分の名前に使われている漢字の意味を英語で紹介するName projectやALTに市内のお薦めの場所を紹介するMap projectの他、Recipe projectでは実際にポットラック・パーティーを行い、生徒たちと実際にタコス作りを行った。学校に台湾からの高校生が来たときには日本文化を英語で紹介するなど、授業の中ではなるべく英語を使用する必然性を教室内につくり出すことで生徒の言語使用の機会を増やしている。年度当初はALT（外国語指導助手）を前にすると固まっていた生徒たちが、年度の終わりには教室の外でも自然にALTに英語で挨拶をするまでに成長した姿を見たときは感慨深いものがあった。

　最後に、「ひろば」の活動から学んだこととして、「ひろば」では当たり前に行われていた

仲間との活発なアイディアの交換、情報の共有、そして助け合いが、どれほど実際の学校教育の現場にとって大切で必要かということを日々実感している。折しも、平成25年（2013年）度施行の高等学校学習指導要領には「授業は英語で行うことを基本とする」との文言が明記されたことにより、従来の文法・訳読中心の授業からの脱却が叫ばれて久しい。個人的にこの方針は好意的に捉えており、高校の英語教育現場で自分なりに授業の改善を模索してきた。その中で感じるのは、いくらひとりの教員が何かを変える努力をしてもひとりでできる改善や教材の準備には限界があるということだ。教師はある意味で教室の中では他者からの干渉を受けない場合が多いが、校内や同じ学年を担当する一人ひとりがバラバラな方向を向いていては良い教育活動を行うことはできず、お互いの協力が不可欠だと感じる。現在、同じ学年を担当する同僚と何をどのように教えるか、悩みを共有しながら話しているうちに、教えることにわくわくしていた「ひろば」の活動を思い出す。「ひろば」での活動が直接的に現在の教え方に影響を与えてくれているのはもちろんだが、仲間と授業を創造する喜び、子どもたちが「知りたい」「分かった」「面白い」と目を輝かせる瞬間、そんな英語教育の魅力を教えてくれたのが「ひろば」であったと思っている。

6.2.3.2 小学校英語と中高の英語の連携に思うこと

　高校で教えているため、平成23年（2011年）度から実施されている公立小学校の英語活動が子どもたちにどのような力をつけているのか、まだ直接判断することはできないが、当然のことながら小学校で英語活動をしてきた子どもたちへの中学校での指導はこれまでと変わり、高校ではそのことを念頭に置いて指導する必要がある。

　しかし、残念ながら現場で小中高校の各段階の英語教育の連携が取れているとは言い難い。筆者は平成25年（2013年）度から現行学習指導要領の第一期生となる学年を担当し、生徒が「英語で英語を学ぶ」よう、「コミュニケーション英語Ⅰ」及び「コミュニケーション英語Ⅱ」の授業では英語での発問を中心としたワークシートを用いて英語での授業を行ってきた。当初、このような授業の進め方は私たち教員にとっても初めてであり、中学を卒業したばかりの新入生が戸惑ってしまうのではないかと危惧していたため、生徒たちにこのような授業の進め方に混乱はないか尋ねたところ、「中学校でも英語の授業は英語だったのであまり違和感はない」との答えが返ってきた。高校の教員が知らないだけで、中学校での取り組みは高校よりも大分先に進んでいるのだと感じると同時に、英語教育の現場が目まぐるしく変化する中で中学校やその前段階の小学校英語と連携していく必要性を痛感したことばだった。

　高校教員の中には「小学校の英語活動や、中学校のコミュニケーション活動はお遊びだ」などという人もいる。しかし、生徒たちが自分のことばでメッセージを伝えよう、表現しようと意欲的にアクティビティに取り組んでいる姿を見ると、生徒たちは中学校での英語の授業を通して「英語で表現したい」という意欲が伸ばされているように感じる。小学校に英語活動が導入されたことを機に、各段階でどのような力をつけていくのか目標をより明確にす

ることによって、小中高の現場での連携が深まり、より豊かな英語教育を行うことができるのではないだろうか。

(田邉紗也子)

6.3 中学高校教員の視点から考える英語教育

6.3.1 はじめに

平成17年（2005年）より平成20年（2008年）までの4年間、さまざまな学校へ訪問し、小学校での英語活動に携わってきた。現場での体験を積むことによって、児童の現状を知り、自分自身がどのように英語活動に参加していくべきかを考える契機となった。

現在は私立の中高一貫校に勤務しており、高校生を3年間指導した後、中学1年生の指導にあたっている。

6.3.2 授業を体験して（準備、本番、振り返り）

6.3.2.1 お米プロジェクト

小平市立第四小学校（以下「四小」）にて「お米プロジェクト」と題し、出張授業を行った。学生スタッフと授業の役割分担を行い、子どもたちが楽しく授業に参加し、気づきのある授業展開を心がけて準備を行った。世界のお米や料理を中心とした授業内容であり、"This is a *tarako* rice ball." など "This is〜" を目標言語として設定したり、Spain-paella など国名と代表料理のマッチングゲームを行ったりした。指導者が一方的に話すのではなく、インタラクションを多くとったり、子どもたちに発話する機会を増やすように工夫をした。また、焼畑農業のビデオを見せるなど国際理解の観点も取り入れ、言語だけでなく、内容を重視したプログラムとなっている。

授業においては、おにぎり型のグッズや国旗、ジャポニカ米など視覚教材や、実際の品物を準備し、視覚的に分かるように心がけた。また、楽しんで授業に参加できるように身近なテーマを選び、児童が主体的に授業に関わることができるよう、アクティビティを多く取り入れた。

6.3.2.2 玉川上水

四小の近くを流れる玉川上水をテーマとしたプログラムを行った。身近なものがテーマとなっているため、子どもたちも英語活動に参加しやすいと考えた。準備段階では、担任との打ち合わせを数回にわたって行い、クラスの状況やどの程度の内容的知識があるのかなどを話し合った。出張授業のため普段の子どもたちの様子が全く分からない学生としては、日ごろの子どもたちの様子（明るく活発で反応のある生徒が多い、静かで落ち着いたクラスであるなど）を知っておくことは大変重要なことである。また、既習事項と未習事項を知ることで、テーマ設定やプログラムの展開を考える上での有益な情報となった。当日は、玉川兄弟がいかにして玉川上水の指揮をとってきたのかをストーリーにした紙芝居を使用するなど、内容としても充実したものとなった。

小学校の担任との打ち合わせは、互いに持っている情報を共有し、よりよいプログラムを作る上で不可欠である。クラス担任は、普段から子どもたちと接しているからこそ出てくるアイディアがあったり、クラス状況をよく把握しているという利点がある。一方、私たち学生は、英語の表現や目標言語に関する情報を与えることができる。このやりとりによって、子どもたちの英語活動をより活発化させることができたように感じる。

6.3.3 プロジェクトと現在の自分との関わり
—— 小学校英語を通して、現在の実践へつながること

　小学校での英語活動を通して、小学生の現状を知ることができたことが大きなメリットであったと思う。中学1年生の段階でどの程度の英語に触れてきているのか、どの程度の英語の知識があるのかを知っていることは必要なことである。小学校での英語活動は、音声を重視したものであること、中学校の前倒しではなく英文法などは扱わないなどは一般的に言われている。それに自分自身の経験を踏まえ、子どもたちが英語にどのような姿勢で取り組み、また、どのような活動が子どもたちの興味・関心を高めるのかを身をもって感じ取ることができた。

　例えば、プログラムを考える際には各教科の既習事項を確認し、できるだけ関連性のあるトピックを扱うことが挙げられる。内容重視のプログラムにおいては、身近にあるものや、社会科の授業で扱ったトピックと関連づけて英語の授業を行うことで、より内容についての関心を高め、内容を学ぶというプロセスの中で目標言語を扱うことができる。小学校では担任がほぼすべての教科を教えることになるので、英語活動のトピックを設定しやすいのではないかと考える。中学校においても、中学1年生で世界地理を扱う際には、地図とともに国名を確認させるなど、他教科との関連性をもたせながら授業を進めていくよう心がけている。

　2つ目は、中学初期においては、音声面を重視しながら指導を行い、段階的にリーディングやライティングへと移行するということである。小学校の英語活動では英語の音に親しみ、なんとなく発音してみる、といった活動が多く見られる。中学校段階では読み書きが次第に比重を占めていくが、まず英語の音をインプットしてから文字を意識させる、という指導を行うようにしている。音に慣れさせることに加え、次第に文字への興味も出てくる時期であるため、音と文字、英文とのつながりを考えた授業計画をしていきたいと考える。

　3つ目に、生徒の意欲を高める授業展開を行うことである。小学校では英語の音に対する補助として視覚教材を多く用いてきた。また、子どもたち自身が主体的に英語活動に取り組むことができるように、参加型のアクティビティもプログラムに含んでいる。中学生においても同様であり、教員が講義形式で話をしていては全くついてこない。工夫された授業展開により、生徒の学習意欲の高まりが感じられる。前回の授業で、「ぼうしのことば」という表現で所有格や冠詞を扱ったときのことである。ぼうしの絵に"my"や"Tom's"のような文字を書いたものを使い、ぼうしの被せ方を説明した。その後ペアで活動をし、使い方を練習し

た。テキストをただ音読したり、意味を確認したりする時とは異なる、生徒の輝く目が印象的であった。小学校からの流れを踏まえ、視覚教材や言語活動を取り入れながら、ハッとする瞬間を感じてほしいと思っている。"learner-centered"という概念を念頭に置き、生徒自身が主体的に授業に参加する姿勢を今後も大切にしていきたい。

最後に、クラスで『英語ノート』についてのアンケートを行ったところ、中学1年生の8〜9割の生徒が実際に使用したことがあると回答した。今後の『Hi, friends!1』、『Hi, friends!2』についての動向も見守っていきたい。

6.3.4 小学校英語と中高の英語の連携に思うこと

小学校での英語活動では英語に対する興味・関心を高め、音声を中心としたインプットやアウトプットを行う。中学生になると、英文法の学習に主眼が置かれ、小学校で触れてきた英語の音やバラバラとした英語の要素を体系的に学ぶことが求められる。実際に、中学1年生は非常に音声に関しては長けており、"elephant"や"umbrella"などフォニックス指導で使用する単語から曜日や季節の英単語まで、ほとんどの生徒が戸惑うことなく、ネイティブに近い発音でアウトプットをすることができていた。これは、小学校段階での音声指導が現在に生きている証拠ではないだろうか。英語に対する恐怖心がなく、英語の音声に関してはスムーズに中学校への教育に移行できている。

しかし一方で、小学校と中学校の連携に関していくつかの問題点がある。まず第一に、中学1年生の段階で、英語力に関する生徒のバラつきが大きいことが挙げられる。小学校5・6年生での英語活動が必修化されているとはいえ、各学校における英語活動のやり方や程度が異なるため、英語に触れてきた時間や内容もまちまちである。したがって、中学1年生ですでにスタートラインが異なり、一斉授業での対応ですべてをカバーすることは難しく、個別に対応することが多くなっている。ある程度の英語の知識がある生徒には、初期の英語の授業はつまらないと感じることもあり、一方で、ほとんど英語に触れてこなかった生徒にとっては、急に英単語や英文法となると英語嫌いを生みだしてしまう可能性もある。さらに、小学校では英語の読み書きは行っていないため、中学1年生の時点でライティングをさせると、曜日や数字などもほとんど書くことができない。音には慣れているが、書くことができないという状況が見られる。中学校では音声と同時に読み書きの能力も求められるため、小学校で培ってきた音への興味や関心を保ちつつ、リーディングやライティング指導をどのように行っていくべきかが現在の課題である。

高校生になると、大学受験を視野に入れた英文法や英語長文を読む機会が増えてくる。生徒は大学受験のための勉強をするようになり、配点の高い文法や長文に重きを置くようになる。小・中学校では当たり前のように行われてきたリスニングや、スピーキングを含めたアクティビティもほとんど行われなくなり、試験の配点が低い英単語の発音やアクセントはかなり疎かになっている。コミュニケーション重視といえども、大学受験の壁がある以上、生

徒は難解な英文法を頭に入れ、長文を読み続けなければいけないのである。英語を発する機会がかなり減少し、使える英語とはかけ離れているように感じることもあるが、高度な内容を英文で読みこなし、読み書きを通して、英語への興味・関心を高めていきたいと考える。英語教育においては、発達段階に応じて、音声から文字へ、そして、体系的に英語を学ぶことへと移行していくことが必要であると考える。小学校で何となく発していた英語 "What's this?" "This is a book." を中学では "what" は疑問詞で "this" は代名詞というように体系的に指導をしていく。先日、ある生徒が、「"What'sthis?"『ワッツディス』とひとつながりに言っていたけれど、『ワッツ』は "What is" の短縮形で、"this" は近くのものを指す時の単語だったのですね」ということを言っていた。小学校で触れてきた英語の音声が、文法的にはどのような仕組みで成り立っているのかを学び、頭の中で体系的に理解していく段階が中学生・高校生という時期なのである。中学生・高校生は今まで学んできたことと、現在学んでいる事項とを照らし合わせて、ハッと気づくことがある。よく分からずに使っていたけれど、このような英語の構造があったのだ、このような英文法から成り立っていたのだ、という気づきである。この気づきが多いほど、生徒自身の頭の中に英語という言語が印象深く蓄積されていくように感じる。私自身も教員として、生徒の気づきが多い授業展開を心がけていきたい。

（渡辺綾）

第7章

これからの小学校英語 ── 評価を踏まえて

7.1 世界の動き

　今地球上で起きていることは、おそらく人類がこれまでに経験したことのない全く新しいことと言えよう。今日ほど、多くの人びとが移動し、多くの情報が迅速に伝えられ受け取られることはかつてなかった。このような状況で極めて今世紀的課題となるのが、ことばである。人びとはことばを介してお互いを理解するわけだが、21世紀に特徴的なのは、何十億という人びとが自由に使いこなせる共通の言語、つまり英語があるという事である。聖書のバベルの塔の話しを彷彿とさせる現象として、今や人類は英語を使えば世界の3分の1の人びとと意思疎通ができてしまう状況に置かれている。

　このことをもって英語のリンガ・フランカ (lingua franca) 化として捉えることができる。リンガ・フランカというのは、特に19世紀ヨーロッパでフランス語が各国で共通語として便利に話されていた現象を示し、それ以前はラテン語がヨーロッパのリンガ・フランカの役割を果たしていた。21世紀の現在は、英語が世界の人びとをつなぐリンガ・フランカとして機能し始めている。身近な現象としては、例えば電車の中で中国人らしき旅行者とそのホストらしき日本人が英語で話している状況である。それぞれが、中国語と日本語という母語を持ちながら、コミュニケーションのために英語を共通語として用いるのである。今や世界のリンガ・フランカが英語であることを否定する人は少ないであろう。かつてフランスでは英語を知っていてもフランス語母語話者は英語は知らないふりをすると言われていたが、最近では英語が盛んに学習されるようになったとの報告がある。かつてのソビエト連邦の影響で東ヨーロッパ諸国ではロシア語が盛んに学習されていたようであるが、近年は英語学習に熱心であるとのことだ。このように、世界のグローバル化にともなって、人びとは英語を共通語すなわち、リンガ・フランカとして使うようになってきている。

　こうした世界的状況の中で、今、小学生に外国語を教えるということが起きている。日本では遅まきながら小学校での英語必修が始まった。英語は、従来通りの中学校からというのではなく、小学校の段階で学習を開始することになってきている。これは日本だけでなく、広く世界的現象である。小学校の英語をどのように教えるかについてさまざまな議論があるのは、日本だけのことではなく、誰にとっても全く新しい取り組みなのである。小学校英語はもやは避けて通ることのできない世界的課題である。したがって、小学校で英語をどう教えるべきかといった議論はこれからもっと盛んに行われ、教授法開発ももっと進むと考えられる。

7.2 「小学生英語のひろば」で心がけてきたこと

　津田塾大学では、平成12年（2000年）に世界的英語使用の広まりを意識して「小学生英語のひろば」という活動を開始し、小学校英語の教え方を研究してきた。従来の中学校から始まる英語ではなく、小学生の持つ特性を生かした、プラス思考の英語教育を模索してきたのが「ひろば」である。小学生は中学生と違って、あまり物事は知らないが、外国語を身につける能力がかなり高い学習者である。もちろん、忘れるのも早いが、新しい言語を吸収する力はとても強い。この力を何とか生かして教えたいというのが、「ひろば」で試みてきたことである。

　その際、大切なのは子どもの発達段階を意識することである。子どもは、大人や青年期の人たちよりもとりわけ、体を動かしたり、全体的文脈の中で有意味な内容伝達のためにことばを使ったり、理屈で覚えるのではなく体験的に使ってみたりすることで学ぶという特性がある。子どもは、文法説明は受けていなくても、英語を使って、インフォメーション・ギャップのある活動を行う中で、ことばを身につけていく。また、単に英語のスキルを上達させるのではなく、児童が知的関心をもって取り組むことのできるプロジェクトに英語で取り組ませることにより、扱った内容と英語を同時に手に入れさせて定着を図ることもできる。また、MI（多重知能）理論を意識した多様な内容を英語で扱うことにより、さまざまな可能性を持った子どもたちの興味に応えつつ英語を教えることも有益である。このような英語学習の中で、新しいことばに取り組む際に自尊感情が芽生え、自律性も養うことができる。「小学生英語のひろば」では、英語を単にスキルのためだけに教えるのではなく、学習内容を重視した学びや、タスクを重視した教え方や、あるいは、プロジェクトに取り組ませることを通してことばを教えていくやり方で、小学校英語を開発してきた。すなわち、ことばの教育が、学ぶ力、そして生きる力を培うことを示してきた。発達段階にある子どもたちの外国語への取り組みは、単にスキルを伸ばすためではなく、このような人間的発達に寄与するかたちで学校教育に取り入れていく必要がある。

　もう一つ、「ひろば」が開発してきたことは、小学校英語指導者養成のあり方として、実践的に授業サポートに入ることでより新米の指導者の卵が、より進んだ先達の指導者から教え方を学ぶ方法である。教え方をいちいち説明するよりは、優れた指導者の授業に参加し、授業の流れの中で身をもって、教え方を体験することでより優れた指導法を体得していく仕組みを実践してきた。いわゆる、見よう見まねで覚えるということである。この研修とも言えるメカニズムの成果を示すのが、多くの今教壇に立っている「ひろば」経験者で、学生時代にさまざまな授業実践にアシスタントとして加わることで、現在の一人前の教師としての自分を確立した教員たちである。「ひろば」は約14年間の歴史の中で、常に共に学び合い、課題を共有し合う協働の仕組みを作ってきたと言えよう。

7.3　評価を踏まえて

　さて、これから小学校英語がさらに強化されていくとしたら、今後どのような道筋をたどっていくことになるのだろうか。現在は5、6年生が「外国語活動」という名称の授業を受けており、そこではいわゆる数値による評価はなされない。しかし、2020年に向けて、小学校英語がさらに整備される可能性がある中で、おそらく問題になるのは評価であろう。いずれ、評価が必要とされ、それと相まって「外国語活動」は「英語教育」に変わっていくと考えられる。

　このような展開があるとすると、大きな影響力を持つのが評価になる。何をどのように測定して評価するのかということが、子どもたちの学びそのものを左右することになる。評価、しばしば試験やゴールと言われる事柄は、学習に対して起きるというよりも、学習のあり方を規定する力を持っている。試験では、backwashあるいはwashbackと言われる、逆流現象である。これは自然の摂理とも言えることで、当然ながら、人はどのような評価、試験がなされるかに合わせる形で学習を行うことになりがちである。しばしば言われる大学受験だが、日本の英語教育が大学受験の形態や評価対象に合わせた形で行われることの問題はしばしば指摘されて来た。大学入試の問題は、紙ベースの文法や読解が主で、発話テストはなくてせいぜい聞き取り程度なので、学習者にとっては発話力を磨くインセンティブに欠ける。

　もう既に、大学受験でこのようなbackwashが起きているとなると、小学生の頃からこの類いの評価や目標設定がなされることへの危機感は容易に共有できるであろう。せっかく小学校へ英語を導入しても、従来の座学に対するような評価や、スキルのみを測るテストをするのでは、健全な教育はむしろ阻害されてしまう。そこで、大切なのは、backwashが起きても大丈夫のような設計をすることであろう。もし、評価の仕方を健全な学習を促し得るものにすることができれば、有効な教育を実践することは可能である。そこで一つ提案できるのが、たとえbackwashの形になったとしても、学習への悪影響の出ないものとして、ポートフォリオや自己評価がありうる。これらの評価方法はなかなか国内には広まってはいないが、ポートフォリオはヨーロッパでCEFR (Common European Frameworkk of Reference for Languages) にともなって実践されてきている。これは、学習内容を集積する評価方法であるため、backwashにより学習が左右されることはない。あるいは、小学生でも自己評価を行うことで、単に教える側からのゴール設定を前提に評価がなされるのではなく、学習者が目標設定し自分で自己評価を試みる方法もありうる。いずれにせよ、評価方法を従来のいわゆる教師の作るテストで行ってしまうと、英語のスキルや文法知識のみを切り取って調べることになりかねず、backwashによる学習のゆがみが生まれることが容易に想像できてしまう。今後、どのような評価をするかについては多いに議論し、学習のプロセスを損なわないものにしていく必要がある。

7.4 小学校英語のゴール

　小学校英語はまだまだ始まったばかりであるが、この流れを止めることはもはやできず、むしろ研究を重ねることによりさらに高度で豊かなものへと発展させていくべきものである。これからの世界では言語の異なる人と人が出会う機会はさらに増えていく。そんな中で、ことばを使って意思疎通のできる人材がより一層必要になっていく。その意味で英語はリンガ・フランカとしてさらに多くの人びとをつなぐ役割を果たしていく。英語教育では、このリンガ・フランカとしての英語の高度な教授法を考えていく必要がある。そのために、本書で述べてきた内容重視、タスク重視あるいはプロジェクト型の指導を行うことによって、学習内容の認知的豊かさを保証する英語授業を行っていく必要がある。単にことばをスキルとして学ぶだけでなく、学習者の知識に訴え、知的好奇心を刺激して、学ぶ喜びを感じとらせることのできる教授法や教材を用いなければならない。もし、今後教科化が進むのであれば、スキルの評価をゴールとする授業が生まれてくるが、その際でも、内容重視の視点からの英語力評価をしっかりと打ち立てる必要がある。この2本立てのゴール設定が今後の小学校英語にとって有効な方法となりうるであろう。グローバル化あるいは国際化が一層進むこれからの世界では、とにかく、もっと英語が有意味な言語として使える人材を世に送りだしていかなければならない。小学校英語はこのような社会の期待を担っていくことになる。これから多くの難問に出会う可能性があることを考えると、本書が新しい教授法開発と指導者養成のための一つの指針となることを期待している。

（田近裕子）

参 考 文 献

秋山道子（2004）「"The Very Hungry Caterpillar" 実践報告」『初等英語教育および多文化教育における教員養成とシラバス・デザインの研究』．平成13～15年度科学研究費補助金研究成果報告書

秋山道子（2009）「初等英語教育におけるプロジェクト型授業の実践」『外国語教育研究』Vol. 4: 1-12 都留文科大学外国語教育センター

アームストロング、トーマス著；吉田新一郎訳（2002）『マルチ能力が育む子どもの生きる力』小学館

ARCLE編集委員会（2005）『幼児から成人まで一貫した英語教育のための枠組み　ECF English Curriculum Framework』リーベル出版

アルジャー、チャドウィック・F.著；吉田新一郎編訳(1987)『地域からの国際化──国家関係論を超えて』日本評論社

池田真（2011）「CLILの基本的原理」渡部良典・池田真・和泉伸一共編『CLIL（内容言語統合型学習）上智大学外国語教育の新たなる挑戦　第1巻　原理と方法』: 1-13 上智大学出版

池田真（2013）「CLILの原理と指導法」『英語教育』Vol. 63 No.3: 12-14 大修館書店

泉惠美子（2007）「小学校英語における担任の役割と指導者研修」『京都教育大学紀要』10: 131-140

茨山良夫・大下邦幸（1992）『英語授業のコミュニケーション活動』東京書籍

伊村元道（2003）『日本の英語教育200年』大修館書店

魚住忠久（2000）『共生の時代を拓く国際理解教育』黎明書房

鵜川陽一・梅田亜矢（2012）「CEFRの基準に沿った語学番組の再整備～NHK英語グランドデザイン」『英語教育』10月増刊号: 62-63 大修館書店

卯城祐司・アレン玉井光江・バトラー後藤裕子（2013）『［講座　現代学校教育の高度化30］リテラシーを育てる英語教育の創造』学文社

江利川春雄（2010）「英語教育に"なぜ""どう"協同学習を導入するのか」『英語教育』7月号: 10-13 大修館書店

太田洋・金谷憲・小菅敦子・日臺滋之（2003）『英語力はどのように伸びてゆくか　中学生の英語習得過程を追う』大修館書店

大津由紀雄・鳥飼久美子（2002）『小学校でなぜ英語？　学校英語教育を考える』岩波書店

小熊英二（1998）『＜日本人の境界＞』新曜社

笠原小学校（2011）『外国語活動　指導計画集』

笠原小学校（2014）『外国語活動　指導計画集』

笠原小学校・笠原中学校（2006）『平成15～17年度文部科学省研究開発学校公表会研究紀要（3年次）』

梶田孝道（1994）『外国人労働者と日本』NHKブックス

粕谷恭子監修（2014）「NHKテキスト　プレキソ英語　2014年11月号」NHK出版

加藤幸次（1999）加藤幸次・浅沼茂編『国際理解教育を目指した総合学習』黎明書房

門田修平（2012）『シャドーイング・音読と英語習得の科学』コスモピア株式会社

金森強（2004）『英語力幻想』アルク

金森強（2012）「小学校外国語活動に求められるものは何か」『英語教育』1月号: 10-12;〈コラム〉

データでみる小学校外国語活動」『英語教育』1月号：32-33 大修館書店

兼重昇（2012）「小学校の外国語活動でテストを行わずにどう授業の効果を測るか」『英語教育』10月増刊号：43-45 大修館書店

川端末人（1990）「国際教育とは何か」川端末人・多田孝志編『世界に子どもをひらく―国際理解教育の実践的研究―』：12-45 創友社

ガードナー、ハワード著；松村暢隆訳（2001）『MI：個性を生かす多重知能の理論』新潮社

ガードナー、ハワード著；黒上晴夫監訳（2003）『多元的知能の世界―MI理論の活用と可能性―』日本文教出版

姜尚中（1996）『オリエンタリズムの彼方へ ── 近代文化批判』岩波書店

窪薗晴夫・本間猛（2002）『音節とモーラ』研究社

クラッシェン、スティーブン・D & テレル、トレイシー・D. 著；藤森和子訳（1986）『ナチュラルアプローチのすすめ』大修館書店

クリスタル、D. 著；國弘正雄訳（1999）『地球語としての英語』みすず書房

「国連持続可能な開発のための教育の10年」関係省庁連絡会議（2011）『我が国における「国連持続可能な開発のための教育の10年」実施計画 (ESD実施計画) 年』

小平市立小平第四小学校（2010）『平成21年度校内研究、研究紀要』

小林由利子・吉田真理子ほか（2010）『ドラマ教育入門』図書文化

サイード、E. W. 著；板垣雄三・杉田英明監修、今沢紀子訳（1986）『オリエンタリズム』平凡社

佐々木ゆり（2004）「『小学生英語のひろば』の試み―英語活動と教員養成の新しい形の提案―」『初等英語教育および多文化教育における教員養成とシラバス・デザインの研究』. 平成13～15年度科学研究費補助金研究成果報告書

笹島成編著（2011）『CLIL 新しい発想の授業 ―理科や歴史を外国語で教える!?―』三修社

佐島群巳（1995）『感性と認識を育てる環境教育』教育出版

佐藤学（1999）「カリキュラム研究教師研究」安彦忠彦編『新版 カリキュラム研究入門』：157-179 勁草書房

佐藤学（2005）「フィンランドの教育の優秀性とその背景―PISA調査の結果が示唆するもの―」『教育』6月号：25-32 国土社

佐藤学（2010）『教育の方法（放送大学叢書）』左右社

佐藤洋一郎（2010）『コシヒカリより美味い米 ── お米と生物多様性』朝日新書

「持続可能な開発のための教育の10年」推進会議（2004）『「国連持続可能な開発のための教育の10年」への助走』

島久代（1990）『教室からの国際理解 上巻 わたしたちの日米コメ摩擦研究』中教出版

白土厚子編著（2013）『プロジェクト重視の英語活動プラン集』田近裕子・吉田真理子監修，津田塾大学ソーシャル・メディア・センター

白畑知彦（他）（2009）『英語教育用語辞典』第2版 大修館書店

末田清子・福田浩子（2003）『コミュニケーション学』松柏社

鈴木孝夫（1999）『日本人はなぜ英語ができないか』 岩波文庫

ソルジ、ベルナルド（2014）「今度の開催地ブラジル、大丈夫？ デモが続くサッカー大国」Asahi Shimbun GLOBE. No. 134 5/4 Sun. 2014

高橋一幸（2003）『授業づくりと改善の視点 ── よりコミュニカティブな授業をめざして』教育出版

髙島英幸（2005）『文法項目別 英語のタスク活動とタスク 34の実践と評価』大修館書店

瀧口優（2006）『「特区」に見る小学校英語』三友社
滝沢武久（2007）『ピアジェ理論からみた幼児の発達』幼年教育出版
武井輝彦（2002）『21世紀の英語教育』文芸社
田近裕子（2004）『初等英語教育および多文化教育における教員養成とシラバス・デザインの研究』平成13〜15年度科学研究費補助金研究成果報告書
田中茂範（2009）「小学校の英語教育を考える —— プロジェクトとしての英語活動」『英語教育』6月号：60-63 大修館書店
田中茂範（2011）「なぜ『プロジェクト型』学習なのか —— 英語教育における可能性」『英語教育』9月号：10-12 大修館書店
中央教育審議会（2012）『新たな未来を築くための大学教育の質的転換に向けて〜生涯学び続け、主体的に考える力を育成する大学へ〜（答申）』http://www.mext.go.jp/Component/b_menu/shingi/toushin/_icsFiles/afieldfile/2012/10/04/1325048_1.pdf（2014年12月30日アクセス）
津田塾会（2005）『平成16・17年度　渋谷区小学校英語教育課程研究事業研究紀要』
津田塾会編著（2008）『It's for the Kids! Book 1〜3　最強の小学校英語レッスンプラン54』明治図書
津田塾大学初等英語教育プロジェクト（2012）『Let's make a story 〜絵本作家になってみよう〜日本学術振興会「ひらめき☆ときめきサイエンス〜ようこそ大学の研究室へ〜KAKENHI報告書』
津田幸男（2003）『英語支配とは何か』 明石書店
寺沢拓敬（2014）『「何で英語やるの？」の戦後史：《国民教育》としての英語、その伝統の成立過程』 大修館書店
唐須教光（2002）『なぜ子どもの英語なのか—バイリンガルのすすめ』NHKブックス
東野裕子・髙島英幸（2007）『小学校におけるプロジェクト型英語活動の実践と評価』高陵社書店
冨田祐一（2001）「今後の展望と課題」後藤典彦、富田佑一編『はじめてみよう！　小学校・英語活動』：205-229 アプリコット
外山節子監修（2010）『英語の絵本活用マニュアル』コスモピア
内閣府（2004）『外交に関する世論調査』（平成24年10月調査）http://www8.cao.go.jp/survey/h24/h24-gaiko/2-1.html（2013年1月10日アクセス）
永井滋郎（1989）『国際理解教育—地球的な協力のために—』 第一学習社
中島和子（2010）『マルチリンガル教育への招待　言語資源としての外国人・日本人年少者』ひつじ書房
中村朋子（2010）「国際理解と英語教育」塩澤正・吉川寛・石川有香編『英語教育と文化—異文化間コミュニケーション能力の養成—』：74-95 大修館書店
日本イギリス児童文学会編（2001）『英米児童文学ガイド—作品と理論—』研究社
日本ユネスコ国内委員会（1945）ユネスコ憲章／The Constitution of UNESCO http://www.mext.go.jp/unesco/009/001.htm（2014年2月7日アクセス）
波多野完治監修（1982）『ピアジェ双書　第1巻　ピアジェの発生的心理学』国土社
波多野完治（1997）『ピアジェ入門』国土社
バトラー後藤裕子（2003）『多言語社会の言語文化教育　英語を第二言語とする子供へのアメリカ人教師たちの取り組み』くろしお出版
バトラー後藤裕子（2005）『日本の小学校英語を考える　アジアの視点からの検証と提言』三省堂

林桂子（2011）『MI理論を応用した新英語指導法』くろしお出版
樋口忠彦他（2013）「JASTECアピール：小学校外国語活動の教科化への緊急提言について」『日本児童英語教育学会研究紀要』32: 1-19
福田誠治　（2006）『競争やめたら学力世界一　フィンランド教育の成功』朝日新聞社
藤原正彦（2005）『国家の品格』新潮社
法務省（2014）「在留外国人統計」
　　http://www.e-stat.go.jp/SG1/estat/List.do?lid=000001118467（2014年5月10日アクセス）
ボストウィック、R. M.（1999）「日本におけるバイリンガル教育」山本雅代編『バイリンガルの世界』: 181-218 大修館書店
本田恵子（2006）『脳科学を活かした授業をつくる』 C.S.L. 学習評価研究所
本名信行（2006）『英語はアジアを結ぶ』 玉川大学出版部
松香フォニックス（2000）『英会話たいそう ── Dansinglish』株式会社mpi.
町田淳子・瀧口優（2010）『テーマで学ぶ英語活動 Book 1』三友社
町田淳子・瀧口優（2010）『テーマで学ぶ英語活動 Book 2』三友社
松本祐子（2014）「効果的な英語学習のための日本語利用」『If the World Were a Village of 100 people ～理想の世界を描いてみよう～　日本学術振興会「ひらめき☆ときめきサイエンス～ようこそ大学の研究室へ」KAKENNHI』: 10-14
馬渕仁（2002）『「異文化理解」のディスコース：文化本質主義の落とし穴』京都大学出版会
箕浦康子（1990）『文化のなかの子ども』東京大学出版会
箕浦康子（1995）「3教科による多文化教育の実践 ── プロジェクト・タイ米」『東大附属論集第38号』: 91-101
箕浦康子（1997）『地球市民を育てる教育』岩波書店
武者小路公望（1987）「まえがき」アルジャー著『地域からの国際化 ── 国家関係論を超えて』日本評論社
武藤隆・高橋恵子ほか編（1990）『発達心理学入門Ⅰ　乳児・幼児・児童』東京大学出版会
村野井仁（2001）「英語教育の目的」村野井仁・千葉元信・畑中孝實編著『実践的英語科教育法 ─総合的コミュニケーション能力を育てる指導─』: 1-10 成美堂
文部科学省（2001）『小学校 英語活動実践の手引』開隆堂
文部科学省（2008）『小学校学習指導要領解説外国語活動編』東洋館出版
文部科学省（2009）『英語ノート』教育出版
文部科学省（2012）『平成13年度文部科学白書』
文部科学省（2012）『Hi, friends!』東京書籍
文部科学省（2013）「下村博文文部科学大臣の定例記者会見録」
　　http://www.mext.go.jp/b_menu/daijin/detail/1342209.htm（2013年12月13日アクセス）
文部科学省（2014）「初等中等教育における教育課程の基準等の在り方について（諮問）」
　　http://www.mext.go.jp/b_menu/shingi/chukyo/chukyo0/gijiroku/_icsFiles/afieldfile/2014/11/26/1353643_1_1.pdf（2014年12月30日アクセス）
文部科学省「総合的な学習の時間」
　　http://www.mext.go.jp/a_menu/shotou/sougou/main14_a2.htm（2013年12月31日アクセス）
文部科学省「外国語教育」
　　http://www.mext.go.jp/a_menu/kokusai/gaikokugo/（2013年12月31日アクセス）

文部科学省「調査研究協力者会議等（初等中等教育）」
　　http://www.mext.go.jp/b_menu/shingi/chousa/shotou/（2013年12月31日アクセス）
八代京子・町惠理子・小池浩子・磯貝友子（1998）『異文化トレーニング・ボーダレス社会を生きる』三修社
山岸信義・高橋貞雄・鈴木政浩監修（2010）『英語授業デザイン』大学英語教育学会
山田雄一郎（2007）「小学校英語にどう取り組むか ── 広島市の挑戦」『英語教育』10月号：46-48 大修館書店
山本昭夫（2006）「外国語学習における反復練習と多読再考 ── アフォーダンス理論と熟達化研究が示唆するもの」(ci.nii.ac.jp/els/110006244350によりアクセス)
ユネスコ21世紀教育国際委員会著；天城勲監訳（1997）『学習：秘められた宝−ユネスコ「21世紀教育国際委員会」活動報告書』ぎょうせい
湯川笑子著（2010）「第7章 学年のまとめとしてのプロジェクト学習」湯川笑子・バトラー後藤裕子監修『小学校英語活動必修化のためのカリキュラム、活動、考え方』 2010年3月科研公開研究会報告書: 97-104 (https://kaken.nii.ac.jp/pdf/2011/seika/C-19/34315/20320087seika.pdfによりアクセス)
湯本和子著（2003）「英語漬けプログラム：イマージョン教育」JACETバイリンガリズム研究会編『日本のバイリンガル教育』: 68-87 三修社
吉島成・大橋里枝訳・編（2004）『外国語教育 II 外国語の学習、教授、評価のためのヨーロッパ共通参照枠』朝日出版社
吉田研作（2003）『新しい英語教育へのチャレンジ—小学生から英語を教えるために』くもん出版
吉田研作・柳瀬和明（2003）『日本語を活かした英語授業のすすめ』大修館書店
吉田真理子（2004）「子どもの発達における遊びの役割—ヴィゴツキー理論を中心に—」『初等教育および多文化教育における教員養成とシラバス・デザインの研究』平成13〜15年度科学研究費補助金研究成果報告書
吉田真理子（2010）「小学校の英語活動におけるドラマの試み」『児童・青少年演劇ジャーナル　げき』8: 98-100
吉村峰子編（2000）『公立小学校でやってみよう！ 英語「総合的な学習の時間」にすすめる国際理解教育』草土文化
吉村峰子編（2001）『小学校でやってみよう！ 英語で国際理解教育』小学3・4年版 小学館
吉村峰子編（2001）『小学校でやってみよう！ 英語で国際理解教育』小学1・2年版 小学館
米田伸次（1988）『心の国際化と「国際理科教育」』: 35-41 国際理解
米田伸次（2008）『わが国のユネスコ・スクールの経緯と現状』文部科学省
ラミス、C. ダグラス（1981）『内なる外国』時事通信社
リップマン、ウオルター著；掛川とみ子訳（1987）『世論』岩波書店
リーパー・すみ子（2003）『えほんで楽しむ英語の世界』一声社
脇明子（2005）『読む力は生きる力』岩波書店

Allen, P. (1984). Functional-analytic course design and the variable focus curriculum. In C. Brumfit (Ed.), *ELT Documents 124: The Practice of Communicative Teaching* (pp. 3-24). Oxford: Pergamon.
Anderson, J. (1980). *Cognitive psychology and its implications*. San Francisco: W. H. Freeman.

Anderson, J. (1993). *Rules of the mind*. Hillsdale, NJ: Lawrence Erlbaum.

Anderson, J. (2000). *Learning and memory: An integrated approach*, revised edition. New York: John Wiley and Sons.

Armstrong, T. (2003). *You're smarter than you think: A kid's guide to multiple intelligences*. Minneapolis, MN: Free Spirit Publishing.

Armstrong, T. (2009). *Multiple intelligences in the classroom* (3rd ed.). Alexandria, VA: ASCD.

Baker, C. (2001). *Foundations of bilingual education and bilingualism* (3rd ed.). Clevedon: Multilingual Matters.

Barnlund, D. C. (1970). Transaction model of communication. In J. Akin, A. Goldberg, G. Myers & J. Stewart (Eds.), *Language behavior: A book of readings in communication* (pp. 43-61). The Hague: Mouton.

Beall, P. C., & Nipp, S. H. (2006). *We sing around the world*. New York: Price Stern Sloan.

Beckett, G. H. (2006). Project-based second and foreign language education: Theory, research, and practice. In G. H. Beckett & P. C. Miller (Eds.), *Project-based second and foreign language education: Past, present, and future* (pp. 3-16). Greenwich, CT: Information Age Publishing.

Blumenfeld, P., Soloway, E., Marx, R., Krajcik, J., Guzdial, M., & Palincsar, A. (1991). Motivating project-based learning: Sustaining the doing, supporting the learning. *Educational Psychologist, 26* (3 & 4), 369-398.

Bongaerts, T., Planken, B., & Schils, E. (1995). Can late starters attain a native accent in a foreign language? A test of the critical period hypothesis. In D. Singleton & A. Lengyel (Eds.), *The age factor in second language acquisition* (pp. 33-50). Clevedon: Multilingual Matters.

Bostwick, R. M. (1999). *A study of an elementary English language immersion school in Japan*. UMI Dissertation Information Service. Ann Arbor, MI: Bell & Howell Company.

Bostwick, R. M. (2001). English language immersion in a Japanese school. In D. Christian & F. Genesee (Eds.), *Bilingual education* (pp. 125-137). Alexandra: TESOL.

Brewster, J., Ellis, G., & Girard, D. (2002). *The primary English teacher's guide*. London: Longman.

Brinton, D. M., Snow, M. A., & Wesche, M. B. (1993). Content-based second language instruction. In J. W. Oller, Jr. (Ed.), *Methods that work* (pp. 136-142). Boston, MA: Heinle & Heinle.

Brown, D. (2007). *Principles of language learning and teaching*. New York: Pearson Education.

Browne, E. (1994). *Handa's surprise*. Somerville, MA: Candlewick Press.

Bruner, J. S. (1986). *Actual minds, possible worlds*. Cambridge, MA: Harvard University Press.

Cameron, L. (2001). *Teaching languages to young learners*. Cambridge: Cambridge University Press.

Canale, M. (1983). From communicative competence to communicative language pedagogy. In J. Richards & R. Schmidt (Eds.), *Language and communication* (pp. 2-27). London: Longman.

Canale, M., & Swain, M. (1980). Theoretical bases of communicative approaches to second language teaching and testing. *Applied Linguistics, 1*, 1-47.

Carle, E. (1987). *The very hungry caterpillar*. New York: Philomel Books.

Carle, E. (1997). *Today is Monday*. New York: The Putnam & Grosset Group.

Carless, D. (2004). Issues in teachers' reinterpretation of a task-based innovation in primary school. *TESOL Quarterly, 38* (4), 639-662.

Clark, A. (1995). Boys into modern languages: An investigation of the discrepancy in attitudes and performance between boys and girls in modern languages. *Gender and Education, 7* (3), 315–326.

Collodi, C. (2003). *Pinocchio*. (E. Rose, Trans.). London: Walker Books.

Cook, V. (2002). Background to the L2 User. In V. Cook (Ed.), *Portraits of the L2 user*. Clevedon: Multilingual Matters.

Council of Europe. (2001). *Common European framework of reference for languages: Learning, teaching, assessment*. Cambridge: Cambridge University Press.

Coyle, D., Hood, P., & Marsh, D. (2010). *CLIL: Content and language integrated learning*. Cambridge: Cambridge University Press.

Crystal, D. (1997). *English as a global language*. London: Cambridge University Press.

Cummins, J. (1978). Metalinguistic development of children in bilingual education programs. Data from Irish and Canadian Ukranian-English programs. In M. Paradis (Ed.), *Aspects of bilingualism*. Columbia: Hornbeam Press.

Cummins, J. (1981). *Bilingualism and minority language children*. Ontario: Ontario Institute for Studies in Education.

Cummins, J. (1984). *Bilingualism and special education: Issues in assessment and pedagogy*. Clevedon: Multilingual Matters.

Cummins, J. (1991). Language development and academic learning. In L. Malavé & G. Duquette (Eds.), *Language, culture and cognition* (pp. 161-175.). Clevedon: Multilingual Matters.

Cummins, J. (2000). *Language, power and pedagogy—Bilingual children in the crossfire*. Clevedon: Multilingual Matters.

Cummins, J. (2001). *Negotiating identities: Education for empowerment in a diverse society* (2nd ed.). Los Angels: California Association for Bilingual Education.

Cummins, J. (2007). Language instructions in the classroom: From coercive to collaborative relations of power. In O. Garcia & C. Baker (Eds.), *Bilingual education: An introductory reading* (pp. 108-134). Clevedon: Multilingual Matters.

Cummins, J., & Swain, M. (1986). *Bilingualism in education*. New York: Longman.

Curtain, H., & Pesola, C. A. B (1994). *Languages and children: Making the match: Foreign language instruction for an early start grades K-8* (2nd ed.). White Plains, NY: Longman.

Day, E., & Shapson, E. (1996). *Studies in immersion education*. Clevedon: Multilingual Matters.

Delors, J., et al. (1996). Learning: The treasure within. *Report to UNESCO of the International Commission on Education for the Twenty-first Century*. UNESCO Publishing.

Dewey, J. (1997). *Experience and education*. New York: Simon & Schuster. (Original work published 1938)

Dewey, J. (2004). *Democracy and education*. Minoela, YN: Dover Publishing. (Original work published 1916)

Dooly, M. (2008). Constructing knowledge together. In M, Dooly (Ed.), *Extract from telecollaborative language learning* (pp. 21-45). Bern: Peter Lang.

Dörnyei, Z., & Ushioda, E. (2011). *Teaching and researching: Motivation* (2nd ed.). New York: Routledge.

Ellis, R. (2003). *Task-based language learning and teaching.* Oxford: Oxford University Press.

Genesee, F. (1987). *Learning through two languages.* Rowley, MA: Newbury House.

Fleming, M. (2003). *Starting drama teaching* (2nd ed.). London: David Fulton Publishers.

Freeman, Y. S., & Freeman, D. E. (1992). *Whole language for second language learners.* Portsmouth, NH: Heinemann.

Fried-Booth, D. L. (1986). *Project work.* Oxford: Oxford University Press.

Fried-Booth, D. L. (2002). *Project work* (2nd ed.). Oxford: Oxford University Press.

Gardner, H. (1983). *Frames of mind –The theory of multiple intelligences.* New York: Basic Books.

Gardner, H. (1998). *Multiple intelligences: The theory and practice.* New York: Basic Books.

Gardner, H. (1999). *Intelligence reframed: Multiple intelligences for the 21st Century.* New York: Basic Books.

Gass, S., & Selinker, L. (1994). *Second language acquisition: An introductory course.* Hillsdale, NJ: Lawrence Erlbaum.

Godwin, S, & Abel, S. (1998). *The drop goes plop.* London: Wayland.

Graham, C. (1979). *Jazz chants for children.* New York: Oxford University Press.

Graham, C., (1988). *Jazz chant: Fairy tales.* Oxford: Oxford University Press.

Graham, C. (1994). *Let's chant, let's sing 1.* New York: Oxford University Press.

Graham, C. (1995). *Let's chant, let's sing 2.* New York: Oxford University Press.

Graham, C. (1996). *Let's chant, let's sing 4.* New York: Oxford University Press.

Graham, C. (2001). *Jazz chants old and new.* New York: Oxford University Press.

Graham, C. (2002). *Children's jazz chants old and new.* Oxford University Press.

Grenfell, M., & Harris, V. (1999). *Modern languages and learning strategies.* London: Routledge.

Haines, S. (1989). *Projects for the EFL classroom: Resource material for teachers.* Edinburgh: Thomas Nelson and Sons Ltd.

Hanvey, R. G. (1979). Cross-cultural awareness. In L. F. Luce & E. C. Smith, (Eds.), *Toward internationalism: Readings in cross-cultural communication.* New York: Newbury House.

Hanvey, R. G. (1987). An attainable global perspective In W. M. Kniep (Ed.), *Next steps in global education: A handbook for curriculum development* (pp.83-109.). New York: American Forum.

Harley, B. (1993). Instructional strategies and SLA in early French immersion. *Studies in Second Language Acquisition. 15*, 245-260.

Henry, J. (1994). *Teaching through projects.* London: Kogan Page Limited.

Jenkins, J. (2003). *World Englishes: A resource book for students.* New York: Routledge.

Johnson, D. W., Johnson, R. T., & Holubec, E. J. (1993). *Circles of learning: Cooperation in the classroom* (4th ed.). Edina, MN: Interaction Book Company.

Johnson, K. (1988). Mistake correction. *ELT Journal, 42*, 89-96.

Kachru, B. B. (1992). *The other tongue: English across cultures* (2nd ed.). Champaign, IL: University of Illinois Press.

Kachru, Y., & Nelson, C. L. (2006). *World Englishes in Asian context*. Hong Kong: Hong Kong University Press.

Kagan, S., & Kagan, L. (2004). *Thinking skills workbook*. Received at Kagan workshops in Singapore, September 8-9, 2004

Kniep, W. M. (1986). Defining a global education by its content. *Social Education, 50* (10), 437-446.

Kobori, M. (2002). Primary EFL: Designing the EFL course at the initial stage. *The Tsuda Review, 47*, 37–66.

Kobori, M. (2003). Primary EFL: Pupils' motivation towards learning EFL and EFL learning based on the theme-based syllabus. *The Tsuda Review, 48*, 95–108.

Kohonen, V. (1992). Experiential language learning: Second language learning as cooperative learner education. In D. Nunan (Ed.), *Collaborative language learning and teaching*. Cambridge: Cambridge University Press.

Kolb, D. A., Boyatzis, R. E., & Mainemelis, C. (2001). Experiential learning theory: Previous research and new direction. In R. J. Sternberg & L. F. Zhang (Eds.), *Perspectives on thinking, learning, and cognitive styles* (pp. 227-247). Mahwah, NJ: Lawrence Erlbaum.

Kost, C. R., Foss, P., & Lensini, J. J. (1999). Textual and pictorial glosses: Effectiveness on incidental vocabulary growth when reading in a foreign language. *Foreign Language Annals 32*, 89-113.

Krashen, S. D., & Terrell. T. D. (1983). *Natural Approach: Language acquisition in the classroom*. Hayward, CA: Alemany Press.

Lapkin, S., & Swain, M. (1990). French immersion research agenda for the 90s. *The Canadian Modern Language Review, 43* (4), 701-707.

Lambert, W. E. (1984). An overview of issues in immersion education. In California State Department of Education, *Studies on immersion education: A collection for US educators* (pp. 8-30). Sacramento: California State Department of Education.

Lyster, R. (1999). Immersion. In B. Spolsky (Ed.), C*oncise Encyclopedia of educational linguistics* (pp. 27-28).

Lyster, R. (2007). *Learning and teaching languages through content: A counterbalanced approach*. Amsterdam: John Benjamins.

Martin, B., & Carle, E. (1991). *Polar Bear, Polar Bear, What do you hear?* New York:JYBooks.

Martin, B., & Carle, E. (1992). *Brown Bear, Brown Bear, What do you see?* New York: JYBooks.

Met, M. (1998). Curriculum decision-making in content-based teaching. In F. Genesee & J. Cenoz (Eds.), *Beyond bilingualism: Multilingualism and multilingual education* (pp. 35-63). Clevedon: Multilingual Matters.

Newman, R. S. (1984). Children's achievement and self-evaluations in mathematics: A longitudinal study. *Journal of Educational Psychology, 76* (5), 857–873.

Nitko, A., & Brookhart, S. (2011). *Educational assessment of students* (6th ed.). Boston: Pearson Education.

Norris, J., Brown, J. D., Hudson, T., & Yoshida, J. A. (1998). *Designing second language performance assessments*. Honolulu, HI: University of Hawaii.

Nunan, D. (1988a). The Learner-centered curriculum. Cambridge: Cambridge University Press.

Nunan, D. (1993). *Introducing discourse analysis*. London: Penguin.

Nunan, D. (1995). *Second language teaching and learning*. Boston: Heinle / Thomson Learning.

Nunan, D. (1999). *Second language teaching and learning*. Boston, MA: Heinle & Heinle.

Nunan, D. (2004). *Task-based language teaching*. Cambridge: Cambridge University Press.

Olsen, R., & Kagan, S. (1992). About cooperative learning. In C. Kessler, (Ed.), *Cooperative language learning: A teacher's resource book*. (pp. 31- 50). Englewood Cliffs, NJ: Prentice-Hall.

Oxford, R., & Crookall, D. (1990). Vocabulary learning: A critical analysis of techniques. *TESL Canada Journal 7* (2), 9-30. Retrieved from http://www.teslcanadajournal.ca/index.php/tesl/article/viewFile/566/397

Oxford, R (1997). Cooperative learning, collaborative learning & interaction: Three communicative strands in the language classroom. *Modern Language Journal, 81*, 443-456.

Parmenter, L., Lam, C., Seto, F., & Tomita, Y. (2000). Locating the self in the world: elementary school children in Japan, Macau and Hong Kong. *Compare, 30*(2), 133-144.

Pearson, P. D. & Johnson, D. D. (1972). *Teaching reading comprehension*. New York: Holt, Rinehart and Winston.

Phillipson, R. (1992). *Linguistic Imperialism*. Oxford: Oxford University Press.

Pica, T., R. Kanagy & J. Falodun. (1993). Choosing and using communication tasks for second language instruction and research. In G. Grookes & S. Gass (Eds.), T*ask and language learning: Integrating theory and practice* (pp. 9-34). Clevedon: Multilingual Matters.

Pike, G., & Selby, D. (2000). *In the global classroom*. Toronto: Pippin Publishing.

Ribé, R., & Vidal, N. (1993). *Project work: Step by step*. Oxford: Heinemann International.

Richards, J. C., & Rodgers, T. S. (2001). *Approaches and methods in language teaching* (2nd Ed). New York: Cambridge University Press.

Robinson, P. (2001). Task complexity, task difficulty, and task production: Exploiting interactions in a componential framework. *Applied Linguistics, 22* (1), 22-57.

Rogers, D. M. (2006). Developing content and form—Encouraging evidence from Italian content-based instruction. *The Modern Language Journal, 90*, 373-386.

Rost, M. (2002) *Teaching and researching listening: Applied linguistics in action series*. New York: Longman.

Savignon, S. J. (1997). *Communicative competence theory and classroom practice* (2nd Ed.). New York: The McGraw-Hill.

Scarcella, R. C., & Oxford, R. L. (1992). *The tapestry of language learning*. MA: Heinle & Heinle.

Scovel, T. (1988). *A time to speak: Evidence for a biologically based critical period for human speech*. New York: Newbury House.

Sharpe, K. (2001). *Modern foreign language in the primary school: The what, why & how of early MFL teaching.* London: Kogan page.

Sheppard, K., & Stoller, F. (1995). Guidelines for the integration of student projects in ESP classrooms. *English Teaching Forum, 33*, 10-15.

Shirado, A. (2012). *A project-based approach to Japanese elementary school English education: Making use of tasks.* (Unpublished master's thesis). Tsuda College, Tokyo.

Shirado, A. (2014). *An English language project-based approach for Japanese public elementary school pupils—An extended investigation.* (Unpublished paper). Tsuda College, Tokyo.

Skehan, P. (1998). *A cognitive approach to language learning.* Oxford: Oxford University Press.

Skehan, P. (2003). Task-based instruction. *Language Teaching, 36*, 1-14.

Skuttnabb-Kangas, T. (1977). Language in the process of cultural assimilation and structural incorporation of linguistic minorities. In C. C. Elert et al. (Eds.), *Dialectology and Sociolinguistics* (pp. 191-203). UMEA: UMEA Studies in the Humanities.

Smith, D. J. (2004). *If the world were a village: A book about the world's people.* London: A & C Black Publishers.

Snow, M., Met, M., & Genesee, F. (1989). A conceptual framework for the integration of language and content in second/foreign language instruction. *TESOL Quarterly 23* (2), 201-217.

Spinath, B., & Spinath, F. M. (2005). Longitudinal analysis of the link between learning motivation and competence beliefs among elementary school children. *Learning and Instruction*, 15 (2), 87–102.

Sternberg, R. J., (2006). Creativity is a habit. *Education Week*, *25* (24), 47 & 64.

Stoller, F. (2006). Establishing a theoretical foundation for project-based learning. In G. H. Beckett, & P. C. Miller (Eds.), *Project-based second and foreign language education: Past, present, and future* (pp. 19-40). Greenwich, Connecticut: Information Age Publishing.

Stryker, S. B., & Leaver, B. L. (1997). Content-based instruction: Some lessons and implications. In S. B. Stryker & B. L. Leaver (Eds.), *Content-based instruction in foreign language education* (pp. 177-202). Washington, D. C: Georgetown University Press.

Swain, M. (1984). A review of immersion education in Canada: Research and education studies. In California State Department of Education, *Studies on immersion education: A collection for US educators* (pp. 37-56). Sacramento: California State Department of Education.

Swain, M. (1995). Three functions of output in second language learning. In G. Cook & B. Seidlhofer (Eds.), *Principle and practice in applied linguistics* (pp. 125-144). Oxford: Oxford University Press.

Swain, M. (2005). Legislation by hypothesis: The case of task-based instruction. *Applied Linguistics*, 26 (3), 376-401.

Swain, M. (1985). Communicative competence: Some roles of comprehensible input and comprehensible output in its development. In S. Gass & C. Madden (Eds.), *Input in second language acquisition* (pp. 235-253). Rowley, MA: Newbury House.

Terrell, T. D. (1986). Acquisition in the natural approach: The binding/access framework. *Modern Language Journal, 70*, 213-227.

Toyoshima, S. (2007). *Evidence from learning histories elicited through structured conversations: Continuity in English language learning in Japan*. Unpublished doctor's thesis. Department of Educational Studies, The University of York, England.

van Lier, L. (2006). Foreword. In G. H. Beckett & P. C. Miller (Eds.), *Project-based second and foreign language education: Past, present, and future* (pp. xi-xvi). Greenwich, Connecticut: Information Age Publishing.

Vygotsky, L. S. (1978). *Mind in society: The development of higher psychological processes* (M. Cole, V. John-Steiner, S. Scribher, & E. Soubernan, Eds.) Cambridge, MA: Harvard University Press.

Vygotsky, L. S. (1986). *Thought and language*. Cambridge, MA: MIT Press. (Originally published 1934)

Wells, G. (1986). *The meaning makers: Children learning language and using language to learn*. Portmouth, N.H.: Heinemann.

White, L. (1989). *Universal grammar and second language acquisition*. Amsterdam: John Benjamins.

Widdowson, H. (1978). *Teaching language as communication*. Oxford: Oxoford University Press.

Widdowson, H. G. (1984). *Learning purpose and language use*. Oxford: Oxford University Press.

Wiegand, P. (1992). *Places in the primary school*. London: Falmer Press.

Wiegand, P. (1998). 'Big geography': Children's understanding of the wider world. *Primary Teaching Studies, Spring*, 36-39.

Wiemann, J. M. (1977). Explication and test of a model of communicative competence. *Human Communication Research, 3*, 195-213.

Wilkins, D. (1976). *Notional syllabuses*. London: Oxford University Press.

Willis, J. (1996). *A framework for task-based learning*. Harlow, Essex: Pearson Education.

Yamaoka, T. (2006). On the importance of imitation and repetition in foreign language learning. *ARELE, 17*, 1-10.

執筆者紹介（あいうえお順）

> ①現在の所属
> ②専門分野および関心のある分野、主な著書等
> ③本書の担当箇所

●相澤　美希
①日本女子大学附属高等学校外国語科教諭
②英語教育、英語科指導法（Content-based Instruction：内容重視の指導法）
③本書の担当箇所：6.1

●秋山　道子
①津田塾大学学芸学部英文学科非常勤講師、都留文科大学非常勤講師
②第二言語習得研究、イマージョン、CBI（内容重視の指導法）
③本書の担当箇所：2.3, 2.4, 3.1, 5.1.2.2, 5.1.4, 5.2.1

●北島　裕子
①津田塾大学オープンスクール教育事業プログラムリーダー
②初等英語教育
［著書］『*It's for the Kids!* Book 1　最強の英語レッスンプラン54』（共著、(財)津田塾会編、明治図書2007）
　　　　『*It's for the Kids!* Book 2　最強の英語レッスンプラン54』（共著、(財)津田塾会編、明治図書2007）
　　　　『*It's for the Kids!* Book 3　最強の英語レッスンプラン54』（共著、(財)津田塾会編、明治図書2008）
③本書の担当箇所：2.2

●倉科　茉季
①大宮開成中学高等学校非常勤講師
②国際教育、国際理解教育
③本書の担当箇所：5.1.5.3

●小堀　真知子
①法政大学グローバル教養学部准教授
②第二言語習得研究、外国語学習動機研究、外国語教員志望動機研究
［学術論］Kyriacou, C., & Kobori, M. (1998). Motivation to learn and teach English in Slovenia. *Educational Studies, 24*(3), 345-351.
　　　　小堀真知子・常盤祐司 (2012)「外国語指導法の理論と実践の教育における授業の分析と評価：Digital Video Streamingを利用した実習指導の試み」『映像情報メディア学会技術報告』, *36*(54), 49-52.
③本書の担当箇所：5.2.2

●佐々木　ゆり
①Ocean Charter School（オーシャン・チャータースクール）日本語講師
②初等外国語教育
③本書の担当箇所：5.1.1

●執行　智子
①東京未来大学こども心理学部非常勤講師、敬愛大学国際学部非常勤講師、津田塾大学オープンスクール
　インストラクター、新宿区立愛日小学校外国語活動コーディネーター、国本学園英語統括特別講師
②第二言語習得研究、初等中等英語教育、小学校英語教員養成
［著書］『「はらぺこあおむし」になって、絵本の世界を体験しよう！』日本学術振興会「ひらめき☆ときめき
　　　　サイエンス～ようこそ大学の研究室へ」科研費報告書』(2011), pp.31-41.
③本書の担当箇所：5.1.2.1, 5.2.3, 5.2.4

●白土　厚子
①津田塾大学大学院文学研究科後期博士課程在籍、東京女子医科大学非常勤講師
②第二言語習得研究、プロジェクト・ベイスト・アプローチ研究
［学術論文］「プロジェクト・ベイスト・カリキュラムに基づく英語活動の長期実践報告」(2014)『日本児童
　　　　　英語教育学会（JASTEC）』第33号, pp.131-151.
［出版物］『プロジェクト重視の英語活動プラン集』(編著, 津田塾大学ソーシャル・メディア・センター, 2013)
③本書の担当箇所：5.2.2

●関　千晶
①埼玉県公立中学校教諭
②ドラマ手法を用いた言語教育、ICTを活用した言語教育
③本書の担当箇所：5.1.3

●田近　裕子
①津田塾大学学芸学部英文学科教授
②第二言語習得研究、読解研究、初等英語教育研究
［著書］『英語授業デザイン』(英語教育学大系11巻, 共著, 大修館, 2010)
　　　　『第二言語学習と個別性』(共著, 春風社, 2006)
　　　　『英文読解のプロセスと指導』(共著, 大修館, 2002)
③本書の担当箇所：1.1, 4, 7

●田邉　紗也子
①長野県松本県ヶ丘高等学校英語科教諭
②高等学校英語教育、国際理解教育
③本書の担当箇所：6.2

●豊嶋　朗子
①津田塾大学学芸学部英文学科非常勤講師
②英語科教授法研究、日本人英語学習者ならびに英語学習研究、言語学習ストラテジー、質的調査法研究
③本書の担当箇所：1.2

●原田　麗衣
①国際基督教大学高等学校教諭
②初等英語教育、EFL環境における外国語習得
③本書の担当箇所：5.1.5.1

●宮城　まなみ
①国本女子中学高等学校教諭
②ICTを活用した英語リスニング上達について
③本書の担当箇所：5.1.5.2

●吉田　真理子
①津田塾大学学芸学部英文学科教授
②第二言語習得研究、ドラマ教育研究、初等英語教育研究
［著書］『教育におけるドラマ技法の探究 ──「学びの体系化」にむけて』(共著, 明石書店, 2014)
　　　　『ドラマ教育入門』(共著, 図書文化, 2010)
　　　　『第二言語学習と個別性』(共著, 春風社, 2006)
③本書の担当箇所：2.1, 5.1.3

●渡辺　綾
①共立女子中学高等学校教諭
②高等学校英語教育、英文読解指導
③本書の担当箇所：6.3

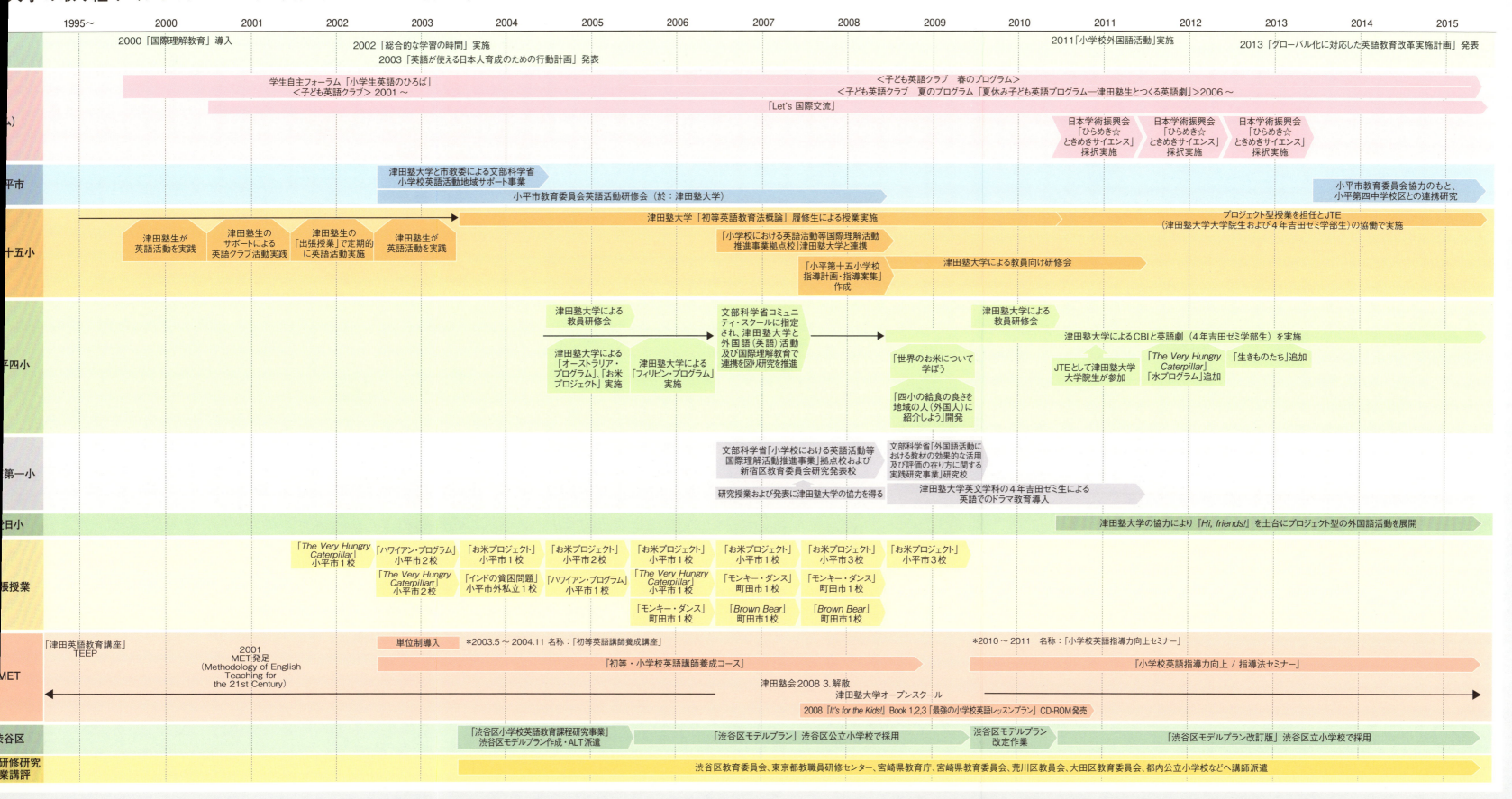

生きる力を育む初等英語教育
―津田塾大学からの提言―

2015年5月1日　初版第1刷発行

編　著　吉田真理子・田近裕子

発行者　原　雅久

発行所　株式会社朝日出版社
　　　　〒101-0065 東京都千代田区西神田3-3-5
　　　　TEL (03) 3263-3321（代表）
　　　　FAX (03) 5226-9599

印刷所　協友印刷株式会社

乱丁，落丁本はお取り替えいたします
©MARIKO YOSHIDA
©HIROKO TAJIKA
ISBN978-4-255-00838-7 C0087　2015, Printed in Japan